**WORKBOOK/LABORATORY MANUAL
TO ACCOMPANY**

Vis-à-vis

Ruchelle

WORKBOOK/LABORATORY MANUAL
TO ACCOMPANY

Vis-à-vis

BEGINNING FRENCH

THIRD EDITION

Monique Branon

Myrna Bell Rochester

Hedwige Meyer

Patricia Westphal

With contributions by:
Nicole Dicop-Hineline

Boston   Burr Ridge, IL   Dubuque, IA   Madison, WI   New York   San Francisco   St. Louis
Bangkok   Bogotá   Caracas   Kuala Lumpur   Lisbon   London   Madrid   Mexico City
Milan   Montreal   New Delhi   Santiago   Seoul   Singapore   Sydney   Taipei   Toronto

The *McGraw·Hill* Companies

Mc Graw Hill Higher Education

This is an  book.

Workbook/Laboratory Manual to accompany
Vis-à-vis
Beginning French

Published by McGraw-Hill, an imprint of The McGraw-Hill Companies, Inc., 1221 Avenue of the Americas, New York, NY 10020. Copyright © 2004, 2000, 1996 by The McGraw-Hill Companies, Inc. All rights reserved. No part of this publication may be reproduced or distributed in any form or by any means, or stored in a database or retrieval system, without the prior written consent of The McGraw-Hill Companies, Inc., including, but not limited to, in any network or other electronic storage or transmission, or broadcast for distance learning.

This book is printed on acid-free paper.

4 5 6 7 8 9 0 VFM VFM 0 9 8 7 6 5 4

ISBN 0-07-286022-7

Vice president and Editor-in-chief: *Thalia Dorwick*
Publisher: *William R. Glass*
Director of development: *Susan Blatty*
Development editors: *Peggy Potter, Michelle-Noelle Magallanez*
Executive marketing manager: *Nick Agnew*
Lead project manager: *David M. Staloch*
Lead production supervisor: *Randy Hurst*
Senior supplements producer: *Louis Swaim*
Compositor: *The GTS Companies/York, PA Campus*
Typeface: *10/12 Palatino*
Printer and binder: *Von Hoffmann Graphics*

Grateful acknowledgment is made for use of the following:

Page **31**: Reproduced with permission from Publications du Québec. www.gouv.qc.ca/logo50/modelesa.htm.; **100** *20 ans*; **123** *Miam! Miam!* by Monique Félix. © 24 Heures/Jeunesse; **137** Académie du fromage, Paris; http://www.Adfr.com; **184** Mouvement de défense de la bicyclette, Paris; **259** *l'État de la France*, 1992 (Paris: La Découverte, 1992); **273** Club Med, Club Med Sales, Inc., www. clubmed.com; **295** Musée du Rhum, Sainte-Rose, Guadeloupe; **346** *Le Figaro*, 1991; **349** *Femme Actuelle*

www.mhhe.com

Contents

To the Student

Welcome to the Workbook/Laboratory Manual to accompany *Vis-à-vis: Beginning French,* Third Edition. Each chapter of this Workbook/Laboratory Manual is based on the corresponding chapter of the text, so that you can practice and review on your own what you are learning in class.

Integrated Written and Oral Exercises

Because your different senses and skills (writing, reading, listening, speaking) reinforce one another, written and oral exercises for each point in the text appear together in the Workbook/Laboratory Manual. Oral exercises are coordinated with the Audio Program, available in compact disc format, which you can use at home or in your school's language laboratory. They are marked with a headphone symbol.

To get the most out of the Audio Program, you should listen to the recordings after your instructor covers the corresponding material in class, and you should listen as often as possible. You will need the Workbook/Laboratory Manual much of the time when you listen to the recordings, because many of the exercises are based on visuals and written cues.

Organization

The chapters of the Workbook/Laboratory Manual parallel those in the main text. They are organized as follows:

- **Leçon 1: Paroles** allows you to practice the thematic vocabulary of each chapter through a variety of fun and interesting exercises. Here and in **Leçons 2 and 3,** written and oral exercises appear together for each point.

- **Leçon 2: Structures** presents a variety of exercises on each grammar point in the corresponding section of the main text.

- **Correspondance** has four features:

  Le courrier (*The mail*)—a postcard or an e-mail message sent by one of four university students living in Paris or their friends and relatives in other parts of the French-speaking world. This type of written activity, known as a "cloze" exercise, allows you to confirm your mastery of chapter vocabulary and structures within an appealing, meaningful context.

  Info-culture—a brief activity based on **En image** and **Reportage,** the cultural readings in the **Correspondance** section of the text. **Info-culture** checks your comprehension of these passages and keeps you up to date on everyday life in the Francophone world.

Sophie/Malik/Nathalie/Jérôme à l'appareil! (*speaking*)—a listening comprehension exercise allowing you to hear the correspondents in telephone conversations with friends and colleagues from their region of the French-speaking world.

Flash-culture—a brief cultural reading, followed by comprehension questions and research activities. Web links for these activities are provided at **www.mhhe.com/visavis3**.

- **Leçon 3: Structures,** like **Leçon 2,** gives you the opportunity to practice chapter structures via written and oral exercises.

- **Leçon 4: Perspectives** focuses on integrating chapter vocabulary and grammar. Its main features are the following:

  Faire le bilan (*Taking stock*)—an end-of-chapter review section. The exercises combine and reinforce chapter vocabulary and structures. In most chapters, you are invited to work with authentic materials from the contemporary Francophone press.

  Prononciation—recorded exercises providing focused practice of French pronunciation, with tips and reminders in English.

  À l'écoute!—an extended listening comprehension passage and activity, also integrating chapter vocabulary and structures.

  Par écrit (*In writing*)—a comprehensive, practical guided writing section. A series of steps (in English) helps you organize, draft, and polish a variety of interesting writing assignments (interviews, editorials, film reviews, and so on).

  Journal intime (*Personal diary*)—a chapter-culminating activity that encourages you to write freely about your own opinions and experiences while applying the material you have been studying in that chapter.

- **Additional Review Sections**—you will find additional review sections, **Révisez!,** after **Chapitres 4, 8, 12,** and **16.** These sections reintroduce vocabulary and grammar from previous chapters so that you have an opportunity to reuse what you have learned in a variety of contexts and situations.

In addition, throughout the first half of the Workbook/Laboratory Manual, you will find boxed **Study Hints:** practical tips to help you learn French thoroughly and efficiently. They are based on the experience of other students, and we think you will find them helpful.

Answers

Answers to many of the Audio Program exercises are given on the recording itself. In some cases, answers appear instead in the Appendix at the back of this manual. Answers to most written activities appear in the Appendix. For exercises requiring personalized responses, no answers are provided.

Acknowledgments

The authors wish to express their thanks to Jerry Wagnild, University of St. Thomas, who provided detailed suggestions for improving each chapter in the Third Edition of the Workbook/Laboratory Manual.

Many others have also contributed to the editing and production of this Workbook/Laboratory Manual. Their dedication and hard work are greatly appreciated: Susan Blatty, Tamar Danziger, Rich DeVitto, Thalia Dorwick, Bill Glass, Michelle-Noelle Magallanez, Veronica Oliva, Peggy Potter, David Staloch, Louis Swaim, and Cici Teter.

Nom _____ Date _____ Cours _____

Une nouvelle aventure

Leçon 1: Paroles

Les bonnes manières

A. Une rencontre. (*An encounter.*) On his way across campus, Jeremy runs into various people. Complete the dialogues.

Vocabulaire: À, Au revoir, ça va bien, Comment allez-vous, madame, merci

JEREMY: Bonjour, _____madame_____,[1]

_____Comment allez-vous_____?[2]

MME THOMAS: Très bien, _____merci_____.[3] Et vous? Ça va?

JEREMY: Oui, _____ça va bien_____.[4]

MME THOMAS: Au revoir, Jeremy. _À_[5] bientôt.

JEREMY: _Au revoir_,[6] madame.

Vocabulaire: Comme ci, comme ça; Et vous; mademoiselle; mal

JEREMY: Bonjour, mademoiselle. Comment allez-vous aujourd'hui (*today*)?

MLLE ROBIDOUX: Pas _____mal_____,[7] merci.

_____Et vous_____?[8]

JEREMY: _____comme ci comme ça_____.[9] Au revoir,

_____mademoiselle_____.[10]

Vocabulaire: Ça va mal, Comment vas-tu, Et toi

DENISE: Salut, Jeremy! _____Comment vas tu_____[11] aujourd'hui?

JEREMY: _Ça va mal_,[12] Denise. Il y a un (*There's an*)

examen de littérature aujourd'hui.

_____Et toi_____?[13]

DENISE: Bien, merci. À bientôt et bonne chance (*good luck*).

B. Qu'est-ce qu'on dit? If you were in a French-speaking environment, what would you say in these situations?

1. In class, you drop your book on your neighbor's foot. _excusez- moi, Je_ _Je suis desolée_

2. Your professor just said something; you're not sure what, but it sounded important. _____ _Pardon, repetez- sil vous plâit_

3. You've forgotten your professor's name and want to write it down. _____ _Excusez-moi, quel est votre nom_

4. You pass a friend on the way to class. _salut_

5. You pass a male professor on the way to class. _Bonjour Monsieur_

6. You want to introduce yourself. _Je suis Ruchelle_

7. Your friends are leaving your apartment at the end of the evening. _____ _Au revoir. A bentôt_

8. A fellow student has just thanked you for picking up a book. _____ _Merci_

C. Jacqueline, Rémi et le nouveau professeur. You will hear a conversation among three people. Each exchange corresponds to one of the following drawings. Listen to the whole conversation once or twice, then do the exercise.

Now you will hear questions and statements taken from the conversations you just heard. Say and check off the most logical of the three responses given.

1. _____ Au revoir.

    _____ Merci bien.

    _✓_ Bonjour, madame.

2. _____ Je m'appelle Jacqueline Martin.

    _✓_ Très bien, merci.

    _____ Ça va?

3. _✓_ Je m'appelle Jacqueline Martin.

  _____ Ça va?

  _____ Très bien, et vous?

4. _____ Pas mal.

  _____ De rien.

  _✓_ Je ne comprends pas. Répétez, s'il vous plaît, madame.

5. _____ Salut.

  _✓_ Ah oui! Je comprends. Merci, madame.

  _____ De rien.

6. _✓_ Oh! Pardon! Excusez-moi!

  _____ À bientôt!

  _____ Au revoir!

7. _____ Je m'appelle Rémi.

  _____ Oh, ça peut aller.

  _____ Et vous?

8. _✓_ Bonsoir, madame.

  _____ Salut.

  _____ Comment vous appelez-vous?

L'alphabet français

L'alphabet français. Say each letter of the alphabet and the corresponding name after the speaker.

a	a	Anatole	n	enne	Nicole
b	bé	Béatrice	o	o	Odile
c	cé	Claude, Cyrille	p	pé	Pascal
d	dé	Denise	q	ku	Quentin
e	e	Emma	r	erre	Roland
f	effe	France	s	esse	Suzanne
g	gé	Georges, Guy	t	té	Thérèse
h	hache	Hélène	u	u	Ulysse
i	i	Isabelle	v	vé	Véronique
j	ji	Jacqueline	w	double vé	William
k	ka	Kévin	x	iks	Xavier
l	elle	Lucien	y	i grec	Yvette
m	emme	Marguerite	z	zède	Zoé

Et vous? Comment vous appelez-vous? Pronounce your name in French. Then spell it.

  MODÈLE: Je m'appelle Catherine. C-A-T-H-E-R-I-N-E.

Les accents

 Les étudiants. You are helping Marc prepare name tags for a reception at the International House. After you hear each name, tell him the necessary diacritical mark, as in the example.

> Vous entendez (*You hear*):   Joël
> Vous dites (*You say*):   e tréma

1. Irène
2. Loïc
3. Jérôme
4. Françoise
5. Stéphanie

Les mots apparentés

A. **Comment dit-on ça en français?** Listen carefully to the following French words, then repeat them. You will hear each word twice.

> Vous entendez (*You hear*):   excellent
> Vous dites (*You say*):   excellent

1. université
2. sérieux
3. ordre
4. pratique
5. apparemment
6. étranger
7. champagne
8. individualiste

B. **En français, en anglais.** You will hear a series of French words, each one repeated. Listen carefully, then circle the corresponding English term.

> Vous entendez (*You hear*):   lettre
> Vous écrivez (*You write*):   let   (letter)   lettuce

1. sociable   society   (socialist)
2. liberty   liberate   library
3. courier   coordinate   courageous
4. political   polite   party
5. etiquette   state   standard
6. normal   normally   normalcy
7. disorder   disordered   disorderly
8. individual   individually   individualism

Leçon 2: Structures

Les nombres de 0 à 60

A. Le matériel. A student assistant is counting the items in the supply room. Circle the numbers that you hear.

1. 2   (12)   22

2. 17   (47)   57

3. 12   2   (52)

4. 26   6   16

5. (35)   15   25

6. 16   (13)   15

Les réponses se trouvent en appendice. (*Answers are in the appendix.*)

B. Comptez! Repeat the numbers you hear, adding two numbers each time.

Vous entendez (*You hear*):   deux, quatre, six, huit . . .
Vous dites (*You say*):   deux, quatre, six, huit, dix, douze

1. …   2. …   3. …   4. …

C. Les numéros. Jacques Marcat is paying his bills. Show how he will write the following amounts in words on his checks.

MODÈLE:

Payer contre ce chèque non endossable sauf au profit
d'un établissement bancaire ou assimilé

Banque Typique

_59,00_ €

Somme en toutes lettres

à rédiger exclusivement en euros €

Cinquante-neuf €

à _Caroline Marcat_

à _Paris_

le _24.1.04_

┌─ Payable ─┐
49, RUE DU PARC
75001 PARIS
TEL. 01 47 26 93 54
Chèque N° 2200045

**M. JACQUES MARCAT
152, RUE DE RIVOLI
75001 PARIS**

Jacques Marcat

2200045   045013628074   282112716330

1. 29,00 € __Vingt neuf__ _____ €

2. 41,00 € __quarante et un__ _____ €

3. 12,00 € ____douze_____ €

4. 17,00 € ____dix - sept_____ €

5. 37,00 € ____trente sept_____ €

6. 53,00 € ____cinquante trois_____ €

7. 24,00 € ____vingt quatre_____ €

8. 38,00 € ____trente huit_____ €

9. 56,00 € ____cinquante six_____ €

10. 48,00 € ____quarante huit_____ €

D. **Combien?** Answer the math problems, as in the model.

Vocabulaire: + plus, et   − moins   × fois   = font

MODÈLE: 4 + 5 → Quatre plus cinq font neuf.

1. 3 + 4   4. 17 + 19

2. 2 × 9   5. 54 − 40

3. 10 + 11   6. 60 − 59

Quel jour sommes-nous?
Quelle est la date d'aujourd'hui?

A. **Le calendrier de M. Belœil.** M. Belœil has made notes of upcoming events. Give the day and date of each activity.

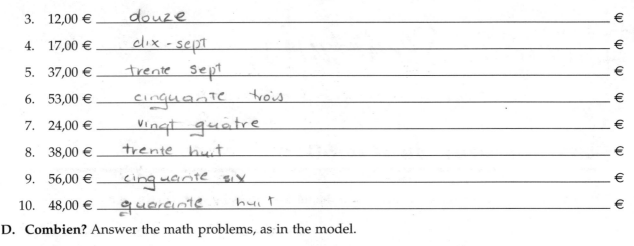

AOÛT						
L	M	M	J	V	S	D
				1 Juliette	2	3
4 Michel	5	6	7	8	9	10
11	12 dentiste	13 Dr. Noiret	14	15 film italien	16	17 ♡
18	19	20	21	22	23 hockey	24
25	26	27	28 Bach	29	30 P & J	31

MODÈLE: le film italien → vendredi, le quinze août

1. le rendez-vous de M. Belœil chez le docteur _Mercredi le treize août_

2. dîner avec Michel _Lundi le quatre août_

3. la fête (*party*) chez Juliette _Vendredi le un aout_

4. le concert de Bach _vingt huit le jeudi août_

5. la visite de Paul et Irène _trente le Samedi août_

6. le match de hockey _vingt trois le Samedi août_

7. le rendez-vous chez le dentiste _douze le Mardi août_

8. l'anniversaire de mariage de M. et Mme Belœil _dix-sept le Dimanche août_

B. Quel jour est-ce? Look at a calendar for the current year, and write a sentence telling what day of the week each date is.

MODÈLE: 25.12 → Le vingt-cinq décembre, c'est un jeudi.

1. 21.1 _le vingt et un janvier, c'est un jeudi_

2. 11.4 _le onze avril, c'est un lundi_

3. 8.5 _le huit mai, c'est un jeudi_

4. 24.8 _le vingt quatre août, c'est un lundi_

5. 22.10 _le vingt deux octobre, c'est un jeudi_

6. 1.11 _le un novembre, c'est un mardi_

7. 6.12 _le six decembre, c'est un mardi_

8. aujourd'hui _le vingt janvier, c'est un jeudi_

C. Quel jour sommes-nous? On which day of the week do you usually do the things or visit the places mentioned on the recording? (Make up an answer if the activity doesn't apply to you.) You will hear some possible responses.

Vocabulaire: lundi, mardi, mercredi, jeudi, vendredi, samedi, dimanche

Vous entendez (*You hear*): Vous êtes (*You are*) au cinéma.
Vous dites (*You say*): Nous sommes samedi.

1.   2.   3.

4.   5.

D. Quelle est la date? You will hear two sets of numbers. Give the date and the month to which they correspond.

      Vous entendez (*You hear*):   28.12
      Vous dites (*You say*):   C'est le vingt-huit décembre.

1.   03.06   c'est le trois ~~mae~~ jun
2.   07.07   c'est le sept juillet
3.   26.09   c'est vingt six sempt
4.   12.02   c'est le deux terriel
5.   30.03   c'est le trente mars

E. Une bonne année. (*A good year.*) Read the following years aloud. Listen for the speaker to confirm your answer, and then repeat the year.

      Vous voyez (*You see*):   1620
      Vous dites (*You say*):   l'an (*the year*) mille six cent vingt
      Vous entendez (*You hear*):   l'an mille six cent vingt
      Vous répétez (*You repeat*):   l'an mille six cent vingt

1.   1864

2.   1945

3.   2000

4.   2050

Correspondance

HELLO

Le courrier

Like your textbook, the *Vis-à-vis* Workbook/Laboratory Manual features mail exchanged by four young adults living in Paris and their friends and relatives in other parts of the Francophone world. In **Chapitres 1–4,** the correspondents are Caroline and her older sister, Sophie, in Quebec City. Read through the messages once or twice before completing them. You need not worry about any unfamiliar expressions you may encounter: Focus on what you *do* understand, and you will grasp the most important information in the postcards. **Allez-y!**

Complete the postcard using the following expressions: **aujourd'hui, ça, comment, mercredi, revoir, va.**

CARTE POSTALE

Ma chère Sophie,

Nous sommes ___mecredi___¹ et ___aujord'hui___,² j'ai un examen de biologie, alors, moi, ça ___va___³ comme ci, comme ___ça___⁴! Et toi, ___comment___⁵ vas-tu? Je retourne à mon bureau. Au ___revoir___⁶!

Bisous,
Caroline

Info-culture

Reread the **En image** and **Reportage** sections in your text, then indicate whether each statement is true (**vrai, V**) or false (**faux, F**).

1. V ~~F~~   The Château Frontenac stands above the city of Quebec.

2. V ~~F~~   The Château Frontenac was built in 1758.

3. ~~V~~ F   The Château Frontenac today is a large luxury hotel.

4. ~~V~~ F   In France, family and friends give one, two, or three kisses on the cheek to say hello or good-bye.

5. V F Canadians sometimes use the **bise** as a greeting, as the French do.

6. V F Muslim people exchange greetings such as **Assalaam' alaykum** (*Peace*).

Sophie à l'appareil!

Ah! Les ordinateurs! Sophie calls her friend Carine. Listen to the dialogue as many times as necessary, then indicate who says the following things: Sophie (**S**) or Carine (**C**).

À comprendre: mon ami (*my friend*), ordinateur (*computer*)

1. S C «Pardon? Répétez, s'il vous plaît.»

2. S C «J'ai des problèmes d'ordinateur.»

3. S C «Je ne comprends pas les problèmes techniques.»

4. S C «Michel comment?»

5. S C «De rien!»

Flash-culture

Québec: la capitale de la neige[1]

«Mon pays, ce n'est pas un pays, c'est l'hiver…»[2] —Gilles Vigneault, poète québécois.

Vous aimez l'hiver? Le Québec possède quarante stations de sports d'hiver! Le ski et le hockey sont deux sports très populaires.

Vous n'aimez pas[3] le sport? Participez à la fête des Neiges[4] de Montréal ou au Carnaval de Québec! Admirez les sculptures sur neige[5]!

[1]*snow* [2]Mon… *My country is not a country, it's winter…* [3]Vous… *You don't like* [4]fête… *Snow Festival* [5]sculptures… *snow sculptures*

Le Bonhomme, la mascotte du Carnaval de Québec

A. **Révisons!** Reread **Flash-culture** and mark the following statements true (**vrai, V**) or false (**faux, F**).

1. V̶ F   Gilles Vigneault est un poète français.

2. V̶ F   Un sport très populaire au Québec, c'est le ski.

3. V̶ F   La fête des Neiges a lieu *place* (*takes place*) à Montréal.

B. **Enquête culturelle. (*Cultural investigation*.)** Use print resources or links at **www.mhhe.com/visavis3** to find and report on information about the following topics.

1. Donnez (*Give*) les dates exactes ou approximatives de la prochaine (*next*) fête des Neiges à Montréal.

   _____

2. Nommez les activités typiques de la fête des Neiges.

   _____

   _____

3. Combien coûte l'entrée (*How much does the admission cost*) sur le site?

   _____

4. Donnez le nom, les dates et les lieux (*places*) d'une autre (*another*) fête à Montréal.

   _____

   _____

Leçon 3: Structures

Dans la salle de classe

A. **Inventaire. (*Inventory*.)** What is in the classroom? Begin each answer with **Il y a** (*There is/are*).

MODÈLE:

Il y a trois portes.

1. il y a neuf stylos

2. il y a quatre étudiantes

3. il y a deux chaise

4. il y a cinq proffeurs

5. il y a un bureau

6. il y a dix fenêtre

7. il y a une table

8. il y a un tableau noir

9. il y a sept crayon

B. Mais non! (*No!*) The student you will hear is confused about what she is seeing. Look at each sketch as she describes it, and correct what she says.

Vous entendez (*You hear*): Et voici (*here is*) un cahier!
Vous dites (*You say*): Mais non, c'est un livre!

1.

c'est un chaise

2.
c'est un tableau noir

3.
mon, c'est un enfant

4.

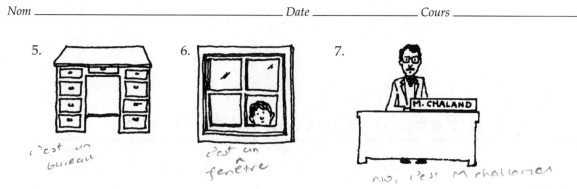

5. c'est un bureau

6. c'est un fenêtre

7. No, c'est M chalanner

🎧 **C. Dans la salle de classe.** Stop the recording for a moment to look at the following drawing. Then listen to the questions and answer them.

ocular

Vous entendez (*You hear*):	Il y a combien (*how many*) d'étudiants dans la salle de classe?
Vous dites (*You say*):	Il y a cinq étudiants.

1. … 2. … 3. … 4. … 5. … 6. … 7. …

D. Votre vie à vous. (*Your own life.*) Describe your classroom. Use the list of classroom objects to help you. Do not mention things that are not in the class.

Vocabulaire: bureau, cahier, chaise, crayon, écran, étudiant, étudiante, fenêtre, livre, magnétoscope, ordinateur, porte, professeur, rétroprojecteur, souris, stylo, table, tableau, télévision

MODÈLE: Dans la salle de classe, il y a des tables, des chaises et un bureau. …

Dans la salle de classe, il y a des tables et des chaises. Aussi il y a des cahiers des chaises, des crayons, des étudiants, des livres, de stylos, des tables, e

Les articles indéfinis
Identifying People, Places, and Things

A. *Un ou une?* Write the appropriate indefinite articles. If a word can be either masculine or feminine, write **un/une**.

1. _un_ stylo
2. _une_ difficulté
3. _un_ Français
4. _un_ week-end
5. _une_ tradition
6. _un_ livre
7. _un_ ami

8. _une_ étudiante
9. _une_ université
10. _une_ porte
11. _une_ tableau
12. _une_ journaliste
13. _un_ cataclysme
14. _un_ professeur

15. _un_ hamburger
16. _un_ essence (*flavor*)
17. _une_ pâtisserie (*bakery*)
18. _un_ Anglais très chic
19. _un_ peinture (*painting*)
20. _une_ appartement

B. **Du singulier au pluriel.** Write the plural forms of the following articles and nouns.

1. une amie _des amies_
2. un ordinateur _des ordinateur_
3. un écran _des ecrans_
4. un professeur _des proffesseurs_

5. une fenêtre _des fenêtres_
6. un livre _des livre_
7. une table _des tables_
8. une étudiante _des étudiantes_

C. **À la manifestation.** Georges isn't sure who he sees in the crowd at this student demonstration. Listen carefully to his comments, which you will hear twice, then agree with him or correct him.

Vous entendez: Ici (*Here*), c'est une étudiante?
Vous dites: Non, c'est un étudiant.

1.   2.   3.   4.   5.

Nom _____ Date _____ Cours _____

D. À la librairie. You're buying a few things for yourself and some classmates. First look over the shopping list, then answer the cashier's questions.

4 dictionnaires de russe
des cahiers d'exercices
2 livres de français
des crayons
4 histoires de France
5 Paris-Match

Vous entendez (*You hear*):   Vous désirez un cahier d'exercices?
Vous dites (*You say*):   Non, madame, des cahiers d'exercices!

1. ...   2. ...   3. ...   4. ...   5. ...

Leçon 4: Perspectives

Faire le bilan

> **Faire le bilan** (*Taking stock*) is an end-of-chapter review section that appears in each **Leçon 4** of your Workbook/Laboratory Manual. These written activities combine the vocabulary and structures from the first three **leçons** of the chapter you are currently studying. You will find them useful for monitoring your own progress and for preparing for chapter tests.

A. Associations. What day of the week is it?

MODÈLE: You're reading a large newspaper. → C'est dimanche.

1. You're celebrating Thanksgiving. _C'est vendredi_
2. You're going to a French class. _C'est lundi_
3. You're going to party at night. _C'est samedi_
4. You're watching football at night on TV. _C'est dimanche_
5. You're sleeping in. _C'est mardi_

B. Votre vie à vous. Answer the following questions in French.

1. Comment vous appelez-vous? _Je m'apt m'appele_
2. Comment allez-vous aujourd'hui? _C'est samedi_

3. Quel jour sommes-nous? _nous sommes samedi_

4. Quelle est la date d'aujourd'hui? _le 22 samedi janvier_

5. Nommez (*Name*) cinq objets dans la salle de classe. _un stylo, un livre la porte le fenetre_

Prononciation

Voyelles françaises. (*French vowels*.) In English, many vowel sounds are pronounced as diphthongs: that is, as two vowel sounds within the same syllable. Listen carefully to the English pronunciation of the words *café* and *entrée*. Can you hear how the final vowel is drawn out into two different sounds? In French, however, each vowel is pronounced with a single, pure sound: **café, entrée.** Keep this in mind as you do the following exercise.

Répétez les expressions suivantes. Vous les entendrez deux fois. (*Repeat the following expressions. You will hear them twice.*)

1. café / entrée / matinée / blasé / rosé / frappé
2. cage / table / fable / câble / page / sage
3. beau / gauche / parole / rose

L'accent tonique. (*Stress*.) Most English words have both highly stressed and highly unstressed syllables. In *university*, for example, the *-ver-* group is strongly emphasized, whereas the *-ni-* and *-si-* groups receive very little emphasis. Listen again: *university*. In French words, however, all the syllables are approximately equal in weight and loudness. Only the final syllable of a word is somewhat longer than the preceding one(s). It is also pronounced at a slightly lower pitch.

Répétez les expressions suivantes. Vous les entendrez deux fois.

1. bureau
2. professeur
3. université
4. attention
5. excellent
6. bravo
7. concert
8. cinéma

À l'écoute!

Dans la salle de classe. The French teacher asks a student to say a few words about his current situation. Listen to the passage as many times as necessary, then indicate whether each statement is true (**vrai, V**) or false (**faux, F**).

1. V F François est étudiant.

2. V F Le professeur s'appelle M. Dupuis.

3. V F Il y a un tableau dans la salle de classe.

4. V F Il y a seize étudiantes dans la salle de classe.

5. V F François ne comprend pas bien le français.

Journal intime

> **Journal intime** (*Personal diary*) is a special feature of your Workbook/Laboratory Manual: A forum for you to write freely in French about your own experiences, using the vocabulary and structures you are currently studying, but *without* worrying about making mistakes. You may want to set aside a special notebook to use as your **Journal intime.** Your instructor may read your diary entries and react to them from time to time, but he or she will probably not give them a grade. By the end of the year, you will find you are writing French with ease, and your **Journal** will be a wonderful record of your progress.

Include at least the following information in today's entry:

- Give the day of the week.
- Greet your **Journal** as you would a new friend, and introduce yourself.
- Describe the room where your French class meets, listing the items and the number of people in it. Use the expression **il y a**.

le lundi 24 Janvier

Chere Soraya en francais

Dan ma classe, il y a des tables des chaises et des livres. Il y a un tableau noir, un écran et un ordinateur. Il y a plus de femmes et moins de hommes.

Nous, les étudiants

Leçon 1: Paroles

STUDY HINTS: LEARNING NEW VOCABULARY

- Your different skills and senses reinforce one another, so be sure to *say, write, read,* and *listen to new expressions* as you are learning them. Working in a group is always helpful.
- Practice using new words *in context.* Write down and say out loud short, original sentences using each new word.
- Try *brainstorming*: List all the different expressions you associate with new vocabulary items.
- Learn *gender* and *articles* along with new vocabulary words: **le cinéma, la radio.**
- Pay special attention to *accents* and to *"silent" letters*: the **h** and **s** in **mathématiques,** for example.
- *Flash cards* are extremely helpful, because they allow you to review vocabulary even when on the go.
- At least twice a week, use your flash cards to *review vocabulary from previous chapters.* Small amounts of steady effort will bring lasting success!

Les lieux

A. Les lieux. Associate the following elements with a location at a university.

MODÈLE: un examen: un amphithéâtre

1. une table de ping-pong: _____ une classe
2. l'équipement sportif: _____ le gymnase
3. un hamburger et une salade: _____ un restaurant
4. le silence, la réflexion et les encyclopédies: _____ bibliotheque
5. des machines électroniques: _____
6. des livres et des vendeurs (*salespeople*): _____ un centre commercial
7. des étudiants et un tableau: _____ une classe

ou _____

B. Un rêve. (*A dream.*) You will hear Corinne Legrand describe a dream she had. Indicate whether the elements in it are fairly normal (**assez normal**) or somewhat strange (**assez bizarre**).

À comprendre: au café (*at the café*), chimie (*chemistry*), dans (*in*), à la faculté des lettres (*in the Humanities Department*), orchestre

	ASSEZ NORMAL	ASSEZ BIZARRE
1. à la bibliothèque	_____	___✓___
2. à la faculté des lettres	_____	_____
3. au café	_____	_____
4. au restaurant	_____	_____
5. dans le bureau du professeur	_____	_____
6. au cinéma	_____	_____

Les matières

A. Les matières. If you're carrying these titles in your bookbag, what subjects are you probably studying?

MODÈLE: *La Minéralogie, La Paléontologie* → la géologie

1. *L'Algèbre, La Géométrie, Le Calcul infinitésimal* _____les mathématiques_____
2. *L'Évolution, L'Embryologie, La Génétique* _____la biologie_____
3. *Jules César, Les Voyages de Gengis Khan, L'Empire romain, La Renaissance* _____l'histoire_____
4. *Destinos, Prego!, Vis-à-vis* _____un français_____
5. *Raison et Sentiments* par Jane Austen, *L'Idiot* par Fédor Dostoïevski _____
6. *La Constitution des États-Unis, Johnnie Cochran et OJ Simpson* _____politique en_____
7. *L'Histoire de l'ordinateur, Linux, C++* _____l'histoire_____
8. *Hydrogène, oxygène et hélium* _____un chemist_____

B. Une matinée studieuse. (*A morning of studies.*) Jeannette Rivard is a busy university student. Listen to her describe what she does on weekday mornings and complete the following chart.

> Replay the recording as necessary, but remember that you do not need to understand every word you hear. Listen only for the information you need to complete the chart.

À comprendre: emploi du temps (*schedule*), h = heures (*o'clock*), midi (*noon*), tous les jours (*every day*)

UNIVERSITÉ DE CAEN					
Nom: *Jeannette Rivard*					
	lundi	mardi	mercredi	jeudi	vendredi
8 h	histoire chinoise		histoire chinoise		histoire chinoise
9 h		psychologie			
10 h					
11 h			mathematiques		
12 h					
13 h	francais		francais		

Les réponses se trouvent en appendice.

Les pays et les nationalités

A. L'intrus. Cross out the nationality or regional origin that does not belong in each series of words. Then write the country or province names for all four adjectives. Be sure to use the definite article.

MODÈLE: italien, français, anglais, ~~mexicain~~ *l'Italie, la France, l'Angleterre, le Mexique*

1. marocain, tunisien, libanais, algérien _____

2. sénégalais, ivoirien, russe, congolais _____

3. allemand, belge, français, québécois _____

4. espagnol, chinois, japonais, vietnamien _____

5. mexicain, suisse, canadien, américain _____

B. Les voitures qui passent. (*Passing cars.*) You're guessing that all of the people going by are driving cars made in their native country. Listen to each question and identify the driver.

LAQUELLE CHOISIR ?

ALFA ROMEO	BMW	CITROEN	FORD
HONDA	JAGUAR	PEUGEOT	RENAULT

Vous entendez: Qui est dans la BMW?
Vous dites: Je ne sais pas… C'est un Allemand?

1. …   2. …   3. …   4. …   5. …

C. **Schéma.** (*Chart.*) Fill in the missing cells of the following table with the correct form of the indicated word.

pays	l'Allemagne	le Canada	l'Espagne	Angleterre	la Russie
adj. (*m.*)	allemand	canadien	espagnol	anglais	russe
adj. (*f.*)	allemande	canadienne	espagnole	anglaise	russe
homme (*man*)	l'Allemand	canadien	un espagnol	un Anglais	un russe
femme (*woman*)	l'Allemande	canadienne	une Espagnole	une Anglaise	une Russe
la personne habite (*lives*)	à Berlin. Allemagne	a Montréal. c	n Madrid.	n Londres.	n Moscou.

D. **Votre vie à vous.** Complete the following sentences to tell about yourself.

1. Je m'appelle ___Ruchelp___ (*name*).

2. Je suis (*am*) ___Jamaicane___ (*nationality*).

3. J'habite ___à Brampton___ (à + *city/town*).

4. Je parle (*speak*) ___anglais___ (*native language*).

Les distractions

A. **Les distractions.** Label each of the following pictures with the appropriate vocabulary word, including the correct singular or plural definite article.

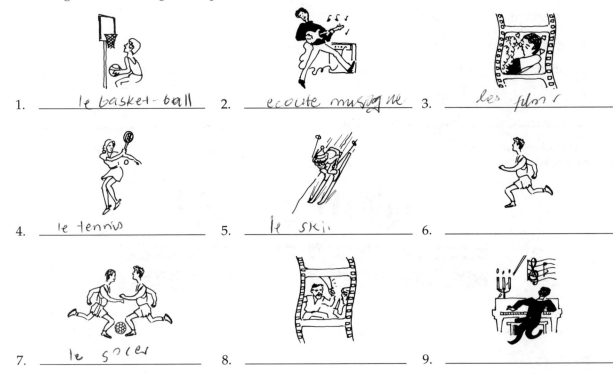

1. ___le basket-ball___   2. ___ecoute musique___   3. ___les films___

4. ___le tennis___   5. ___le ski___   6. _____

7. ___le soccer___   8. _____   9. _____

B. Catégories. With which category do you associate each of the following groups of people? Choose one of the expressions that you hear on the recording.

> Vous voyez: Pierce Brosnan, Harrison Ford, Vin Diesel
> Vous entendez: les films d'amour ou les films d'aventures?
> Vous dites: les films d'aventures

1. Louis Armstrong, Miles Davis, Ella Fitzgerald, Billie Holiday
2. Joe Montana, Marshall Faulk, Knute Rockne, John Madden
3. Stephen King, Wes Craven, M. Night Shyamalan
4. Eminem, P. Diddy, Missy Elliott, Nelly
5. George Lucas, Ray Bradbury, Stanley Kubrick, Michael Crichton

C. Votre vie à vous. You are applying for an opening at the campus French house. As a means of introducing yourself to the other residents, fill out this chart of your likes and dislikes.

	J'AIME BEAUCOUP…	J'AIME BIEN…	JE N'AIME PAS…
musique	j'aime beaucoup R&B	j'aime bien reggae	je n'aime pas rock
sports	j'aime tennis	football	ski
cinéma			

Leçon 2: Structures

Les articles définis
Identifying People, Places, and Things

A. *Le, la, l'* **ou** *les*? Indicate which definite article should go with the following nouns.

1. __l'__ ami
2. __la__ philosophie
3. __le__ football
4. __les__ villes
5. __l'__ homme
6. __la__ musique
7. __les__ restaurants
8. __le__ film
9. __les__ cours
10. __les__ amies
11. __la__ femme
12. __le__ sport

B. Du singulier au pluriel. Write the plural forms of the following articles and nouns.

1. l'hôpital _des hospitals_
2. un amphithéâtre _des ampithéâtres_
3. le cours _les cours_
4. un examen _des examen_
5. la radio _les radio_
6. le choix (*choice*) _les choix_
7. un tableau _des tableaux_
8. une visite _des ristes_
9. la télévision _les televisions_
10. un pays _des pays_
11. l'homme _les hommes_
12. un lieu _des lieux_
13. le nez (*nose*) _les nez_
14. le travail _des travails_
15. un étudiant et une étudiante _des étudiants et des etudiantes_

C. Les goûts. (*Tastes.*) How do you feel about the following things? Begin your sentence with one of these three phrases.

J'aime beaucoup…   J'aime bien…   Je n'aime pas…

MODÈLE: les films d'horreur → J'aime bien les films d'horreur.

1. ski _Je n'aime pas le ski_
2. télévision _j'aime bien télévision_
3. base-ball _je n'aime pas le baseball_
4. lundi _je n'aime pas le lundi_
5. films de science-fiction _je n'aime pas films de science fiction_
6. histoire _j'aime beaucoup l'histoire_
7. cinéma _j'aime bien le cinéma_
8. université _j'aime beaucoup l'université_
9. mathématiques _j'aime bien les mathématiques_
10. littérature _je n'aime pas le litterature_

D. À l'université. Complete the conversations with definite or indefinite articles, as necessary.

I. Abena, _l_¹ étudiante sénégalaise, visite _l_² université américaine à Washington, D.C., avec Gary Snyder.

GARY: Voilà _les_³ resto-U, _les_⁴ bibliothèque et _les_⁵ faculté des sciences.

ABENA: Il y a _un_⁶ professeur de français à _la_⁷ faculté des lettres?

GARY: Il y a _un_⁸ professeur de russe, _un_⁹ professeur de chinois et huit professeurs de français!

ABENA: Ah! _la_ [10] français est _un_ [11] cours populaire!

GARY: C'est _un_[12] opinion de beaucoup de personnes.

II. François et Charles sont (*are*) au resto-U.

FRANÇOIS: C'est intéressant _la_ [1] biologie, n'est-ce pas (*don't you think*)?

CHARLES: Je préfère _l'_[2] histoire. Mais il y a au moins (*at least*) _la_ [3] femme intéressante dans _la_ [4] classe de biologie.

FRANÇOIS: C'est _une_ [5] amie?

CHARLES: Pas du tout! (*Not at all!*) C'est _un_ [6] professeur.

E. Le plan du quartier universitaire. (*Map of the university neighborhood.*) Look at this view of a university neighborhood, and point to the places mentioned as you answer the questions.

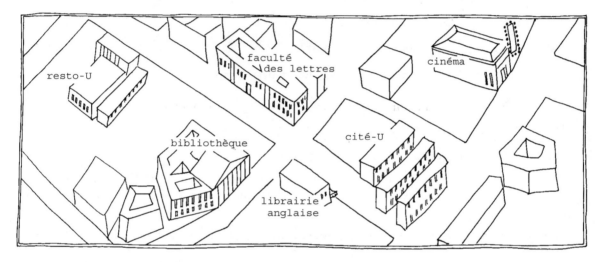

Vous entendez: Il y a une librairie anglaise?
Vous dites: Oui, voici la librairie anglaise.

1. ...   2. ...   3. ...   4. ...   5. ...

F. Un cours difficile. Listen to the conversation between Mathieu and his Spanish instructor on the first day of class. Then listen to each line of the conversation and indicate whether the objects mentioned are singular (**S**) or plural (**P**).

1. S P   5. S P
2. S P   6. S P
3. S P   7. S P
4. S P   8. S P

Les verbes réguliers en -*er*
Expressing Actions

A. Les pronoms personnels sujet. Complete the following sentences using the correct subject pronouns.

1. Robert est étudiant. _____*il*_____ étudie les maths.

2. Voici une étudiante. _____*elle*_____ aime danser.

3. Mary et Sofia parlent français, mais _____*elles*_____ sont anglaises.

4. Jacques, _____*tu*_____ travailles au resto-U?

5. Max et moi, _____*nous*_____ aimons regarder la télévision.

6. _____*vous*_____ mangez au restaurant, monsieur?

7. Voilà (*There are*) Marc et Diane. _____*ils*_____ habitent le quartier.

8. Eh, les amis! _____*vous*_____ regardez le film à la télévision?

9. Moi (*Me*)? _____*j'*_____ habite à la cité-U.

10. Dans la salle de classe, _____*le*_____ parle français.

B. Goûts et préférences. What do these people like to do? Listen to each question, and then answer based on the drawings. After each response, there is a question directed to you, followed by a pause for your answer.

Vocabulaire: les films de science-fiction, la musique classique, le ski, le tennis, le volley-ball

Vous entendez:	Et Pierre, il aime le base-ball?
Vous dites:	Non, Pierre aime le jogging.
Vous entendez:	Et vous, vous aimez le jogging?
Vous dites:	Mais oui, j'aime le jogging. (*ou* Non, j'aime mieux le tennis.)

1. …   2. …   3. …   4. …

Nom _____ Date _____ Cours _____

C. Samedi soir à la résidence universitaire. Describe what the following people are doing, using the verbs listed.

Léa _cherche_¹ français avec (*with*) Charles. Les deux amis _écoutent_² un film à la télévision et _mangent_³ des bonbons (*candies*). Caroline et Stéphanie _parlent_⁴ Marie, qui (*who*) _regarde_⁵ son baladeur (*her Walkman*) dans un coin (*corner*).

chercher
écouter
manger
parler
regarder

Roger _rêve_⁶ sur le sofa. Je _téléphone_⁷ un ami. Une femme _travaille_⁸ à la réception.

rêver
téléphoner à
travailler

D. Pensées variées. Complete the paragraphs using the verbs listed.

Les touristes en France _visitent_¹ les monuments, _parlent_² les guides, _écoutent_³ français, _skient_⁴ dans les Alpes et _dansent_⁵ dans les boîtes (*nightclubs*) de Paris.

danser
écouter
parler
skier
visiter

Le week-end à l'université, nous _travaillons_⁶ rarement. Nous _dansons_⁷ donner des soirées (*parties*). Nous _écotons_⁸ des CD, nous _aimons mieux_.⁹ Nous _rencontrons_¹⁰ de nouvelles (*new*) personnes.

aimer mieux
danser
écouter
rencontrer (*to meet*)
travailler

En cours, j' _aime mieux_[11] souvent la discussion, mais quelquefois je _déteste_[12] ou je _écoute_[13] par (*out*) la fenêtre. Voilà pourquoi (*That's why*) je _regarde_[14] les cours en amphithéâtre. J' _rêve rêve_[15] les petites (*small*) salles de classe.

aimer mieux
détester
écouter
regarder
rêver

Sonia et toi (*you*), vous _adorez_[16] les cigarettes. Vous _commencez_[17] beaucoup. Nous _demandons_[18] à nous inquiéter (*worry*). Tu _fumes_[19] ça amusant (*funny*)? Je me _trouve_[20] (*ask myself*) pourquoi.

adorer
commencer
demander
fumer
trouver

E. **Une soirée (*evening*) à la cité-U.** The three students in the drawing major in different subjects. Listen to their comments, then circle the name of the person who is probably speaking. You will hear each comment twice.

À comprendre: jusqu'à (*until*), pendant que (*while*)

1. Chantal   Arlette   Marie-France
2. Chantal   Arlette   Marie-France
3. Chantal   Arlette   Marie-France
4. Chantal   Arlette   Marie-France
5. Chantal   Arlette   Marie-France
6. Chantal   Arlette   Marie-France

F. **À la cité-U.** A group of students is watching a soccer game on TV when one of them decides to take an informal poll. Here's his question: **D'habitude, le soir** (*in the evening*), **tu regardes la télé?** Listen to the conversation as many times as necessary, and complete the following passage.

XAVIER: D'habitude, le soir, tu regardes la télé?

FRANÇOISE: Ah oui! _____[1] très souvent des matchs de sport.

CHANTAL: Non, normalement, le soir, _____[2] au café.

JEAN-PAUL: Moi, _____[3] les maths avec Françoise.

RAOUL: Chantal et moi, _____[4] des disques de jazz.

MARIE-FRANCE: Moi, j'aime mieux _____[5] des fêtes.

Les réponses se trouvent en appendice.

G. **Votre vie à vous.** Tell about yourself and your preferences, using the given verbs and adverbs.

MODÈLE: aimer beaucoup →
J'aime beaucoup les CD de Shakira (le café, les librairies).

1. détester

   Je deteste l'école

2. écouter souvent

   J'écoute souvent reggae

3. regarder de temps en temps

   Je regarde de temps en temps CSI

4. manger toujours

   Je mange toujours le chocolat

5. habiter

   Je J'habite au Brampton!

6. étudier quelquefois

   J'etudie quelquefois les mathematique

Correspondance

Le courrier

Complete the postcard using the following expressions: **américain, en, étudie, informatique, musique, regarde, soirée, vie** (*life*).

CARTE POSTALE

Ma Caroline adorée,

Merci pour[a] ta carte! Notre étudiante au pair a maintenant[b] ton adresse électronique. Elle aime les ordinateurs et parle souvent à un ami ___américain___[1] *sur Internet. Moi, je n'aime pas beaucoup l'*___informatique___[2] *. J'aime mieux les livres. Ici, la* ___vie___[3] *est calme. Après[c] le travail, on* ___regarde___[4] *la télévision, on écoute de la* ___musique___[5] *et on* ___étudie___[6] *le chinois. Tu imagines! De temps* ___en___[7] *temps, on organise une* ___soirée___[8] *avec les amis. La vie est belle ici aussi[d]!*

Gros bisous,
Sophie

---

[a]*for*   [b]*a… now has*   [c]*After*   [d]*La… Life is good here too!*

Info-culture

Reread the **En image** and **Reportage** sections in your text, then complete the following sentences.

1. L'université parisienne célèbre pour son Grand Amphithéâtre est ___1257 ... ale___.
2. La ___biblothegue___ de la Sorbonne ressemble à un musée.
3. La plupart des (*Most of the*) _____ à la Sorbonne sont classiques.
4. Le ___scene___ est une zone cosmopolite. Il y a beaucoup d'étudiants internationaux.
5. Le Champollion est un _____ pour intellectuels.
6. Le parc du Quartier latin s'appelle ___jardin du Luxemburg___

🎧 # Sophie à l'appareil!

Thomas à l'université. Today, Sophie calls her friend Thomas who attends classes at **l'Université Laval** in Québec. The conversation is not entirely about his studies, however. Listen to the dialogue as many times as necessary, then indicate whether each statement is true (**vrai, V**) or false (**faux, F**).

À comprendre: bon (*good*), je vais manger (*I'm going to eat*), la charlotte au chocolat (*dessert made with ladyfingers and chocolate mousse*).

1. V F   Thomas aime bien ses professeurs à l'université.

2. V F   Thomas n'aime pas (*doesn't like*) beaucoup l'étudiante qui s'appelle Charlotte.

3. V F   Charlotte est québécoise.

4. V F   Thomas aime le cours d'informatique.

5. V F   Sophie mange avec Charlotte.

Flash-culture

Au Québec, parlons français!

Qui sont[1] les Québécois francophones? Ce sont les descendants des colons[2] français arrivés entre 1608[3] et 1759[4] pour peupler[5] le Canada.

En 1759, 60 000[6] francophones sont installés dans[7] cette partie du Canada baptisée la «Nouvelle-France». Aujourd'hui, ils sont 7 millions[8] et représentent 82 %[9] de la population du Québec. Quelle langue parlent-ils? Ils parlent français, bien sûr!

[1]Qui... *Who are*   [2]*colonists*   [3]mille six cent huit   [4]mille sept cent cinquante-neuf   [5]pour... *in order to settle*   [6]soixante mille   [7]sont... *are settled in*   [8]ils... *there are 7 million of them*   [9]quatre-vingt-deux pour cent

UNE FIERTÉ QUI GRANDIT!

A. **Révisons!** Reread the **Flash-culture** and then complete the following sentences with expressions found in the paragraph.

1. Les colons _____ sont les ancêtres des _____ francophones.

2. En 1759, le Québec s'appelle la «_____».

3. Le _____ est la langue des Québécois francophones.

B. **Enquête culturelle.** Use print resources or links at **www.mhhe.com/visavis3** to find and report on information about the following topics.

1. Nommez deux provinces canadiennes où (*where*) il y a une population ou une communauté francophone.

   _____

   _____

2. Quelle est (*What is*) l'importance de ces (*these*) dates dans l'histoire du Québec?

   _____ 2 octobre 1535

   _____ 3 juillet 1608

   _____ 13 septembre 1759

   _____ 26 août 1977

   a. La loi 101 établit (*establishes*) le français comme seule (*only*) langue officielle du Québec.
   b. Les troupes anglaises du général Wolfe conquièrent (*conquer*) les forces françaises du général Montcalm. L'Angleterre prend possession de la «Nouvelle-France».
   c. Jacques Cartier découvre Hochelaga (Montréal).
   d. Samuel de Champlain fonde la ville de Québec.

Leçon 3: Structures

Le verbe *être*
Identifying People and Things

A. **Les nouveaux amis.** Naomi is meeting and greeting new students at the International House. Complete her sentences according to the model.

   MODÈLE: Voici Marc, un étudiant en langues étrangères; il _____*est*_____ libanais.

1. Et voici Zoé et Gabrielle, deux étudiantes en philosophie; elles _____*sont*_____ françaises.

2. Ako, tu _____*es*_____ étudiante en économie?

3. Moi, je _____*suis*_____ étudiante en mathématiques.

4. Mon amie Rosa et moi, nous _____*es*_____ italiennes.

5. Joël et Sammy, vous _____*etes*_____ étudiants en informatique?

6. Voici Lourdes, une étudiante en droit; elle _____*est*_____ québécoise.

B. La famille de Déo. Complete Déo's description of his family using the appropriate forms of **être.**

Je ___*suis*___¹ idéaliste. Maman ___*est*___² très sociable. Je ___*suis*___³ fier (*proud*) d'elle. Papa ___*est*___⁴ sportif. Mes parents ___*sont*___⁵ très sympathiques. Les amis de la famille trouvent que (*that*) nous ___*etons*___⁶ drôles.

C. Mon ami Moussa. Moussa is studying in Grenoble. Complete the following sentences with **c'est, il est,** or **elle est.** (Reminder: **c'est** is usually followed by an article—**un, une, des, le, la, les,** etc.)

Voici un ami, Moussa. ___*il est*___¹ d'Abidjan, en Côte-d'Ivoire. ___*il est*___² étudiant en médecine. ___*c'est*___³ un jeune (*young*) homme qui travaille beaucoup. ___*C'est*___⁴ sérieux, mais ___*il est*___⁵ aussi très sociable. Sa sœur (*His sister*) s'appelle Fatima. ___*elle est*___⁶ aussi étudiante, mais en littérature. ___*il est*___⁷ naïve et ___*elle est*___⁸ souvent idéaliste. Mais ___*c'est*___⁹ une jeune femme intéressante.

According to these descriptions, who probably said the following, Moussa or Fatima?

10. Je n'aime pas la biologie. ___*Fatima*___

11. J'aime mon cours d'anatomie. ___*Moussa*___

12. J'adore mon cours de linguistique. ___*Fatima*___

13. Aujourd'hui, tout le monde (*everybody*) trouve que les langues classiques sont utiles (*useful*). ___ ___*Fatima*___

D. Quelle est la nationalité des personnes? At the International House of your university you are discussing the nationality of people with your friend Christine. Answer her questions.

Vous entendez: Manuel?
Vous lisez: Mexique
Vous dites: Il est mexicain.

1. France   2. Angleterre   3. Canada   4. Maroc   5. ?

La négation *ne... pas*
Expressing Disagreement

A. C'est exact? Rewrite in the negative only the sentences that are not true.

1. Les éléphants parlent français. ___*Les éléphants ne parlent pas français*___

2. On danse à la bibliothèque. ___*On ne danse pas à la bibliotheque*___

3. On étudie à la librairie. ___*On n'etudie pas à la libraire*___

4. Je parle anglais. *Je ne parle pas anglais*

5. Les étudiants adorent les examens. *Les étudiants n'adorent pas les examens*

6. Nous écoutons la radio en classe. *Nous n'écotons pas la radio en classe*

7. Maintenant je regarde un exercice de français. *Maintenat je ne regarde pas un exercice de francais*

B. Votre vie à vous. Compare your tastes with those of people you know.

Suggestions: la musique punk, le base-ball, la biologie, MTV, la musique classique, le chocolat, la politique, les films français, la télévision, le travail

MODÈLE: Je n'aime pas la musique punk, mais mes camarades Jacques-Olivier et Laurent trouvent le punk super.

1. Je *ne joue pas le base ball*
   mais (*give name*) *m'ami joue le baseball*

2. (*name*) *Justin deteste la biologie*
   et moi, je *deteste la biologie*

3. Les étudiants de la classe *écoutent p... la musique classique*
   mais moi, je *regarde MTV*

4. Les professeurs *regardent les films français*
   mais moi, je *re regarde la televisio*

C. On ne voit pas bien! Maurice doesn't see very well. Listen to his observations, and correct what he says based on what you see.

Vous entendez: C'est une limonade?
Vous dites: Non, ce n'est pas une limonade.
Ce sont des Coca-cola!

1. 2. 3.

4.
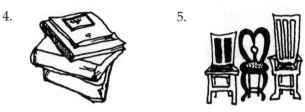

5.

D. Le profil de Bernard. Bernard is somewhat opinionated. First, listen once or twice to what he says about himself. Then check off his likes and dislikes.

À comprendre: chaque fois que (*every time that*), voyager

	AIME	N'AIME PAS
1. le ski?	✓	
2. danser?		✓
3. la radio?		
4. les voyages?		
5. le camping?		
6. la psychologie?		
7. les maths?		

E. Test psychologique. Answer the following questions about your habits. You will hear a possible response.

À comprendre: tu préfères (*you prefer*)

Vous entendez:	Tu aimes travailler à la bibliothèque?
Vous dites:	Non, je n'aime pas travailler à la bibliothèque.

Vous entendez:	Tu travailles généralement à la maison (*at home*)?
Vous dites:	Oui, je travaille généralement à la maison.

1. … 2. … 3. … 4. … 5. …

Leçon 4: Perspectives

Faire le bilan

A. Associations. Give the name of the category that includes all the people or items listed.

Mots possibles: amis, femmes, hommes, lieux, matières, sports, villes

MODÈLE: La littérature, l'histoire, la biologie, la chimie sont des ___*matières*___.

1. Paris, Tunis, Montréal, Dakar sont des ___villes___

2. La bibliothèque, la ville, la librairie sont des _____

3. George W. Bush, Denzel Washington, Andy Garcia sont des ___hommes___

4. Gwyneth Paltrow, Condoleezza Rice, Isabelle Adjani sont des ___les acteurs___

5. Le tennis, le golf, le volley-ball, le basket-ball sont des ___les sports___

6. Ben Affleck et Matt Damon, Snoopy et Woodstock sont des ___les acteurs___

B. Un cours intéressant? Use the information in the drawing to fill in the blanks.

1. Il y a ___sept___ étudiants dans la ___histoire___ de classe.

2. C'est _____ cours d' ___histoire___.

3. Le professeur ___de histoire___ le cahier à l'étudiante.

4. Une étudiante ___a___ un stylo dans son sac (*bag*).

5. Il y a deux étudiants qui _____ de voyager.

6. _____La_____ jeune femme à la porte est _____une_____ étudiante.

7. Les étudiants _____aime_____ le professeur.

C. **Scènes de la vie universitaire.** Use a definite or indefinite article.

Dans ___la___[1] salle de classe, il y a ___sept___[2] étudiants et ___un___[3] professeur. _____[4] professeur explique _____[5] géométrie.

Il y a ___un___[6] film français dans ___le___[7] salle de cinéma. ___Les___[8] spectateurs regardent ___les___[9] film d'aventures.

___le___[10] livre est ___l'___[11] autobiographie. ___L'___[12] auto-biographie est en italien. Il y a ___trois___[13] photos dans ___le___[14] livre.

D. **Votre vie à vous.** Answer according to your situation.

1. Vous habitez un appartement, une maison (*house*) ou la cité universitaire? _____
   _____J'habite dans la maison_____

2. Vous aimez mieux la musique classique ou le rock? _____
   _____J'aime mieux la musique classique_____

3. Vous aimez mieux le café ou le Coca-cola? _____
   _____J'aime mieux le coca-cola_____

4. Vous aimez mieux regarder une cassette vidéo ou aller (*to go*) au cinéma? _____
   _____J'aime mieux aller au cinéma_____

5. Vous aimez étudier, en général? _____
   _____J'aime étudier_____

6. Vous étudiez la littérature ou l'informatique? _____
   _____J'étudie l'informatique_____

🎧 Prononciation

La liaison. In French, **liaison** refers to the linking of two words when a normally silent final consonant is pronounced before a vowel or mute **h**. This often takes place following plural articles (**les, des**) and plural subject pronouns (**nous, vous, ils, elles**). For example: **les,** but **les‿amis; elles,** but **elles‿habitent.**[1]

Répétez les expressions suivantes. Vous les entendrez deux fois.

1. les‿histoires bizarres
2. des‿amis agréables
3. vous‿habitez

4. elles‿aiment
5. ils‿étudient
6. nous‿arrivons

Groupes rythmiques. (*Breath groups.*) In French, as a sentence is said, each group of words linked by meaning is pronounced as if it were a single word. There is a slight stress on the final syllable. In the following exercise, the + symbol indicates the end of a breath group.

Répétez les phrases suivantes. Vous les entendrez deux fois.

1. J'ai (*I have*) un ami. +
2. J'ai un ami + fidèle (*loyal*). +
3. J'ai un ami + fidèle et sympa (*likeable*). +
4. J'ai un ami + fidèle et sympa + qui habite ici. +
5. J'ai un ami + fidèle et sympa + qui habite ici, + à Paris. +

🎧 À l'écoute!

À la radio. A local radio station in Metz, in the northeast of France, informs its listeners about a special event. Listen to the passage as many times as necessary, then complete the following sentences.

À comprendre: la fête d'Internet (*Internet Day*), gratuitement (*free of charge*)

1. Internet, c'est bien pour _____.
   a. trouver l'adresse d'un restaurant
   b. regarder la télévision

2. La fête d'Internet a lieu _____.
   a. jeudi
   b. vendredi

3. Pour surfer le net, on visite _____.
   a. la bibliothèque de l'université de Metz
   b. un cybercafé de Metz

4. L'accès aux ordinateurs est possible _____.
   a. après (*after*) 9 heures
   b. après 18 heures

---

[1]The linking symbol is *not* part of French writing; it appears in this exercise only to guide you.

Par écrit

Par écrit is a writing activity that appears in **Leçon 4** of **Chapitres 2–16** of your Workbook/Laboratory Manual. It includes a general purpose, audience, and goal, along with guidelines to help you organize your thoughts and polish your writing. Be sure to read through the suggested steps *before* you start writing: They will help you to write with greater ease and efficiency. And try not to rely on the dictionary as you write: The **Par écrit** activities can be done using only vocabulary and structures that you have already studied. Additional suggested vocabulary is sometimes given in the directions.

Purpose: Describing (yourself or another person)

Audience: A friend or classmate

Goal: A two-paragraph character sketch

Use the following questions as a guide, adding any relevant information you can.

PARAGRAPH 1, TOPIC SENTENCE: Je me présente. (*I introduce myself.*)

1. Comment vous appelez-vous? 2. Vous habitez la cité universitaire, un appartement ou une maison? 3. Qu'est-ce que vous étudiez? 4. Vous aimez les cours à l'université? 5. Vous aimez (adorez, détestez) le français?

PARAGRAPH 2, TOPIC SENTENCE: J'aime faire beaucoup de choses. (*I like to do many things.*) (J'aime la vie active, *ou* J'aime la vie tranquille.)

1. Vous aimez les distractions, le sport? 2. Vous regardez la télévision? Vous écoutez la radio? 3. Vous aimez la musique classique, le jazz, le rock? 4. Qu'est-ce que vous aimez faire (*What do you like to do*) avec des amis? 5. Vous aimez discuter (*to have discussions*) au café, flâner (*to stroll*) sur le campus ou explorer les bibliothèques?

Steps

1. The first time you read the questions, jot down brief notes in response. Then, when you begin your first draft, expand these thoughts into complete sentences.

2. Organize your work into two paragraphs using the suggested topic sentences.

3. Check the first draft for general flow, adding any interesting details that come to mind.

4. Have a classmate read your work and share his or her overall reaction.

5. Prepare your final draft, taking into account your classmate's most germane suggestions. Do a last check for spelling (including accents), punctuation, and grammar. Pay particular attention to verb forms.

Journal intime

> **Journal intime** (*Personal diary*) is a special feature of your Workbook/Laboratory Manual: A forum for you to write freely in French about your own experiences, using the vocabulary and structures you are currently studying, but *without* worrying about making mistakes. You may want to set aside a special notebook to use as your **Journal intime.** Your instructor may read your diary entries and react to them from time to time, but he or she will probably not give them a grade. By the end of the year, you will find you are writing French with ease, and your **Journal** will be a wonderful record of your progress.

Include at least the following information in today's entry:

- Your name: **Je m'appelle...**
- What pastimes you like and don't like, in general
- What subjects you are studying, and your opinion of each one: **J'aime (Je n'aime pas)...**

Limit yourself to the expressions you have learned so far. You do not need to use a dictionary.

MODÈLE: Je m'appelle Marc. J'aime beaucoup la musique... Je déteste la télévision...

It is important to do the written exercies.

CHAPITRE

Ils ont l'air gentils!

Leçon 1: Paroles

Quatre personnalités différentes

A. Les clichés. Match the adjectives and nouns to create logical combinations.

Vocabulaire: calme, drôle, dynamique, enthousiaste, excentrique, hypocrite, idéaliste, individualiste, raisonnable, sérieux, sincère, sociable, sympathique, timide

MODÈLE: un juge (*judge*) → un juge raisonnable

1. un artiste _artiste excentrique, individualiste_

2. un professeur _calme, travailleur_

3. un musicien _égoïste_

4. une grand-mère _calme sociable_

5. un comique _sociable, drôle amusant_

6. une petite fille _sincere, materialiste_

7. une écologiste _travailleuse, solitaire_

8. une fanatique de football _sportive, enthousiaste_

9. un poète _solitaire, pessimiste, individualist_

10. un homme politique _travailleur, hypocrite, egoïste_

11. un amant (*lover*) _beau, drôle, charmant_

12. un ami _sincere belle_

B. Un nouveau job. Gérard Leclerc is looking for a job. You will hear him describe himself. As you listen, check off his characteristics on the chart. Listen as many times as necessary.

intelligent	✓	dynamique	_____
sincère	_____	enthousiaste	_____
ambitieux	_____	difficile	_____
pas paresseux	_____	raisonnable	_____
sensible	_____	égoïste	_____

C. Comment est... ? (*What's . . . like?*) Write complete sentences about the following people, modifying each of the two adjectives using **assez, très, peu,** or **un peu.**

1. David Duchovny / drôle / sensible _David Duchovny est très drôle_
il est assez sensible

2. Julia Roberts / réaliste / sincère _Julia Roberts est un peu sincère_
elle est peu réaliste

3. Madonna / dynamique / idéaliste _Mandona est très dynamique_
elle est peu idéaliste

4. Will Smith / travailleur / égoïste _il est assez egoïste._
il est tres travailleur

5. Tiger Woods / paresseux / sympathique _Il est peu parresseux_
il est assez sympathique

Les vêtements et les couleurs

A. **La mode et les saisons.** Next to each of the months listed below, write sentences naming three pieces of clothing you typically wear during that month. Vary your sentences.

MODÈLE: En juin, je porte souvent un short et un tee-shirt. (J'aime porter un short en juin.)

avril	1. _En Avril, j'aime porter un jeans, un blouson_ 2. _chemise, et des tennis_ 3.
juin	1. _En Juin, j'aime porter un jeans, une_ 2. _jupe, une robe, des sandals, un short_ 3. _une chemise et un maillot de bain_
septembre	1. _En Semptembre, je porte souvent, un jean_ 2. _un imperméable, des tennis, une chemise_ 3.
décembre	1. _Je porte souvent, des bottes, un chaussures,_ 2. _un sweat suit, un manteau_ 3.

B. **Parlons de mode.** What are appropriate garments for these people and these situations?

MODÈLE: À la plage (beach), on porte un maillot de bain, des sandales et un chapeau.

1. Une femme d'affaires (businesswoman) porte _un tailleur, un sac de main_

2. Un homme qui cherche du travail porte _un costume, une chemise et une cravate_

3. Les adolescents (teenagers) portent aujourd'hui _un jean, un blouson, des tennis_

4. Pour jouer au tennis, on porte _un short, un t-shurt et des tennis_

C. **Étudiants typiques.** This afternoon, Suzanne is going to the university and Jean-Paul is going to the rec center. Listen to a description of what each is wearing. Stop the recording, and quickly sketch the clothing described on the figures provided. Listen as many times as necessary.

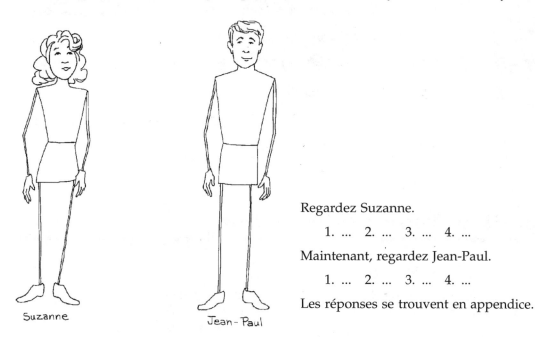

Suzanne

Jean-Paul

Regardez Suzanne.

    1. ...   2. ...   3. ...   4. ...

Maintenant, regardez Jean-Paul.

    1. ...   2. ...   3. ...   4. ...

Les réponses se trouvent en appendice.

D. **La palette de l'artiste.** What do you get by mixing (or separating) these colors?

    MODÈLE: rouge + blanc = rose

1. bleu + jaune = ____verte____

2. noir + blanc = ____gris____

3. rouge + jaune = ____orange____

4. bleu + rouge = ____violeT____

5. rouge + vert = ____brun____

6. orange + jaune = ____je n'sais pas____

E. **De quelles couleurs sont-ils?** What colors are the following objects?

    1. le drapeau américain   2. le soleil

____il est rouge, blanc et bleu.____   ____il est jaune____

3. le chat

noie

4. la plante

il est verte

Les amis d'Anne et de Céline

A. Qui est qui? Match each person with a description.

1. _A_ Il est grand. Il n'a pas de cheveux.
   Il a les yeux noirs. Il est sportif.

2. _C_ Il est grand avec les cheveux gris.
   et les yeux bleus.

3. _e_ Elle est de taille moyenne et elle a
   les cheveux blonds et les yeux marron.

4. _B_ Il est très petit et très drôle. Il joue
   dans plusieurs films.

5. _d_ Elle a (d'habitude) les cheveux très longs
   et très raides, mais la couleur change de
   temps en temps.

a. Michael Jordan
b. Danny DeVito
c. Clint Eastwood
d. Cher
e. Catherine Deneuve

B. L'aspect physique. Here are three students. Listen to the questions about them, and give answers based on the drawing.

Vous entendez: Qui a les cheveux blonds?
Vous dites: Caroline a les cheveux blonds.

1. ...   2. ...   3. ...   4. ...   5. ...

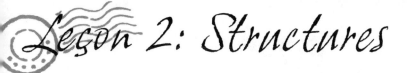

Leçon 2: Structures

Le verbe *avoir*
Expressing Possession and Sensations

A. Voici Véronique! What is she like? Add **est** or **a** to complete the description.

MODÈLES: Elle __*a*__ a chaud en classe.

Elle n' __*est*__ pas timide.

1.   Elle n' __est__ pas souvent paresseuse.

2.   Elle __a__ froid au cinéma.

3.   Elle __est__ un ami sympathique.

4.   Elle n' __est__ pas très sportive.

5.   Elle __a__ besoin de travailler.

6.   Elle __est__ gentille.

7.   Elle __est__ de Nîmes.

8.   Elle __a__ souvent sommeil.

9.   Elle __a__ toujours raison. *c tort* ᵗ

10.   Elle __est__ l'air optimiste.

11.   Elle __a__ maintenant vingt ans.

12.   Elle __a,__ en cours avec nous.

B. Réactions. What is the typical reaction?

1.   __h__ Il y a un Coca-cola devant (*in front of*) vous.

2.   __C__ Il y a une orange devant vous.

3.   __a__ Vous êtes en Bretagne en décembre.

4.   __d__ Vous avez un «A» à l'examen sans étudier.

5.   __g__ Vous écoutez du rock.

6.   __f__ Vous avez un examen dans 90 minutes.

7.   __i__ Vous êtes à la Martinique en juin.

8.   __b__ Vous travaillez tout le week-end.

9.   __e__ Vous oubliez (*forget*) l'anniversaire d'un ami.

a.   Vous avez froid.
b.   Vous avez sommeil. ⟵
c.   Vous avez faim.
d.   Vous avez de la chance.
e.   Vous avez honte.
f.   Vous avez besoin d'étudier.
g.   Vous avez envie de danser. ✓
h.   Vous avez soif. ⟵
i.   Vous avez chaud. ✓

C. Conséquences. Write a caption for each of these scenes using an expression with **avoir**.

1. J'explique que cinq fois cinq font trente-cinq.

   J' _ai raison_ .

2. Nous sommes au casino de Monte-Carlo. Nous gagnons (*win*) 10 000 euros.

   Nous _avons de la chance_

3. C'est l'anniversaire d'Anne.

   Elle _a trois ans_ .

4. Le pauvre monsieur!

   Il _a peur_ du chien.

5. Voici Léa.

   Elle _a rendez vous_
   avec le professeur au resto-U.

6. Voilà trois étudiants.

   Ils _ont sommeil_
   d'être très studieux.

D. Réactions logiques. What might you say in these situations?

À comprendre: n'est pas d'accord (*doesn't agree*), une heure de l'après-midi (*one o'clock in the afternoon*)

Expressions utiles: avoir… besoin d'étudier, de la chance, faim, froid, honte, raison, sommeil

Vous entendez: Vous étudiez beaucoup et vous êtes fatigué(e).
Vous dites: J'ai sommeil!

1. …   2. …   3. …   4. …   5. …   6. …

E. **Et les questions?** What question would you ask your classmates or friends to get the following answers?

MODÈLE: _Tu as un crayon?_

   Oui, j'ai un crayon jaune.

1. _Avons-nous des ordinateurs en cour d'informatique_

Oui, nous avons des ordinateurs en cours d'informatique.

2. _Tu as un dictionnaire français-anglais_

Oui, j'ai un dictionnaire français-anglais.

3. _____

Oui, nous avons un professeur dynamique.

4. _nous avons un professeur dynamique_

Oui, j'ai un examen vendredi.

5. _Avez-vous envie de manger au resto-U_

Oui, j'ai envie de manger au resto-U.

Les adjectifs qualificatifs
Describing People, Places, and Things

A. **De quelle nationalité?** Complete the following descriptions with adjectives of nationality. (See **Chapitre 2.**)

MODÈLE: Harrison Ford et Tom Hanks sont des acteurs _américains_.

1. Paris est une ville _française_
2. Une Ford est une voiture (*car*) _canadienne_
3. Shakespeare et Charles Dickens sont des écrivains _anglais_
4. Rabat et Casablanca sont deux villes _italiens_
5. Gérard Depardieu est un acteur _____
6. Dakar est une ville _____
7. Céline Dion est une chanteuse (*singer*) _canadienne_

B. **Amis semblables (*alike*).** Anne is describing some friends of hers. In each case, you know people with similar qualities. Respond as in the example.

MODÈLE: Loïc est sportif. (Léa) → Léa aussi, elle est sportive.

1. Robert et Joël sont gentils. (Évelyne)

   Évelyne aussi, elle est gentille

2. Marguerite est très fière. (Paul et Guillaume)

   Paule et Guillaume, el's sont fère

3. Kofti est beau. (Abena)

   Abena aussi, elle est belle

4. Léa et Suzanne sont assez naïves. (Charles)

   Charles, aussi, il est naïves

5. Mon chat (*male cat*) Chouchou est paresseux. (Ma chatte [*female cat*] Béatrice)

   ma chatte aussi, elle est parreseuse

6. Paolo et Vittorio sont intellectuels. (Catherine et Alma)

   Catherine et Alma aussi, elles sont intellectuelles

7. Katherine est une chère amie. (Thomas)

   Thomas aussi, il est une cher ami

8. Édouard est le nouveau journaliste. (Anne)

   Anne aussi, elle est le nouveau journaliste

C. **C'est Simone!** A reporter has made a mistake: The following story should be about Simone, a young woman, not Simon. Finish the editor's rewrite, making the necessary corrections.

Simon n'hésite pas (*isn't hesitating*). C'est un étudiant courageux et ambitieux. Il a une bourse (*scholarship*) généreuse, et il quitte la France mardi pour étudier à New York. Simon est travailleur et aventureux. C'est un jeune homme sérieux. Il va profiter de cette (*this*) expérience.

Simone n'hésite pas. C'est une *etudiante courageuse et ambitieuse. Elle a une bourse génénéreuse, et elle quitte la France mardi pour etudier a N.Y. Simone est travailleuse et aventereuse. C'est une jeune femme serieuse. Elle va profiter de cette experience*

D. **Votre tempérament.** Describe yourself by answering the following questions about your personality. Use **assez** (*rather*) or **très** (*very*) with the adjective. Each question is followed by a pause for your personal answer.

> Use feminine or masculine endings
> in your answers where appropriate.

Vous entendez: Vous êtes idéaliste ou réaliste?
Vous dites: Je suis assez idéaliste. *ou* Je suis très idéaliste.

1. …   2. …   3. …   4. …   5. …

E. **Maryse et Benoît.** How are they different? Answer the
questions based on what you see.

Vous entendez:	Maryse est individualiste. Et Benoît?
Vous dites:	Benoît n'est pas individualiste.

1. ...   2. ...   3. ...   4. ...   5. ...   6. ...

F. **Une amie intéressante.** Robert and Michel are talking about
someone in Michel's math class. Listen once or twice to what
they say. Then do the following exercise.

Robert est curieux. Il y a une étudiante intéressante
dans le cours de maths de Michel…

Now listen to each of the following statements, then indicate whether each statement is true
(**vrai, V**) or false (**faux, F**).

1. V   F   La nouvelle amie de Michel est française.

2. V   F   Elle n'est pas sportive.

3. V   F   Selon (*According to*) Michel, cette étudiante est extraordinaire.

4. V   F   Elle est très bonne en maths.

5. V   F   En cours, Michel n'aime pas être à côté d'Elizabeth (*beside Elizabeth*).

G. **Couleurs! Couleurs!** Describe each object with the indicated color. Remember that some colors are
invariable in gender or in gender and number.

MODÈLE: vert / imperméables → des imperméables verts
bleu / robe → une robe bleue

1.   rouge / veston _____ *une veston rouge* _____

2.   marron / bottes _____ *des bottes marron* _____

3.   blanc / chaussettes _____ *des chausettes blancv* _____

4.   jaune / tee-shirts _____ *de t-shirt jaune* _____

5.   orange / cravates _____ *des cravates oranges* _____

6.   vert / manteau _____ *un manteau vert* _____

7.   rose / maillot de bain _____ *un maillot de bain* _____

8.   violet / jupe _____ *un jupe violete* _____

9.   noir / chemise _____ *une chemise noire* _____

10. gris / blouson _____ *une blouson gris* _____

Le courrier

Complete the e-mail using the following expressions: **à, avons, demande, fière, gentille, jeune fille, porte, rose.**

DE: Sophie@image.qu.ca

A: Caroline@universpar.fr

Ma chère Caroline,

Un autre message électronique! Finalement, les ordinateurs, c'est très amusant! J'aime ton style de vêtements. Tu es une nouvelle femme. Je suis ___gentille___[1] de toi. Isabelle trouve que tu es belle, drôle et ___fière___[2] De temps en temps, elle ___porte___[3] une petite jupe noire, un joli[a] chemisier ___rose___[4] et un petit sac ___à___[5] main. Elle regarde ta[b] photo et _____[6]: « Maman, moi aussi, je suis une _____[7] élégante, non? » Nous ___avons___[8] une fille[c] humble et modeste!

Je t'embrasse,
Sophie

---

[a]*pretty* [b]*your* [c]*daughter*

Info-culture

Reread the **En image** and **Reportage** sections in your text, then create logical sentences using the elements in the two columns.

1. Les grandes maisons de la haute couture à Paris sont _____.

2. Les boutiques offrent des vêtements mais aussi des sacs à main, des bijoux et _____.

3. Dans les boutiques des hauts couturiers, _____.

4. Pour être chic, _____.

5. Les étudiants trouvent souvent leurs vêtements _____.

6. Dans un «dépôt-vente», on peut acheter (*one can buy*) _____.

a. tout est cher
b. on assemble bien les vêtements et les accessoires
c. au marché aux puces
d. des parfums
e. des vêtements déjà portés mais presque neufs
f. dans le quartier des Champs-Élysées

🎧 Sophie à l'appareil!

La boutique San Francisco. Today, Sophie calls a boutique in Montréal to find out if the item she is looking for is available there. Listen to the conversation as many times as necessary, then decide whether the following sentences are true (**vrai, V**) or false (**faux, F**).

À comprendre: d'accord (*all right*), je vous propose (*I suggest*), peut-être (*perhaps*), si (*if*)

1. V F Sophie cherche un tailleur gris.

2. V F La dame qui travaille dans la boutique est très désagréable.

3. V F La dame propose six chemisiers.

4. V F Sophie aime le bleu.

5. V F La boutique San Francisco a un site Web.

6. V F Sophie n'a pas d'ordinateur.

Flash-culture

Le Québec: une volonté[1] d'indépendance

Le Québec est une province du Canada. Beaucoup de Québécois rêvent de s'émanciper[2] et désirent abandonner l'état fédéral pour créer[3] un état indépendant à majorité française en Amérique du Nord. La population est divisée en deux camps:

◆ Les indépendantistes: ils sont représentés par[4] le Parti québécois.
◆ Les fédéralistes: au Québec, ils sont toujours majoritaires et disent[5] «non» à l'indépendance—50,6 %[6] (non) contre[7] 49,4 % (oui) au référendum sur l'indépendance d'octobre 1995.[8]

Indépendance ou fédéralisme? Depuis les années 60,[9] le débat est ouvert.[10] Toute la[11] vie politique du Québec dépend de cette question.

[1]*will* [2]*de... of becoming free* [3]*create* [4]*by* [5]*say* [6]cinquante virgule six pour cent [7]*versus* [8]mille neuf cent quatre-vingt-quinze [9]Depuis... *Since the 1960s* [10]*open* [11]Toute... *The whole*

A. **Révisons!** Reread the **Flash-culture,** then create logical sentences using elements from the two columns.

1. Beaucoup de Québécois désirent _____.

2. Le référendum de 1995 _____.

3. Aujourd'hui le Québec _b_.

4. Les indépendantistes sont représentés _c_.

5. Les fédéralistes sont _e_.

a. reste (*remains*) membre de l'état fédéral.
b. toujours (*still*) une force majeure au Québec.
c. par le Parti québécois.
d. créer un état à majorité française.
e. donne 50,6 % «non» contre 49,4 % «oui».

B. **Enquête culturelle** Use print resources or the links at **www.mhhe.com/visavis3** to find and report on information about the following topics.

1. Qui est le chef actuel (*Who is the current head*) du Parti québécois? Quelle est sa fonction dans le gouvernement de la province?

_____

_____

2. Qui était (*was*) René Lévesque? Donnez trois détails sur sa vie (*about his life*) et son impact sur la société québécoise. Écrivez au temps présent.

MODÈLE: René Lévesque naît (*is born*) le 24 août 1922 en Gaspésie (*in the Gaspé region*).

_____

_____

_____

Leçon 3: Structures

STUDY HINTS: LEARNING GRAMMAR

Learning grammar is important, but this alone will not make it possible for you to *communicate* in French. To acquire a meaningful command of French using *Vis-à-vis*, be sure to follow all of these steps:

- Start by *reading the grammar explanations*, paying close attention to the examples.
- The *brief dialogues* that introduce each point are very important, because they illustrate how the grammar is used in everyday communication. *Read through them* silently several times, and *repeat them* with a partner.
- Do the *exercises* in your text and your Workbook/Laboratory Manual. When you are certain your answers are correct, *practice out loud* with a partner. Keep repeating until the answers "feel" natural to you.
- Working with a partner, use the new material to *talk about yourselves.* Use the exercises and brief dialogues as starting points, create your own variations, and chat freely. Always remember that learning grammar is only a means to a much more important end: communication.
- Learning a language is cumulative, so you will want to *create flash cards* and *review* material from previous chapters frequently. Just five to ten minutes a day of reviewing (rather than one long cram session each week) will bring you lasting confidence and success in communicating in French.

Nom _____ Date _____ Cours _____

Les questions à réponse affirmative ou négative
Getting Information

A. Qui est-ce? You want to know more about Khaled, the new student in your biology course. Ask questions using **est-ce que**.

MODÈLE: étudier la chimie → Est-ce que tu étudies la chimie?

1. être français _Est-ce que tú français_

2. parler anglais _Est-ce que tu parles_

3. aimer les États-Unis _Est-ce que t'aimes les États-Unis_

Now ask more questions, using inversion.

MODÈLE: manger au resto-U → Manges-tu au resto-U?

4. aimer le jazz _Aimes-tu le jazz_

5. être ordonné (*tidy*) _Êtes-vous ordonné_

6. étudier aussi les maths _Etudiez vous les maths_

B. Une amie curieuse. Suzanne wants to know everything about the new couple next door. Write out the questions that make up her half of the conversation.

MODÈLE: SUZANNE (*est-ce que*): *Est-ce qu'ils s'appellent Chevalier?*
ROLAND: Oui, ils s'appellent Paul et Marianne Chevalier.

1. SUZANNE (*inversion*): _est-elle française_
ROLAND: Oui, elle est française.

2. SUZANNE (*n'est-ce pas*): _C'est une amie de Mlle Duval, n'est-ce pas_
ROLAND: Oui, c'est une amie de Mlle Duval.

3. SUZANNE (*est-ce que*): _Est-ce qu'elle travaille à l'université_
ROLAND: Oui, elle travaille à l'université.

4. SUZANNE (*inversion*): _Aime-elle beaucoup le football américain_
ROLAND: Oui, elle aime beaucoup le football américain.

5. SUZANNE (*n'est-ce pas*): _il est français, n'est ce pas_
ROLAND: Non, il n'est pas français, il est canadien.

6. SUZANNE (*est-ce que*): _Est-ce qu'il parle très bien français_
ROLAND: Oui, il parle très bien français.

7. SUZANNE (*inversion*): _Visitent'ils souvent la France_
ROLAND: Non, ils ne visitent pas souvent la France.

Leçon 3: Structures   **53**

C. Où (Where) sont-ils? Annick is looking for some friends and wonders if they are at their usual haunts. Use the expressions given to ask the questions she might, as in the example. Vary your use of the different question forms.

> MODÈLE: Georges / à la bibliothèque → Est-ce que Georges est à la bibliothèque? (Georges est-il à la bibliothèque? Georges est à la bibliothèque? Georges est à la bibliothèque, n'est-ce pas?)

1. Salima / en boîte (*at the nightclub*)

   Salima, est-il à en boite

2. Claire et Simone / à la librairie

   claire et simone est à la librarie, n'est-ce pas

3. M. Martin / avec Mlle Dupont

   Est-ce que M' Martin ave Mlle Depu t

4. Naima / au resto-U

   Naima est au resto-U, n'est cépau

5. Philippe et Madeleine / à la cité-U

   Philippe et Madeleine, sont ils à la cité-U

6. Henri / au café

   Henri est au café?

D. Au Prisunic. Listen to these comments that you might overhear in a French department store. You will hear each one twice. Write the name of the person who probably said it, based on the drawings.

À comprendre: ce/cet (*this*)

Richard   Cassandre   Émilie   Monique   Sylvain

1. _____   4. _____

2. _____   5. _____

3. _____

E. **La curiosité.** You want to know more about your friend's new boyfriend, but she has not said much. Listen to each of these things you want to know, and ask her a direct question.

> Use questions with intonation or
> with **est-ce que.**

    Vous entendez: Vous voulez savoir si (*You want to know whether*) Augustin est sympathique.
    Vous dites: Il est sympathique, Augustin?
         ou   Est-ce qu'Augustin est sympathique?

1. ...   2. ...   3. ...   4. ...   5. ...

Les prépositions *à* et *de*
Mentioning Specific Places or People

A. **Départ.** Mme Aubré's family is moving. She's writing a list of all the things that must be returned to their rightful owners before they leave.

    MODÈLE: le livre __*des*__ Ratier

1. la radio __*de la*__ Mme Laporte
2. le dictionnaire __*de*__ professeur de Robert
3. le livre __*de la*__ copine (*female friend*) de Valérie
4. la flûte __*t̶d̶a*__ amie de Kofti
5. les disques __*d'*__ amis de Solange
6. les chaises __*d'*__ appartement de Robert

B. **À ou *de*?** Caption each pair of drawings, using **à** in one sentence and **de** in the other. (Remember the combined forms **au** and **du**.)

    MODÈLE: les jeunes filles / arriver / bibliothèque →

Les jeunes filles arrivent à la bibliothèque.   Les jeunes filles arrivent de bibliothèque.

1. la femme / parler / monsieur

_____   _____

_____   _____

2. Claire / jouer / (basket-ball) (piano)

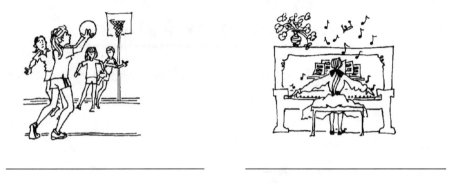

_____   _____

_____   _____

C. **Une soirée tranquille.** First, you will hear a description of this scene. Listen to it once or twice before you do the following exercise.

À comprendre: ce soir (*tonight*)

Now, answer the following questions according to the scene pictured.

Vous entendez: Où habitent les étudiants?
Vous dites: Ils habitent à la cité-U.

1. ...   2. ...   3. ...   4. ...   5. ...

D. **Votre vie à vous.** Using the verbs given, write sentences that tell generalities about your own life.

MODÈLE: téléphoner à _____ →
          Je téléphone à ma mère tous les week-ends (*every weekend*).

1. parler à _____

   _____

2. montrer un(e) _____ à _____

   _____

3. téléphoner à _____

   _____

4. donner un(e) _____ à _____

   _____

Leçon 4: Perspectives

Faire le bilan

A. **Votre vie à vous.** For each piece of clothing, write a sentence telling which color you like (**J'aime**), dislike (**Je déteste**), or prefer (**J'aime mieux**). Be careful to make adjectives and nouns agree. Also remember that the definite article is used with nouns employed in a general sense, so respond to all questions with **... les...** .

MODÈLE: un chapeau → J'aime les chapeaux noirs.

1. un pantalon _____

2. une chemise _____

3. un short _____

4. des chaussettes _____

5. un manteau _____

6. des chaussures _____

7. des tennis (*f.*) _____

B. Enquête Use your boss's notes to write a list of questions to be asked in your investigation of industrial espionage. Use inversion and **est-ce que.**

    MODÈLE: M. Baladur / parler italien? →
                 M. Baladur parle-t-il italien? Est-ce que M. Baladur parle italien?

1. les amis de M. Baladur / rêver de voyager?

    _____

    _____

2. M. Baladur / travailler beaucoup?

    _____

    _____

3. les employés de M. Baladur / détester Paris?

    _____

    _____

4. Mme Baladur / aimer danser?

    _____

    _____

5. les secrétaires de M. Baladur / chercher un autre travail?

    _____

    _____

C. Les expressions avec *avoir*. Complete the following statements in a logical manner, using an expression with **avoir.**

    MODÈLE: Tu es fatigué. → Tu as sommeil.

1. Il fait (*It is*) 35° C (degrés Celsius). Nous _____.

2. En général, les enfants (*children*) n'aiment pas le noir. Ils _____.

3. Au tableau, le professeur _____ une craie.

4. Léon gagne (*wins*) 2 000 euros au casino. Il _____.

5. Vous jouez au football pendant une heure (*for an hour*). Vous _____.

6. Elle skie mais elle porte un tee-shirt. Elle _____.

7. Robert _____ chez le dentiste (*at the dentist*).

8. Après le cours de français, nous mangeons au resto-U. Nous _____.

Prononciation

Les voyelles orales. (*Oral vowels.*) Some French vowel sounds are represented in the written language by a single letter. Others have a variety of spellings: The [o] sound, for example, can be spelled **o, au, eau,** or **ô.** Practice recognizing and pronouncing some of the different vowel sounds, paying close attention to the highlighted letters.

Répétez les expressions suivantes. Vous les entendrez deux fois.

1. [a]: **a**mi / m**a**dame / c**a**nadien
2. [i]: **i**ci / dîner / typ**i**que
3. [o]: **au**ssi / radi**o** / b**eau**coup / drôle
4. [ɔ]: **o**bjet / h**o**mme / sn**o**b
5. [y]: **u**niversité / r**u**e / fl**û**te
6. [e]: **é**couter / excus**ez** / cah**ier**
7. [ɛ]: qu**e**stion / tr**è**s / **ê**tre / tr**ei**ze
8. [ø]: **Eu**rope / séri**eu**se / b**œu**fs
9. [œ]: j**eu**ne / prof**e**ss**eu**r / b**œu**f
10. [u]: c**ou**rageux / **où** / c**oû**te

Les voyelles nasales. (*Nasal vowels.*) When the letter **n** or **m** follows a vowel or a combination of vowels, it frequently gives the vowel a nasal pronunciation. The **n** or **m** itself is not pronounced in these cases.

Répétez les expressions suivantes. Vous les entendrez deux fois.

1. [ã]: **am**phithéâtre / **em**ployer / att**en**dez / fr**an**çais / pl**an** / c**en**tre
2. [ɔ̃]: **on**ze / **on**cle / b**on**jour / b**on** / n**om**bre
3. [ɛ̃]: **im**patient / **in**téressant / syn**th**èse / sy**m**pathique / p**ein**tre / améric**ain**

À l'écoute!

Anne-Marie Blanchard. Anne-Marie Blanchard, a young French-Canadian clothing designer, is being interviewed on the radio. Listen to the conversation as many times as necessary, then indicate whether each statement you hear is true (**vrai, V**) or false (**faux, F**).

À comprendre: automne (*autumn*), des merveilles (*marvelous things*), le plus important (*most important*), les friperies (*secondhand clothing stores*), qu'est-ce que (*what*)

1. V F   Pour Anne-Marie, le confort est très important.

2. V F   Elle déteste les friperies.

3. V F   Elle préfère le blanc et le jaune pour l'automne.

4. V F   Aujourd'hui, Anne-Marie porte un tailleur.

5. V F   Elle porte aussi une cravate d'homme.

6. V F   Elle aime beaucoup le noir.

Par écrit

Purpose: Describing another person

Audience: Your instructor and classmates

Goal: A two-paragraph character sketch

PARAGRAPHE 1

> Julie est une jeune fille individualiste. Elle habite Los Angeles. Elle aime parler de musique et de littérature. Elle n'aime pas parler de télévision. En général, elle porte un pull-over noir, un jean et des bottes noires.

PARAGRAPHE 2

> Julie admire John Coltrane, Wynton Marsalis et Ella Fitzgerald. Elle n'aime pas Madonna. Elle adore jouer du piano et écouter la radio. Elle est sociable et optimiste. C'est une personne dynamique.

Steps

1. Make a list of interview questions that will elicit the same type of information as is given in the model: **Tu habites Cincinnati? Est-ce que tu es excentrique? Aimes-tu la musique?**, etc.
2. As you interview your subject, jot down the answers in abbreviated form.
3. Next, circle the responses you want to include in your composition. Start writing, adding other descriptions whenever possible. Use the model as a guide, but try to write in your own personal style.
4. Have a classmate check your work and share his or her overall reaction.
5. Prepare your final draft, taking into account your classmate's most germane suggestions.

Do a last check for spelling, punctuation, and grammar, paying particular attention to adjectives and to the prepositions **à** and **de.**

Journal intime

Write about yourself. Be sure to use complete sentences. Include the following information:

- How would you describe yourself as a person? as a student? Review the adjectives in the chapter if you need to. Use **Je suis…**
- What kinds of clothing do you like to wear? What colors do you prefer (**aimer mieux**)?

_____ Nom _____ Date _____ Cours _____

À la maison

Leçon 1: Paroles

Christine, Michel et la voiture

A. Où se trouve… ? (*Where is. . . ?*) Complete each sentence with the appropriate preposition of location.

1. Les étudiants sont ___dans___ la salle de classe.
2. Gilles est ___en face de___ la porte.
3. Le rétroprojecteur est _____ la table.
4. Le magnétoscope est ___à côté de___ la télévision.
5. Le livre de Céline est _____.

6. Les étudiants sont _____ du tableau.

7. Le bureau est _____ Mᵐᵉ Gabet et les étudiants.

8. Henri est _____ Maurice.

9. Après le cours, la classe va (*is going*) _____ Maurice pour une fête.

B. Où sont les hamsters de Dorothée? Listen to the following questions, then describe where Dorothée's hamsters are.

Expressions utiles: à côté de, dans, derrière, devant, sous, sur

Vous entendez: Anatole est dans la cage?
Vous dites: Non, Anatole est sur la cage.

1. …   2. …   3. …   4. …   5. …

Deux chambres d'étudiants

A. La chambre est en ordre. Circle the logical word or expression.

MODÈLE: Les livres sont (sur)/ *sous* le bureau.

1. Il y a des vêtements *dans* / *sur* la commode.

2. Les livres sur l'étagère sont *à côté des* / *derrière les* magazines.

3. Il y a une lampe et un réveil *sur* / *sous* la table de nuit (*night*).

4. Le miroir est sur *le mur* / *le canapé*.

5. Il y a des chapeaux dans *l'armoire* / *le lit*.

6. Il y a une chaîne stéréo sur *le tapis* / *la commode*.

7. Les rideaux sont à *la chaise* / *la fenêtre*.

8. Les affiches sont sur *le mur* / *le tapis*.

9. Les CD sont à côté *du lit* / *du lecteur de CD*.

10. Les stylos sont dans *le bureau* / *le lavabo*.

B. Votre vie à vous. Describe your room.

MODÈLE: Sur la table, il y a ___*des magazines et des fruits*___ .

1. Sur le bureau, il y a _____

2. À côté de la porte, il y a _____

3. Sur les étagères, il y a _____

4. Dans la commode, il y a _____

5. Sous le lit, il y a _____

6. Les livres sont _____

C. Votre vie à vous. Give brief, personal answers about your home.

1. Habitez-vous dans un immeuble ou dans une maison? _____
   _____

2. Votre chambre est-elle en ordre ou en désordre? Expliquez (*Explain*). _____
   _____
   _____

3. Avez-vous des appareils (*devices*) pour écouter de la musique? Lesquels (*Which ones*)? _____
   _____
   _____

4. Quels meubles avez-vous dans votre chambre? _____
   _____
   _____

D. Un nouveau décor. You are listening to someone describe the decoration of her room. Sketch the items she mentions in their proper place. You will hear each sentence of the description twice.

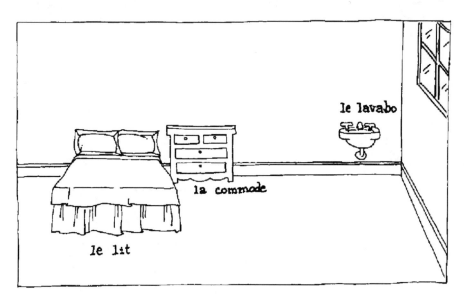

1. ...   2. ...   3. ...   4. ...   5. ...   6. ...   Les réponses se trouvent on appendice.

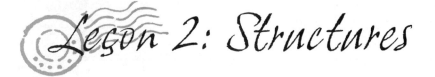

Leçon 2: Structures

Les articles indéfinis après *ne... pas*
Expressing the Absence of Something

A. Qu'est-ce qui ne va pas? What's missing in this office? List eight missing things.

MODÈLE: Les employés n'ont pas de chaises.

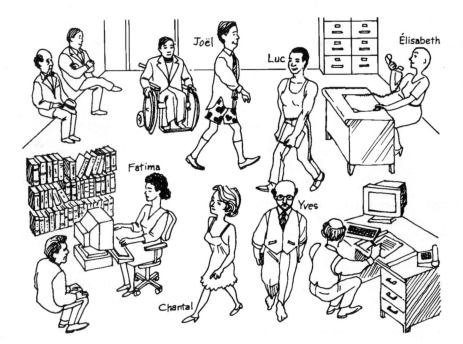

1. _____

2. _____

3. _____

4. _____

5. _____

6. _____

7. _____

8. _____

B. Un crime: Le locataire (*tenant*) sous le lit. M. Lemont, a police inspector, is interrogating the apartment manager, Mme Hareng. Answer the questions for her.

Vous entendez:	Il y a des visiteurs dans la chambre?
Vous dites:	Non, il n'y a pas de visiteurs.

1. ...   2. ...   3. ...   4. ...   5. ...   6. ...   7. ...

C. L'inspecteur continue son enquête. Mme Hareng has decided not to cooperate and systematically says *no* to each question. Answer the questions for her.

Vous entendez:	Vous avez un chien dans l'immeuble?
Vous dites:	Non, je n'ai pas de chien.

1. ...   2. ...   3. ...   4. ...   5. ...

D. À votre avis. In your opinion, what is still missing from the room pictured on page 63? Write your answer in French.

Dans cette chambre, il n'y a pas de...

_____

_____

_____

_____

_____

_____

_____

_____

Les mots interrogatifs
Getting Information

A. **À Paris III.** You are in Paris interviewing Sylvie, a French student, for your campus newspaper. Here are her answers. Complete the corresponding questions.

Expressions utiles: avec qui, combien de, comment, d'où, pourquoi, qu'est-ce que

VOUS: _____¹ êtes-vous?

SYLVIE: Je suis de Megève, une petite ville dans les Alpes.

VOUS: _____² habitez-vous maintenant?

SYLVIE: Maintenant j'habite avec ma cousine Catherine.

VOUS: _____³ vous étudiez?

SYLVIE: J'étudie les maths et la physique.

VOUS: _____⁴ étudiez-vous les maths?

SYLVIE: Parce que (*Because*) j'aime ça! Et pour trouver un bon job après.

VOUS: _____⁵ cours de maths avez-vous cette année?

SYLVIE: J'ai quatre cours de maths.

VOUS: _____⁶ sont les cours?

SYLVIE: Ils sont en général excellents.

B. **Vous ne savez pas... (*You don't know . . .*)** You are trying to find out more about a new acquaintance. Listen to each situation, then ask an appropriate question with **comment, d'où, où, pourquoi, quand, quel(le),** or **qui.**

    Vous entendez: Vous ne savez pas le nom de la nouvelle étudiante. Que demandez-vous?

    Vous dites: Comment t'appelles-tu?

1. ...   2. ...   3. ...   4. ...   5. ...

C. **Au Forum à Paris.** It's hard to hear your friends over the noise at the Forum shopping mall. Listen to their remarks and respond with a question. Use **à qui est-ce que, qu'est-ce que,** or **qui est-ce que.**

    Vous entendez: Je cherche un maillot de bain.
    Vous dites: Qu'est-ce que tu cherches?

1. ...   2. ...   3. ...   4. ...   5. ...

Correspondance

Le courrier

Complete the e-mail using the following expressions: **a, l'armoire, chambre, chance, charmant, loin, nouvel**.

DE: **Caroline@universpar.fr**

À: **Sophie@image.qu.ca**

Ma petite Sophie chérie,

Tu m'invites à passer l'été chez toi,[a] dans ton _____[1] appartement? Si je suis riche en juin,

c'est garanti: j'arrive! L'appartement _____[2] l'air _____.[3] Ça va être[b]

super avec _____[4] ancienne que vous avez! Tu as de la _____[5]! Moi

aussi, je suis contente dans ma petite _____.[6] Bon, je finis ce message, parce que dans dix

minutes, j'ai rendez-vous avec un ami dans un café pas _____[7] d'ici.

Gros bisous,

Caroline

---

[a]Tu... *You're inviting me to spend the summer at your place*   [b]Ça... *It will be*

Info-culture

Reread the **En image** and **Reportage** sections in your text, then fill in the missing words from the following sentences.

    Vocabulaire: américain, français, *La Presse*, langue officielle, Montréal (2), Québec, six millions

1. Les bâtiments et les rues de _____ montrent les origines françaises de la ville.

2. On parle _____ à Québec.

3. Une deuxième ville francophone sur le continent _____ est

    _____.

4. Le Français est la seule _____ de la province de Québec.

5. Il y a _____ de personnes à Montréal.

6. Deux bons journaux francophones à Montréal sont *Le Journal de Montréal* et

   _____.

7. Les Français ont fondé _____ en 1642.

Sophie à l'appareil!

Au revoir, Sophie! This is the last time we hear Sophie. She is on the phone with her husband who is at home today. Listen to their conversation as many times as necessary, then underline all the answers that apply in the following questions.

1. Jérémie ne va pas bien aujourd'hui. Quels sont ses symptômes?
   a. Il a chaud.
   b. Il a froid.
   c. Il a faim.
   d. Il a soif.
   e. Il a sommeil.
   f. Il a peur du chat.

2. L'aspirine n'est pas facile à trouver. Où est-ce que Patrick cherche l'aspirine?
   a. Dans l'armoire.
   b. À droite du lavabo.
   c. Sous la commode.
   d. Derrière le canapé.
   e. Entre la chaîne stéréo et la lampe.
   f. Devant la télévision.

Flash-culture

Paris et ses trésors

Est-ce que Paris est la plus belle ville du monde[1]? À vous[2] de décider. Mais que visiter en priorité? Le château de Versailles (1668[3]), ce palais gigantesque et somptueux élevé à la gloire de Louis XIV? Le Centre Pompidou (1977[4]) et son architecture révolutionnaire? La Grande Arche de la Défense (1989[5]) et ses lignes futuristes? La Bibliothèque nationale de France (BNF) (1996[6]) avec ses quatre immeubles en forme de livres ouverts?

Oui, absolument! Il faut voir tout ça,[7] mais aussi la tour Eiffel (1889[8]), l'Arc de Triomphe (1836[9]), la pyramide du Louvre (1989) et l'Opéra Bastille (1989)!

[1]la... *the most beautiful city in the world* [2]À... *It's up to you* [3]mille six cent soixante-huit [4]mille neuf cent soixante-dix-sept [5]mille neuf cent quatre-vingt-neuf [6]mille neuf cent quatre-vingt-seize [7]Il... *One must see all of this* [8]mille huit cent quatre-vingt-dix-neuf [9]mille huit cent trente-six

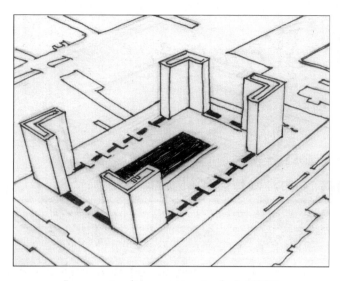

Les quatre livres ouverts de la BNF

A. Révisons! Reread the **Flash-culture** and match the names of the Paris sights to their descriptions.

1. trois exemples d'architecture moderne

   française: _____ _____ _____

2. le nouveau domicile des livres français: _____

3. les deux monuments parisiens les plus célèbres

   (*the most famous*): _____ _____

4. le palais de Louis XIV: _____

a. la tour Eiffel
b. le château de Versailles
c. la Grande Arche de la Défense
d. la Bibliothèque nationale de France
e. la pyramide du Louvre
f. l'Arc de Triomphe
g. le Centre Pompidou

B. Enquête culturelle. Use print resources or the links at **www.mhhe.com/visavis3** to find and report on information about the following topics.

1. Imaginez que vous voulez faire des études (*that you want to study*) à l'université de Montréal ou à l'université Laval. Qu'est-ce que vous faites (*do*) pour vous inscrire (*enroll*)? Qu'est-ce que vous étudiez? Où habitez-vous? Combien de temps passez-vous à cette université?

   _____

   _____

   _____

   _____

   _____

2. Cherchez des informations sur la Bibliothèque nationale de France (quartier Tolbiac). Quelles expositions (*exhibitions*) sont actuellement (*currently*) à la BNF?

   _____

   _____

   _____

   _____

Leçon 3: Structures

Les verbes en *-ir*
Expressing Actions

STUDY HINTS: LEARNING NEW VERBS

- Be sure to learn a *complete* conjugation (pronoun followed by stem + ending) for any new group of verbs and for all irregular verbs.

- Your different senses reinforce each other, so practice *saying, writing, reading,* and *hearing* all new verb forms. (Working with a partner helps!)

- Once you feel confident of the forms, ask and answer simple questions with a partner. Touch on each new verb at least once.

- Always learn the meaning of a new verb *in context.* Write out a brief, original sentence illustrating its meaning: **Je réfléchis aux questions.**

- Whenever possible, break up your studying into several short periods rather than one major cram session. You will feel fresher, learn more quickly, and retain more.

A. **Ah! Les verbes!** Fill in the chart with the appropriate verb forms.

	AGIR	RÉUSSIR
les femmes		
je/j′		
Jean et moi		
tu		
vous		
une personne travailleuse		

B. **Situations.** Read the two paragraphs, then complete them using the listed verbs.

Prudent ou impulsif? J'ai des amis qui _____[1] avant d'agir.

Moi, par contre (*on the other hand*), je suis un impulsif: j'_____[2]

souvent sans (*without*) réfléchir. Et je _____[3] quelquefois le

mauvais chemin (*wrong path*). Mais je _____[4] en général par

être content de mon choix.

agir
choisir
finir
réfléchir

Des cinéphiles. Mes amis et moi, nous sommes passionnés de cinéma.

choisir
finir
réfléchir
réussir

Le vendredi, nous regardons les critiques de films récents et nous

_____.[5] Nous _____[6] quatre

ou cinq films intéressants et nous votons: nous _____[7]

à sélectionner un film pour vendredi soir. Après le film, nous

_____[8] souvent par discuter de nos réactions au café.

C. Une nouvelle vie. Arthur and Mireille are looking for new jobs. Listen to Mireille, and write in the missing verbs. Listen as many times as you need to.

En ce moment, Arthur et moi, nous _____[1] de nouveaux postes. Nous

_____[2] beaucoup aux choix possibles. Chez nous, on est raisonnable, on

n'_____[3] pas avec précipitation. Mais point de vue travail, nous

_____[4] assez le risque et les voyages. Nous ne voulons (*want*) pas

_____[5] par trouver une situation médiocre. Ce n'est pas comme ça qu'on

_____[6] sa vie. Nous, nous _____[7] une vie moins (*less*)

tranquille. C'est pourquoi, en mars, nous partons (*are leaving*) pour le Sénégal...

Les réponses se trouvent en appendice.

D. La décision d'Arthur et de Mireille. Now listen to the following questions, and answer them as if you were Arthur.

Vous entendez: Mireille et toi, vous cherchez de nouveaux appartements ou de nouveaux postes?

Vous dites: Nous cherchons de nouveaux postes.

1. ...   2. ...   3. ...   4. ...

E. Quelle préposition? Insert the correct preposition into the sentence. Is it **à, de,** or **par**?

1. Avant de raccrocher (*Before hanging up*) le téléphone, je finis _____ parler.

2. Je ne sais pas quoi porter, mais je finis _____ choisir un jean et une chemise rose.

3. Je réfléchis souvent _____ mon existence. Et toi?

4. Je réussis _____ examens quand ils sont très simples.

5. Quand je réussis _____ trouver un job, je téléphone _____ ma famille.

La place de l'adjectif qualificatif
Describing People, Places, and Things

A   **Attention à la place et à l'accord!** Insert the adjectives in parentheses into the following sentences. Concentrate on both the agreement of the adjectives and their placement.

MODÈLE: J'aime les tapis. (petit, marron) →
J'aime les petits tapis marron.

1.   Marie porte une jupe. (long, bleu)

    _____

2.   Robert achète une voiture. (rouge, nouveau)

    _____

3.   C'est une étagère. (blanc, vieux)

    _____

4.   Quelle maison! (beau, ancien)

    _____

5.   Voici des fleurs. (joli, jaune)

    _____

6.   Ce sont des accusations. (autre, faux)

    _____

7.   C'est une dame. (grand, gentil)

    _____

8.   (chaque, gros) voiture est chère.

    _____

B.   **Le déménagement.** Pascal is moving into a new apartment. Rewrite his description to make it more interesting. Add the adjectives given in parentheses in the correct place and use the correct form.

C'est un appartement (beau / ancien) avec trois chambres (petit / ensoleillé [*sunny*]). Dans le salon, il y a un canapé (bleu / beau) et des chaises (vieux) en bois (*wooden*). Je partage (*share*) la cuisine (grand) avec deux étudiants (étranger / jeune). Dans le quartier, il est facile de rencontrer des personnes (nouveau / sympathique).

_____

_____

_____

_____

_____

C. Le premier semestre à l'université. Insert the correct words into the sentences.

1. J'ai de _____ (nouveaux, vrais) livres pour mes cours qui coûtent très

   _____ (vieux, cher).

2. En histoire de l'art, j'ai des livres avec de _____ (beaux, jeunes) tableaux.

3. Mes professeurs sont _____ (chers, vieux) et ils ne sont pas très
   enthousiastes.

4. _____ (Donc, Si), l'école n'est pas intéressante.

5. J'ai un examen demain (*tomorrow*) et _____ (si, alors) j'étudie, je vais
   réussir.

D. Les voisines. (*Neighbors.*) Listen to the following conversation, then indicate whether the statements you hear are true (**vrai, V**) or false (**faux, F**).

À comprendre: je dois acheter (*I have to buy*), malheureusement (*unfortunately*), nourriture (*food*), ses (*her*), trop (*too*)

Antoinette, une jeune étudiante belge, parle avec sa voisine Mme Michel, une dame d'un certain âge, qui vit avec son chien et ses chats. Mme Michel a l'air triste. ...

Vrai ou faux?

1. V F Mme Michel peut déjeuner au café aujourd'hui.

2. V F Mme Michel achète beaucoup de nourriture pour animaux.

3. V F Mme Michel cherche un nouvel appartement.

4. V F Antoinette a de la sympathie pour sa voisine.

5. V F L'immeuble de Mme Michel a un nouveau propriétaire.

6. V F Mme Michel est allergique à son vieux chien.

7. V F C'est la première fois que Mme Michel a ce problème.

E. La vie de Mme Michel. Listen to the following statements, then contradict each one with the opposite adjective, according to the example.

    Vous entendez: C'est un nouvel appartement.
    Vous dites: Non, c'est un vieil appartement.

1. ...   2. ...   3. ...   4. ...   5. ...   6. ...

Leçon 4: Perspectives

Faire le bilan

A. Votre vie à vous. Fill out this questionnaire so the university housing service can find you a roommate.

SERVICE DE LOGEMENT[a]
Questionnaire personnel

Date _____

Votre nom _____ Prénom _____ Téléphone _____

Adresse _____ Ville _____ Code postal _____

Date de naissance[b] _____ M _____ F _____ Langue(s) _____

Nationalité _____

Logement: _____ près de l'univ. _____ loin de l'univ.

Chambre partagée? _____ oui _____ non

Faculté _____ Année d'études _____

Programme d'études _____

Préférences: Musique: _____ classique _____ jazz _____ rock _____ country

Sports: _____ tennis _____ jogging _____ ski _____ basket

_____ (autre)

Cinéma, télévision: _____ amour _____ aventures _____ documentaire

_____ science-fiction _____ informations[c]

_____ (autre)

Pour passer le

week-end: _____ étudiez le français _____ jouez / travaillez à l'ordinateur

_____ jouez d'un instrument _____ écoutez de la musique

_____ organisez une fête _____ regardez un film

Autre(s) passe-temps: _____

Divers: Vous étudiez: _____ dans votre chambre _____ à la bibliothèque

Vous utilisez les messages instantanés _____ constamment _____ beaucoup _____ un peu

Vous avez: _____ un chien _____ un chat

Vous avez: _____ une voiture _____ une mobylette[d]

Vous finissez vos études: _____ tôt[e] _____ tard[f]

Personnalité: _____ sympathique _____ dynamique _____ génial(e)[g]

_____ charmant(e) _____ sérieux/sérieuse _____ poli(e)

_____ sportif/sportive _____ (autre)

Politique: _____ libéral(e) _____ conservateur/conservatrice

Physique: taille: _____ cheveux: _____ yeux: _____

---

[a]*housing* [b]*birth* [c]*news* [d]*scooter* [e]*early* [f]*late* [g]*clever*

B. **Ah! Les verbes!** Take a moment to review the two regular conjugations and the two irregular verbs you have learned so far.

	LOUER	CHOISIR
je		
mes amis		
Laure		
tu		
vous		
Khaled et moi		

	ÊTRE	AVOIR
tu		
Jacqueline		
les étudiants		
je/j'		
Michaël et moi		
vous		

C. **Votre vie à vous.** Imagine that you have advertised for a roommate. Write out four questions you will ask people when they call to say they're interested.

1. _____

2. _____

3. _____

4. _____

D. **Votre vie à vous.** Tell about yourself, your ideas, and your plans by answering these questions.

1. Quel âge avez-vous? _____

_____

2. À votre avis, quel est l'âge idéal? Pourquoi? _____

_____

3. Qu'est-ce que vous avez envie de faire dans la vie? _____

_____

4. De quoi avez-vous besoin pour réussir votre vie? _____

_____

5. En général, avez-vous de la chance ou non dans la vie? Commentez. _____

_____

E. **Posez des questions!** Imagine a question that might elicit the given answers. Pay special attention to the underlined words.

> MODÈLE: _Qui_ a 20 ans dans la classe de français? →
>
> Ce n'est pas <u>le professeur</u>!

1. _____ est-ce que tu vas (*are you going*) jouer au tennis?

    <u>Demain</u>, si je n'ai pas beaucoup de travail.

2. _____ est ton nouvel ami?

    Il est <u>vraiment sympathique</u>!

3. _____ étudie le français avec toi?

    <u>Mon cousin Paul</u> étudie le français avec moi.

4. _____ étudiants y a-t-il dans le cours?

    Il y a <u>vingt</u> étudiants dans le cours.

5. _____ Karen ne réussit-elle pas en cours de français?

    <u>Parce qu'elle a peur de parler en cours</u>.

6. _____ finissez-vous le livre?

    Nous finissons le livre <u>vendredi</u>, je pense.

7. _____ loues-tu une chambre?

    Je loue une chambre <u>à côté de l'université</u>.

8. _____ tu portes à la soirée?

    Je porte <u>un jean</u>. Ça va?

🎧 Prononciation

Les accents. In French, some accent marks do not influence pronunciation. The **accent grave** (`) on **a** and **u,** for example, is used to distinguish words spelled alike but having different meanings: **la** (*the*) versus **là** (*there*), or **ou** (*or*) versus **où** (*where*). The **accent circonflexe** (ˆ), as well, sometimes has no influence on pronunciation. Other accent marks do affect pronunciation. In the following exercise, pay close attention to how the sound of **e** changes with different accents, to the sound of **o** with the **accent circonflexe,** and to the independent vowel sounds indicated by the **tréma** (¨). Also take note of the soft **c** sound produced by the **cédille** (ç).

Répétez les expressions suivantes. Vous les entendrez deux fois.

1. cité / numéro / cinéma / téléphone / étudiante / répétez
2. très / système / problème / sincère / fière / bibliothèque
3. être / fenêtre / prêt / forêt / honnête / bête
4. drôle / hôtel / Jérôme
5. Noël / naïf / Joël
6. ça / façon / fiançailles

À l'écoute!

Un camarade de chambre. Gabriel, a rather eccentric young man, is looking for a roommate. He is reading aloud the ad he is about to place in the paper. Listen to him as many times as necessary, then select the answers that best complete the following sentences.

1. Le camarade de chambre idéal de Gabriel est _____.
   a. intelligent et amusant
   b. naïf et patient

2. La chambre à louer est _____.
   a. dans un nouvel immeuble
   b. près de l'université

3. Gabriel recherche un camarade qui a _____.
   a. une chaîne stéréo, un ordinateur, un canapé, une télévision et deux lits
   b. une chaîne stéréo, un ordinateur, un canapé, une télévision et un téléphone

4. Gabriel passe beaucoup de temps _____.
   a. à l'université
   b. au café

Par écrit

Function: More on describing a person

Audience: Readers of a school newspaper

Goal: An article about Izé Bola, a new exchange student

Izé tells about herself: **«Je m'appelle Izé Bola. J'habite en Côte-d'Ivoire. Je suis aux États-Unis pour améliorer** (*improve*) **mon anglais. Je me spécialise en sciences. Un jour, je veux** (*want*) **être médecin** (*doctor*) **comme mon père.»**

Steps

1. Complete the following sentences. Then write two or three sentences of your own, making inferences based on Izé's statements and making up plausible details.

   Izé est étudiante en biologie. Elle veut…

   Elle a aussi envie…

   Elle a l'air…

   Elle a _____ ans.

   Elle étudie aux États-Unis parce que…

   C'est une jeune fille…

Elle parle…

Elle aime surtout (*especially*)… mais elle n'aime pas…

2. Try to make Izé come alive for your readers. A few techniques:

   • Give vivid and specific details about Izé's personality, interests, taste in clothing, and so on.

   • Include some direct quotes from Izé. How does she express herself?

   • Place the most interesting points at the beginning or end of a sentence, so that they stand out.

As always, read your first draft "cold" (perhaps after taking a break) for organization and flow. It is best if you and a classmate check each other's work. Double-check your final draft for spelling, punctuation, and grammar, especially your use of verbs.

Journal intime

Describe in as much detail as possible either your room at home or the room of your dreams (**la chambre idéale**). Be sure to use complete sentences. Include the following information:

   • What objects are in the room?

   • What is the atmosphere of the room like?

   • What kinds of things go on there?

   MODÈLE: Ma chambre est unique parce qu'elle…

Révisez! Chapitres 1–4

> **Révisez!** is a review section that appears after **Chapitres 4, 8, 12,** and **16** of *Vis-à-vis*. It gives you the opportunity to practice vocabulary and grammatical structures you learned in the preceding chapters.

A. Toujours les bonnes manières! Write a logical statement or question that corresponds to each of the following answers.

1. —_____

—De rien!

2. —_____

—Très bien, merci. Et toi?

3. —_____

—Je m'appelle Rémi Caron.

4. —_____

—Salut, Gabriel!

5. —_____

—Ah oui! Je comprends. Merci, madame.

B. À la réception. You are working at the lobby desk at the International House on campus. Listen to various students' phone numbers. Write down the missing figures.

KENNETH: 03–43–48–_*23*_–31

AIMÉE: 03–59–22–_____–17

BERNARD: 03–18–_____–30–21

JACQUELINE: 03–36–13–59–_____

MARIE: 03–27–_____–14–08

Les réponses se trouvent en appendice.

C. Nous sommes étudiants. Write complete sentences using the following elements.

1. Robert / étudier / physique / et / biologie / à / université

   _____

2. il / être / étudiant / et / habiter / à / Marseille

   _____

3. Marie et Jacques / aimer / rock / mais / Patrice / aimer mieux / musique classique

   _____

4. Sophie et moi, nous / regarder / télévision / et / nous / écouter / radio

_____

5. nous / manger bien / et / ne pas fumer

_____

🎧 **D. Étudiants francophones.** Listen to separate statements by Marie-Laure and Khaled, two French-speaking students studying in Los Angeles. As you listen, fill in the chart.

	MARIE-LAURE	KHALED
Âge?	_23 ans_	_____
Nationalité?	_____	_____
Activités		
Études?	_____	_____
Travail?	_____	_dans une galerie d'art_
Intérêts et distractions?	_la danse_	_jouer au volley-ball_
	_____	_____
	_____	

Les réponses se trouvent en appendice.

E. Voici Monique. Combine the following elements to create complete sentences.

1. Monique / ne pas être / sportif / mais / elle / être / dynamique

_____

2. elle / avoir / cheveux / blond / et / yeux / marron

_____

3. elle / aimer porter / vêtements / beau / confortable

_____

4. le / ami de Monique / arrive / Europe / aujourd'hui

_____

5. il / avoir / 30 ans / et / jouer / piano

_____

F. Dictée. Listen to Grégoire and Virginie talk about Grégoire's wardrobe needs. Then, listen a second time while you complete the passage in writing.

GRÉGOIRE: Nous partons pour le week-end, _____[1]? Écoute Virginie,

mes _____[2] vraiment impossibles.

VIRGINIE: _____[3] vrai. Ton _____[4]-là,

par exemple, _____[5]...

GRÉGOIRE: Regarde, au Puce Market _____[6] et des jeans

_____[7] et pas chers.

VIRGINIE: Tu _____[8] les grands magasins (*department stores*): le Prin-

temps, les Galeries Lafayette?

GRÉGOIRE: Tu sais (*know*) que _____[9]... pour les vêtements.

Les réponses se trouvent en appendice.

G. Un dîner au restaurant. Ask the questions that correspond to the following answers.

1. _____

Ils sont *au restaurant.*

2. _____

Ils mangent une grande pizza *parce qu'ils ont faim*!

3. _____

Robert aime *les steaks,* mais Thomas aime mieux *le poisson* (*fish*).

4. _____

Le restaurant est *excellent.*

5. _____

Il y a *trente-six* clients au restaurant.

H. Une vie satisfaisante. Marie-Claude is describing her life to an old friend. Look at the following list. Then, as you listen, check off the items that she says are part of her life.

_____ un petit studio   _____ un micro-ordinateur

_____ une villa magnifique à Monaco   _____ de bons amis

_____ une camarade de chambre   _____ des cours intéressants

_____ un canapé confortable   _____ des cours d'art

_____ un magnétoscope   _____ des profs intelligents

Les réponses se trouvent en appendice.

De génération en génération

Leçon 1: Paroles

Trois générations d'une famille

> **Attention!** Starting in this chapter, most directions are given in French.

A. Les parents. Choisissez l'expression logique. (**é. = épouse** [*marries*])

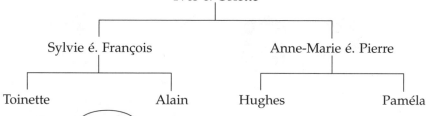

Yves é. Colette

Sylvie é. François   Anne-Marie é. Pierre

Toinette   Alain   Hughes   Paméla

MODÈLE: Paméla est (la cousine) / la sœur de Toinette.

1. Alain est *le frère / le fils* de Sylvie.

2. Anne-Marie est *la fille / la femme* de Pierre.

3. Paméla est *la fille / la petite-fille* de Colette. ✓

4. Toinette est *la sœur / la fille* d'Alain.

5. Sylvie est *la tante / la cousine* d'Hughes.

6. François est *le frère / le mari* de Sylvie.

7. Alain est *le cousin / le neveu* de Pierre.

8. Yves est *l'oncle / le père* d'Anne-Marie.

9. Paméla est *la belle-sœur / la nièce* de Sylvie.

10. François est *le demi-frère / l'oncle* de Paméla.

11. Colette est *la belle-mère / la grand-mère* de Sylvie.

12. Hughes et Paméla sont *célibataires / mariés.*

B. **La famille au complet.** Complétez les phrases.

1. Le père de ma (*my, f.*) mère est mon _____.

2. Le fils de ma fille est mon _____.

3. La mère de mon frère est ma _____.

4. Le frère de ma cousine est mon _____.

5. La fille de mon oncle est ma _____.

6. Le fils de mes parents est mon _____.

7. Le frère de ma fille est mon _____.

8. La sœur de mon père est ma _____.

9. Le frère de mon mari est mon _____.

10. Les grands-parents de mes parents sont mes _____.

C. **Notre arbre généalogique.** (*Our family tree.*) Écoutez Georges Monnier, et regardez son arbre généalogique. Écrivez le prénom (*Write the first name*) des membres de sa famille.

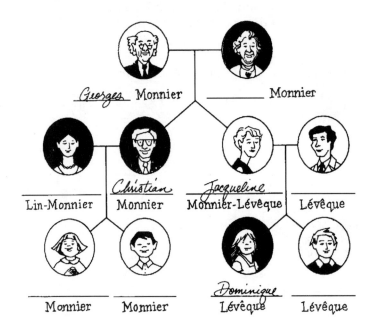

Les réponses se trouvent en appendice.

D. **La famille de Dominique.** Regardez la position de la petite Dominique Lévêque sur l'arbre généalogique, puis (*then*) répondez aux questions. Qui sont ces personnes par rapport à (*in relation to*) Dominique?

Vous entendez: Qui est Jacqueline?

Vous choisissez: C'est: sa mère / sa sœur / sa tante

1. C'est: sa mère / sa sœur / sa tante

2. C'est: son grand-père / son oncle / son frère

3. C'est: son grand-père / son oncle / son frère

4. Ce sont: ses parents / ses grands-parents / ses cousins

5. Ce sont: ses sœurs / ses cousins / ses cousines

Chez les Chabrier

A. Un bel appartement. Écrivez le nom de chaque pièce sur le dessin (*drawing*).

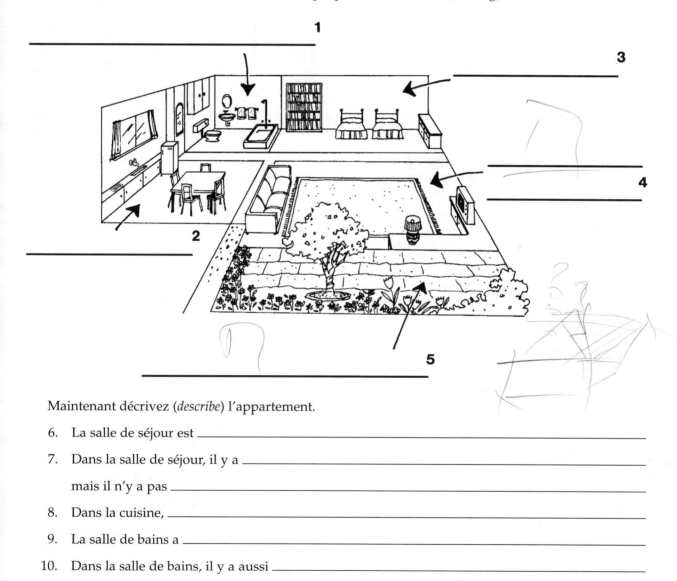

Maintenant décrivez (*describe*) l'appartement.

6. La salle de séjour est _____

7. Dans la salle de séjour, il y a _____

   mais il n'y a pas _____

8. Dans la cuisine, _____

9. La salle de bains a _____

10. Dans la salle de bains, il y a aussi _____

B. **Le décor d'une maison.** Regardez le dessin de l'exercice A, et répondez aux questions.

Vous entendez: Où se trouve le canapé?
Vous dites: Dans la salle de séjour.

1. …   2. …   3. …   4. …   5. …   6. …

C. **Chez les Dubois.** Regardez la maison et les membres de la famille. Écoutez chaque phrase, puis indiquez si elle est vraie (**V**) ou fausse (**F**).

Voici M. et Mme Dubois, leur (*their*) fils
Jean-Louis, leur fille Micheline et M. et
Mme Carnot, les parents de Mme Dubois.

1. V   F   5. V   F

2. V   F   6. V   F

3. V   F   7. V   F

4. V   F   8. V   F

D. **Un bel appartement.** Complétez le paragraphe suivant avec le mot logique. *Note:* Un appartement à trois pièces a une salle de séjour et deux chambres. La cuisine et la salle de bains ne sont pas considérées comme des «pièces» dans un avertissement.

Vocabulaire: escalier, pièces, premier étage

Véronique et Michel ont un bel appartement dans le treizième arrondissement (*thirteenth district*) de Paris. C'est un trois-_____.¹ Il faut monter (*climb*) l'_____² pour arriver à la porte, parce que l'appartement est au _____.³

Vocabulaire: bureau, chambre, couloir, cuisine

Il y a une _____,⁴ une salle de bains, des toilettes et un _____⁵ qui mène (*that leads*) aux chambres. Une _____⁶ sert de (*serves as a*) _____⁷ à (*for*) Michel, parce qu'il travaille à la maison.

Vocabulaire: arbre, balcon, rez-de-chaussée, sous-sol

Sur le _____,⁸ Véronique et Michel ont beaucoup de plantes—des fleurs de toutes les couleurs et un très petit _____,⁹ un bonsaï. Dans le _____¹⁰ de l'immeuble, il y a un lave-linge (*washing machine*) pour tous les locataires, et au _____,¹¹ il y a une jolie terrasse.

Quel temps fait-il? Les saisons et le temps

Quel temps fait-il? Décrivez le temps qu'il fait, et indiquez la saison.

MODÈLE: Il fait chaud et il fait beau. Nous sommes en été.

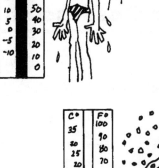

1. _____

  _____

2. _____

  _____

3. _____

  _____

4. _____

  _____

Leçon 2: Structures

Les adjectifs possessifs
Expressing Possession

A. Avec qui? Récrivez (*Rewrite*) les phrases suivantes en faisant (*making*) les substitutions indiquées.

1. Nous parlons avec *notre sœur*.

   a. (grands-parents) _____

   b. (oncle) _____

   c. (enfant) _____

2. Toi, tu habites avec *ta mère*?

   a. (frères) _____

   b. (amie, Magalie) _____

   c. (mari) _____

3. J'étudie avec *mon professeur*.

   a. (amis, Luc et Céline) _____

   b. (amie, Jeanne) _____

   c. (sœur) _____

4. Vous dînez avec *vos amis*.

   a. (parents) _____

   b. (fils) (*s.*) _____

   c. (famille) _____

B. Sophie et Guy. Complétez les phrases de manière logique avec **son, sa, ses, leur** ou **leurs**.

1. Guy a une fille. C'est ___sa___ fille.

2. Sophie a aussi une fille. C'est ___sa___ fille.

3. Guy a un fils. C'est ___son___ fils.

4. Sophie a aussi un fils. C'est _____ fils.

5. Guy a des enfants. Ce sont ___leurs___ enfants.

6. Sophie a des enfants aussi. Ce sont _____ enfants.

7. Guy et Sophie sont mari et femme. _____ enfants sont Mirabelle et Cédric.

8. Voici le chien de Guy et Sophie. Bobino est _____ chien.

9. Et voilà l'histoire de Guy et de Sophie. C'est _____ histoire.

C. **Votre vie à vous.** Que (*what*) partagez-vous? Dans chaque cas, mentionnez deux choses que la personne / les personnes partage(nt) et deux choses qu'elle(s) ne partage(nt) pas.

   MODÈLE: Je partage ma cuisine, mes livres et mon auto, mais je ne partage pas mes chaussures, ma brosse à dents (*toothbrush*) ou mes vêtements.

   1. Je partage _mes vêtements,_ _____

   _____

   _____

   2. Ma famille et moi, nous partageons _____

   _____

   _____

   _____

   3. Mon ami(e) partage _____

   _____

   _____

   _____

D. **Qui arrive aujourd'hui?** Réagissez (*React*) aux remarques de Sylvie en suivant (*by following*) le modèle.

Vous entendez: Voici la mère de mon père.
Vous dites: Ah! C'est ta grand-mère, alors.

1. …   2. …   3. …   4. …   5. …

E. Deux cousins. Cet après-midi, Luc et Sophie jouent chez leur grand-mère. Regardez le dessin et répondez aux questions.

Vous entendez: C'est la cravate de Luc?
Vous dites: Non, ce n'est pas sa cravate.

1. …   2. …   3. …   4. …   5. …

Le verbe *aller* et le futur proche
Talking About Your Plans and Destinations

A. Où est-ce qu'on va? Utilisez le verbe **aller** pour indiquer à un nouvel étudiant où on va dans diverses circonstances.

Vocabulaire possible: l'amphithéâtre, la bibliothèque, en boîte, le café, le cinéma, la cité-U, la fac, le gymnase, le laboratoire de langues, la librairie, la maison, le resto-U, en ville

MODÈLE: Quand nous avons envie de manger, ___*nous allons au resto-U.*___

1. Quand les jeunes ont envie de danser, ___nous allons au fête___

2. Quand les étudiants ont envie d'étudier, ___nous allons à la bibliotheque___

3. Quand nous avons besoin de stylos, ___nous allons à la librarie___

4. Quand on a soif, ___on a va à la cuisine___

5. Quand tu as envie de regarder la télé, ___je tu vas au fete___

6. Quand tes amis et toi, vous avez envie d'exercice, ___nous allons au gur___

7. Quand j'ai envie de m'amuser (*have fun*), ___je vas au cinema___

B. Comment vas-tu? Sylvie parle avec Marc, son cousin. Donnez les réponses de Sylvie en suivant le modèle.

Vous entendez: Salut, Sylvie! Comment vas-tu?
Vous dites: Je vais bien, merci.

1. …   2. …   3. …   4. …   5. …

C. Où va-t-on? Écoutez chaque remarque en regardant (*as you look at*) le dessin correspondant. Ensuite (*Then*), répondez à la question.

Vous entendez:	—Gérard passe le samedi soir à regarder un bon film.
	—Où va-t-il, alors?
Vous dites:	Il va au cinéma.

1.    2.

3.    4.    5.

D. Qu'allez-vous faire? Dans chaque cas, répondez à la première question avec **aller** + infinitif, et ensuite répondez vous-même (*yourself*) à la deuxième question.

Vous entendez:	Aujourd'hui, Martine travaille. Et demain?
Vous dites:	Demain, elle va aussi travailler.
Vous entendez:	Et vous, vous allez travailler demain?
Vous dites:	Non, demain, je ne vais pas travailler.

1. …   2. …   3. …   4. …

E. Votre vie à vous. Indiquez quand vous allez faire les activités indiquées. Utilisez des expressions de temps, et expliquez vos réponses, si possible.

Expressions de temps: aujourd'hui, bientôt, ce matin, ce soir, ce week-end, cet après-midi, dans trois jours (deux semaines, etc.), demain, en juin (juillet, etc.), la semaine prochaine, lundi (mardi, etc.), tout à l'heure, tout de suite

MODÈLE: téléphoner à votre sœur: →
Je vais téléphoner à ma sœur lundi parce que j'aime discuter avec elle. (Je ne vais pas téléphoner à ma sœur parce que je n'ai pas de sœur.)

1. danser: _Je vais danser sur la ~~we~~ semaine prochaine_

2. manger de la pizza: _~~Jarbas~~ ne va pas manger de la pizza parce que je vais manger de la pizza_

3. réussir à un examen: _Je vais réussir à un examen ce soir parce que j'etudie beaucoup_

4. aller au cinéma: _Je ne vais pas au cinema cet après midi_

5. parler français: _Je Russel parle français tout à l'heure_

6. skier: _Je v Reina va skier demain_

7. aller en cours: _Nous allons aller en cours en juin_

8. visiter la bibliothèque: _Ce soir, les enfants elle vont_
visiter bibliothèque

9. téléphoner à ____: _____

10. porter un maillot de bain: _____

Correspondance

Le courrier

Complétez la carte postale avec les expressions suivantes: **arrière-grand-mère, ce, il, ma, mariée, quel.**

CARTE POSTALE

Cher Michel,

Joyeux anniversaire! _Quel_ ¹ temps fait-il en France en ce grand jour? Ici, _il_ ²
fait très chaud. Cet après-midi, je vais faire des courses[a] avec Mariama, _mariée_³ sœur,
et _ce_ ⁴ soir, je vais rendre visite à mon copain[b] Amadou. Il habite une grande maison
de Dakar où vivent[c] cinq générations de la famille. L' _arrière - grand mère_⁵
d'Amadou est encore vivante[d] et une de ses sœurs est _mariée_⁶ et a un fils. La famille est
très importante pour les Sénégalais.

Ton copain Malik

---

[a]faire… *to do errands*   [b]rendre… *to visit my friend*   [c]*live*   [d]encore… *still living*

Info-culture

Relisez (*Reread*) **En image** et **Reportage** dans votre livre, puis indiquez si les phrases suivantes sont vraies (**V**) ou fausses (**F**).

1. V F Dakar est la capitale du Sénégal.

2. V F Le Sénégal est un pays francophone en Afrique.

3. V F Il y a environ (*about*) un million de personnes à Dakar.

4. V F La tradition sénégalaise est de respecter les anciens (*elders*).

5. V F Les familles à la campagne sont en général grandes avec plusieurs (*several*) générations dans la même maison.

6. V F Les familles dans les villes commencent à suivre (*to follow*) le modèle européen.

7. V F Il n'y a pas beaucoup de Sénégalais qui émigrent (*emigrate*) en Europe.

Malik à l'appareil!

> In the **Correspondance** section of the *Vis-à-vis* Workbook/Laboratory Manual for **Chapitres 5–8,** you hear Malik, Michel's friend, talking with people throughout French-speaking Africa.
> Remember: Feel free to listen as many times as you need to, and aim to grasp the essential information in each conversation.

Salut, Aïché! Malik téléphone à Aïché, une amie de Dakar qui organise des tours. Écoutez leur conversation, puis indiquez si les phrases suivantes sont vraies (**V**) ou fausses (**F**).

À comprendre: bien sûr (*of course*), rien (*nothing*), tout à l'heure (*very soon*)

1. V F Aïché a beaucoup d'énergie aujourd'hui.

2. V F Des touristes français arrivent dans un moment.

3. V F Malik refuse d'accompagner les touristes.

4. V F Aïché a déjà préparé (*has already prepared*) un itinéraire.

5. V F Malik aime son travail.

Flash-culture

L'Afrique, un continent jeune

Aujourd'hui en Afrique, la moitié[1] de la population a moins de[2] vingt ans. La population du continent augmente de 2,5 % à 3,7 %[3] par an. À ce rythme,[4] la population d'un pays double en[5] 25 ans maximum.

L'origine de cette explosion démographique? En Afrique, la famille est en général une institution solide. Souvent, les hommes et les femmes ont beaucoup d'enfants parce que l'enfant apporte[6] le prestige social et le bonheur.[7]

Voilà pourquoi en 2025,[8] l'Afrique va être, après l'Asie, le deuxième continent le plus peuplé[9] au monde!

[1]la… *half* [2]moins… *less than* [3]2,5… deux virgule cinq pour cent à trois virgule sept pour cent [4]À… *At that rate* [5]*within* [6]*brings, contributes to* [7]le… *happiness* [8]deux mille vingt-cinq [9]le deuxième… *the second most populated continent*

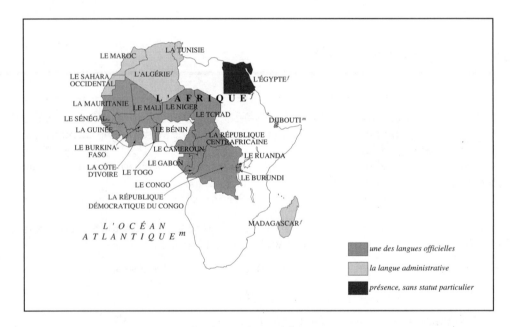

Le français en Afrique

A. **Révisons!** Relisez le **Flash-culture,** et puis choisissez la bonne réponse.

1. En Afrique, aujourd'hui, la moitié de la population a moins de _____ ans.
   a. dix　　　　　　　b. vingt　　　　　　c. vingt-cinq

2. En 25 ans, _____ de certains pays risque de doubler.
   a. l'âge　　　　　　b. la superficie (*area*)　　　c. la population

3. En Afrique, en général, l'enfant apporte _____ et le bonheur.
   a. le prestige social　　b. la richesse　　　　c. la liberté

4. En 2025, l'Afrique va être le _____ continent le plus peuplé au monde.
   a. premier (1er)　　b. deuxième (2e)　　c. troisième (3e)

B. Enquête culturelle. Utilisez des ressources imprimées ou des liens (*links*) sur **www.mhhe.com/visavis3** pour trouver les réponses aux questions suivantes.

1. Les pays africains francophones participent au Sommet de la Francophonie, un congrès international qui a lieu tous les deux ans (*every other year*). En 2002, les pays membres se sont réunis (*met*) au Liban (à Beyrouth). Trouvez et nommez neuf pays francophones d'Afrique membres du Sommet.

   _____ _____ _____

   _____ _____ _____

   _____ _____ _____

2. Trouvez le taux de croissance démographique (*rate of population growth*) de deux ou trois de ces pays africains francophones.

   _____

   _____

   _____

   _____

   _____

Leçon 3: Structures

Le verbe *faire*
Expressing What You Are Doing or Making

A. En vacances. Les Ferretti sont au bord de la mer (*at the seaside*). Mme Ferretti écrit à une amie. Complétez le texte avec le verbe **faire**, puis répondez aux questions.

La vie ici au bord de la mer est très simple. Je ___fais___[1] un peu de cuisine et les enfants ___font___[2] la vaisselle. On ne ___fait___[3] pas beaucoup de lessive et nous ___faisons___[4] le ménage ensemble. C'est vite fait.

Le matin, mon mari et moi ___font___[5] du jogging. L'après-midi, j'aime ___fais___[6] de longues promenades. Les enfants préfèrent ___font___[7] du sport. Paul ___fait___[8] du tennis et Anne ___fait___[9] de la voile. Tous les deux (*Both*) ___font___[10] la connaissance de beaucoup d'autres jeunes (*young people*).

C'est une vie bien agréable.

11. Est-ce que Mme Ferretti est contente de ses vacances? _____ *Oui* _____

12. Qui est sociable dans la famille? *Paul et Anne* _____

13. Et vous, que faites-vous au bord de la mer? *Je fais jogging, fait promenade*

_____

B. **Que faites-vous?** Complétez les phrases avec une expression avec **faire** à la forme correcte.

1. Quand vous conduisez (*drive*), vous _____ la route.

2. Ta machine à laver est dans le sous-sol, alors tu _____ *fais la lessive* _____ dans le sous-sol.

3. Devant le cinéma, est-ce que vous _____ de temps en temps?

4. Vous allez en France. Est-ce que vous _____ de tout le pays?

5. Nous avons un nouveau bateau (*boat*). Tu _____ avec nous samedi?

6. Vous _____ à Grenoble ou à Squaw Valley en hiver.

7. Tu désires perdre du poids (*lose weight*). Tu _____ tous les jours.

C. **Et ces gens?** Qu'est-ce qu'ils font? Regardez le dessin et répondez aux questions.

Geneviève   Mme Delorge   Robert   Marguerite

L'Épicerie

M. Delatour   M. Henri Mlle Gervais   Marie-Rose   M. Duval   Éric

Vous entendez: Qui fait un voyage?
Vous dites: C'est Marie-Rose.

1. …   2. …   3. …   4. …   5. …   6. …   7. …   8. …

D. **Obligations.** Écoutez la situation, et répondez à la question.

À comprendre: toujours dans l'évier (*still in the sink*), tu ne sors pas assez (*you don't go out enough*)

Expressions utiles: faire mes devoirs, la cuisine, le ménage, du sport, la vaisselle

Vous entendez: Tes amis arrivent et ton appartement est en désordre.
                   Qu'est-ce que tu as besoin de faire?
Vous dites: J'ai besoin de faire le ménage.

1. …   2. …   3. …   4. …

Les verbes en -re
Expressing Actions

A. Ah! Les verbes! Complétez le tableau.

-lose   *-return*   *sell*

	PERDRE	RENDRE	ATTENDRE	VENDRE
tu	perds	rends	attends	vends
vous	predez	rendez	attendez	vendez
je/j'	preds	rends	attends	vends
nous	predons	rendons	attendons	vendons

B. Qu'est-ce qui se passe? Décrivez la scène en vous servant des verbes en **-re** et d'autres verbes que vous connaissez (*that you know*).

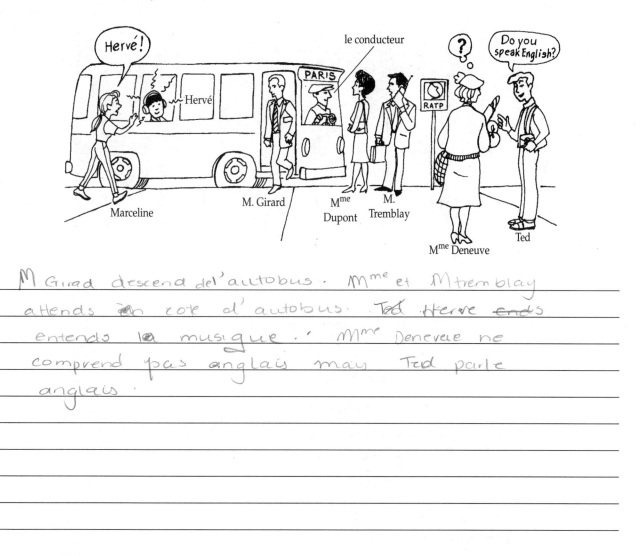

M Girad descend de l'autobus. Mme et M tremblay
attends en cot d'autobus. Ted Herve ends
entends la musique. Mme Deneveie ne
comprend pas anglais may Ted parle
anglais.

C. **Visite au musée (*museum*) d'Orsay.** Complétez le texte avec les verbes donnés.

Maurice et Geoffroy vont ___visiter___[1] le musée d'Orsay. Les amis

___attendent___[2] l'autobus pendant 20 minutes devant leur immeuble.

Maurice donne 1,50 € au conducteur (*driver*), qui lui ~~rend~~ rend[3]

sa monnaie (*change*). Quand ils ___entendent___[4] le conducteur annoncer

leur arrêt (*stop*), ils ___descendent___[5] devant le musée.

attendre
descendre
entendre
rendre *return*
~~visiter~~

Geoffroy ne veut pas ___perdre___[6] une minute. Il va tout de suite

regarder les tableaux de Cézanne. Maurice pose toutes sortes de questions, mais

Geoffroy ___répond___[7] sans beaucoup réfléchir. Il rêve d'être artiste.

perdre
répondre
rendre visite

Après deux heures au musée, ils ___rendent visite___[8] à Olivier,

un étudiant en médecine qui habite dans le quartier.

D. **Une visite.** Écoutez l'histoire de François en regardant les dessins. Mettez les dessins dans l'ordre chronologique selon (*according to*) l'histoire. Numérotez (*Number*) les images de 1 à 4.

À comprendre: coup de téléphone (*telephone call*), le voir (*to see him*), plus tard (*later*)

_____   _____   _____   _____

E. **François et Carine.** Écoutez chaque question, et écrivez la réponse. Basez vos réponses sur les dessins de l'exercice D.

Vous entendez: Sur le dessin numéro 1, qu'est-ce que François attend?

Vous écrivez: ___Il attend___ un coup de téléphone.

1. _____ le téléphone.

2. Oui, _____ au téléphone.

3. _____ des fleurs.

4. _____ rue Meursault.

5. _____ à Carine.

6. Non, _____ leur temps.

Les réponses se trouvent en appendice.

Leçon 4: Perspectives

A. Un peu de généalogie. Complétez l'arbre généalogique d'après (*according to*) les phrases suivantes.

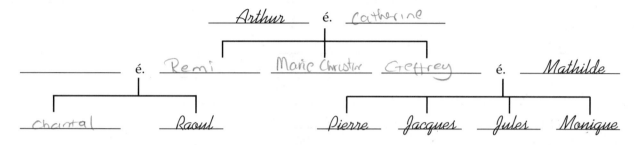

1. Le père de Monique s'appelle Geoffroy. Mathilde est sa femme.
2. Monique a une cousine qui s'appelle Chantal.
3. Catherine a quatre petits-fils et deux petites-filles.
4. La tante de Chantal et de Jules s'appelle Marie-Christine.
5. Marie-France est une fille de Catherine et d'Arthur.
6. Jacques est le neveu de Rémi.
7. Mathilde a deux belles-sœurs, Marie-Christine et Marie-France.
8. Marie-Christine a un frère, Geoffroy, et un beau-frère, Rémi.
9. Rémi et Marie-France ont un fils et une fille.
10. Geoffroy est l'oncle de Raoul.

B. Réactions. Faites une phrase avec les éléments donnés et un adjectif approprié.

Adjectifs possibles: courageux, drôle, fatigué, impatient, paresseux, poli, timide, travailleur

MODÈLE: mes parents / faire le marché ensemble →
Quand mes parents font le marché ensemble, ils sont impatients.

1. nous / faire les devoirs *Quand nous faison les devoirs, nous sommes travailleurs*

2. je / faire des courses *je Quand je fais des courses, je suis fatigue*

3. je / faire la connaissance d'un professeur *Quand je faire la connaissance d'un proffesseur, je suis timide*

4. mon père (ma mère) / faire la cuisine *Quand ma mère faire la cuisine, elle est paresseux*

5. mes amis / faire une promenade *Quand mes amis font une promade, ils sont drôle*

C. **Votre vie à vous.** Nommez cinq personnes—-des membres de votre famille ou des amis—-et faites un commentaire sur chacune (*each one*).

MODÈLE: Ma cousine Mary Ellen habite en Californie avec son mari et ses trois enfants.

1. Ma soeur habite aus chez moi, elle est travailleuse et serieuse.

2. Mon frère est taille moyenne.

3. Mon amie meilleue est sociable.

4. _____

5. _____

D. **Voici Mauricia!** Dans cet article tiré du (*taken from the*) magazine *20 Ans*, on présente une Française d'outre-mer (*from overseas*) qui est à Arcachon, en France. Lisez-le (*Read it*), puis répondez aux questions avec des phrases complètes.

À comprendre: croise (*meets*), mannequin (*fashion model*), pensionnat (*boarding school*)

Nom: Francis
Prénom: Mauricia
Née à: Sainte-Lucie
Agence: Zen
Age: 21 ans
Taille: 1,76 m
Yeux: noirs
Cheveux: noirs
Signe: Taureau

À 15 ans, elle quitte Rémire-Montjoly en Guyane, ses parents et ses trois sœurs chéries pour finir ses études dans un pensionnat d'Arcachon. C'est en vacances là-bas qu'elle croise le directeur d'un magazine féminin. Vous êtes mannequin? Non, pourquoi? Mister Goodluck lui ouvre son calepin. Elle y pique quelques adresses d'agences.

1. Quel est le nom de famille de Mauricia? Francis

2. Dans quel pays habite sa famille? sa famille habite dan Guyane

3. Combien de personnes est-ce qu'il y a dans sa famille? Il y a trous soeurs

4. Pourquoi est-elle en France? Elle Paique finit set ses etudes

5. Qu'est-ce que le directeur du magazine féminin propose à Mauricia? Il lui propose de (d') _____

Prononciation

L'intonation. Intonation refers to the rise and fall of the voice in an utterance. It conveys the emotion and intention of the speaker. In French declarative sentences (that is, sentences conveying facts), the intonation rises within each breath group. It falls at the end of the sentence, within the final breath group. In exclamations and commands, intonation starts rather high at the beginning and falls toward the end of the sentence.

Répétez les phrases suivantes.

1. Je m'appelle Marcel Martin.
2. Ma sœur s'appelle Évelyne.
3. Il y a beaucoup de monde chez nous.

4. Quelle famille charmante!
5. Que tu es gentil!
6. Écoutez bien!

L'intonation interrogative. In a question calling for a *yes* or *no* answer, French intonation rises at the end. In an information question, intonation begins at a high level and descends at the end.

Répétez les phrases suivantes.

1. Ça va?
2. C'est ta mère?
3. Tu viens?
4. As-tu envie de danser?

5. Comment allez-vous?
6. Quand arrive-t-on?
7. Qu'est-ce que c'est?
8. Pourquoi ne manges-tu pas?

À l'écoute!

Quelle animation! Sandrine relit à voix haute (*rereads aloud*) la lettre qu'elle va envoyer (*to send*) à son amie. Écoutez sa lettre, puis choisissez les réponses aux questions suivantes.

À comprendre: comme (*as, since*), hier (*yesterday*), on a fait (*we did*)

1. Comment s'appelle la femme de Raphaël?
   a. Alice   b. Danielle

2. Qui est Frédéric?
   a. le cousin de Sandrine   b. l'oncle de Sandrine

3. Et ce matin, qu'est-ce qu' on fait?
   a. le ménage   b. la cuisine

4. Quel temps fait-il aujourd'hui?
   a. Il fait chaud.   b. Il fait froid.

5. Avec qui est-ce que Frédéric va arriver?
   a. avec Tatie Danielle   b. avec une jeune fille

Par écrit

Function: Describing a place

Audience: Your classmates and instructor

Goal: Write a description of a home

Steps

1. Start by brainstorming: What is "home" for you? Jot down adjectives that describe it, its furnishings, its real or ideal inhabitants, and what you do there.
2. Choose the general tone you wish to adopt: A detached or objective tone would result from a simple, factual description, and a more emotional tone would result from your focusing on your feelings. An emotional tone might include such words as **aimer, adorer,** and **détester.**
3. Settle on a vantage point. Will you move through a number of rooms and convey what you see there? Will you describe your home from one fixed point, such as the living room or the garden?
4. Organize your ideas and create an outline.
5. Write your first draft. Take a break, then reread it for organization and consistency.
6. Have a classmate check your work.
7. Prepare your final draft, taking into account your classmate's most germane remarks. Check the draft for spelling, punctuation, and grammar. Focus especially on your use of possessive adjectives and on the verbs **faire** and **aller.**

Journal intime

Dessinez votre arbre généalogique. Puis choisissez trois ou quatre membres de votre famille et décrivez l'aspect physique de chaque personne.

> MODÈLE: Paul est mon petit frère. Il a dix-sept ans. Il est grand et brun, et il a les cheveux longs et les yeux verts. Ses amis aiment bien Paul parce qu'il est drôle et sympathique...

CHAPITRE

À table!

Leçon 1: Paroles

STUDY HINTS: PRACTICING FRENCH OUTSIDE OF CLASS

By itself, the time you spend in class each week will not allow you to gain a deep or lasting knowledge of French. Once you have completed the activities in your Workbook/Laboratory Manual, how else can you practice French?

- Most importantly, take advantage of and create opportunities to *speak French with others*. Language is a social tool: It withers and fades in isolation.
- Hold a *regular conversation hour*—perhaps at a café—with other students in your class.
- *Practice* your French *with native speakers*. Is there an International House on your campus? a French Table at lunch or dinner? Are there French-speaking professors or students? Try out a few phrases every chance you get.
- Explore the myriad *French resources on the Internet*, including chat rooms, Web pages, and virtual museums.
- Make a habit of *viewing French-language films*: at the movies or on VCR or DVD at the library or at home. Organize **soirées de cinéma** with classmates!
- Check local bookstores, newsstands, libraries, and record stores for *French-language publications and music*.
- Listen to *French-language radio broadcasts* and watch *French-language television programs*. You may find them difficult at first, but if you persevere, you will be surprised how quickly your understanding grows. Contact your local cable company or French consulate for a list of French-language programs in your area.

Les repas de la journée

A. Les catégories. Classez les aliments suivants dans les catégories appropriées. (Les catégories sont à la page suivante.)

du lait	un gâteau	de l'eau
une mousse *string bans (green bans)*	un hamburger	une tarte
des haricots verts	du vin	un bifteck
une pomme	du thé et du café	du sucre
une laitue *potato*	une banane	du jambon
des pommes de terre	une poire	une fraise
de la bière	du poulet	du porc
une salade verte	du sel	une orange

1. FRUITS

une pomme

une fraise

une banane

_____

_____

2. LÉGUMES

une salade verte

_____

_____

_____

3. VIANDE

du poulet

un bifteck

du jambon

du porc

_____

4. CONDIMENTS

un sel

du sucre

_____

5. BOISSONS

du lait

de la bière

du vin

du thé du café

de l'eau

6. DESSERTS

une mousse

un gateau

une tarte

B. **Définitions.** Complétez chaque phrase avec le terme défini.

1. Un pain long et typiquement français, c'est une ~~ceinture~~ une baguette

2. Un fruit ou un légume rouge qu'on utilise dans une sauce pour les spaghettis,

   c'est une tomate _____.

3. Une boisson populaire aux États-Unis pour le petit déjeuner, c'est le jus _____.

4. La viande rouge utilisée pour un bifteck ou pour un rôti (*roast*), c'est du ~~bouto~~ boeuf _____.

5. Une boisson comme le Coca-cola qui a des bulles (*bubbles*), c'est une boisson ~~soda~~ gazeuse _____.

6. Un aliment qui vient (*comes*) de l'océan, c'est un poisson _____.

7. Le steak-frites et le poulet-frites sont deux plats _____ français populaires.

C. **Devinettes (*Riddles*).** Écoutez les descriptions, puis répondez.

À comprendre: confiture (*jam*), nature (*without anything on them*)

| Vous entendez: | Ce sont des fruits rouges ou verts. On les mange nature, ou on en fait des tartes. Rambour et Granny Smith sont des variétés de ce fruit. Qu'est-ce que c'est? |
| Vous dites: | Ce sont des pommes. |

1. ...   2. ...   3. ...   4. ...   5. ...

Nom _____ Date _____ Cours _____

D. Trouvez l'intrus (*intruder*). Écoutez le narrateur, et indiquez l'aliment qui *ne va pas* avec les autres.

    À comprendre: tasse (*cup*), vous commandez (*you order*)

Vous entendez:	Vous choisissez des fruits.
Vous entendez:	a. les croissants b. les pommes c. les bananes
Vous écrivez:	ⓐ les croissants

1. a b c   4. a b c

2. a b c   5. a b c

3. a b c

Exprimer ses préférences: le verbe *préférer*

A. Ah! Les verbes! Complétez le tableau.

	PRÉFÉRER	ESPÉRER	RÉPÉTER
Éric	préfère	espère	répète
tu	préfères	espère	répètes
Éric et toi, vous	préférez	espèrent	répétéz
nous	préférons	espérons	repetons
les professeurs	préfèrent	espèrent	repétènts

B. Des projets de voyage. Complétez chaque phrase avec la forme correcte du verbe qui convient.

Verbes: célébrer, considérer, espérer (2), préférer

Ma famille et moi, nous ___espérons___[1] visiter Venise l'année prochaine, parce que ma femme adore les pâtes (*pasta*). Les enfants ___préfèrent___[2] la pizza. Moi, je ___espère___ (considère)[3] ça important d'étudier l'italien avant (*before*) notre départ. Demain, ma femme et moi, nous ___célébrons___[4] notre anniversaire de mariage, et je vais offrir à ma femme les billets d'avion (*plane tickets*) pour aller à Venise. J'_____[5] qu'elle va être contente.

À table

A. Au restaurant. Vous êtes au restaurant. Voici votre couvert. Que dites-vous à la serveuse?

MODÈLE: Excusez-moi, madame, je n'ai pas de couteau.

1.   Excusez-moi, madame,
     je n'ai pas ~~une~~ de forchette

2.   Excusez-moi, madame,
     je n'ai pas de serviette

3.   Excusez-moi, madame,
     je n'ai pas de verre

4.   Excusez-moi, madame, _le_
     je n'ai pas de cuillère

B. Qu'est-ce qu'on utilise? Écoutez la question, et répondez avec une expression de la liste suivante.

Expressions utiles: avec un couteau, avec une cuillère, avec une fourchette, dans une assiette, dans une bouteille, dans une tasse

Vous entendez: Avec quoi est-ce qu'on coupe (*cut*) une tarte?
Vous dites: Avec un couteau.

1. ...   2. ...   3. ...   4. ...   5. ...

C. Qu'est-ce qui n'est pas sur la table? Regardez les dessins, écoutez la description et complétez la description.

Vocabulaire: beurre, fourchette, gâteau, poivre, sucre, verres

Vous entendez: C'est le petit déjeuner. Voici le pain, mais il n'y a pas de...
Vous dites: Il n'y a pas de beurre.

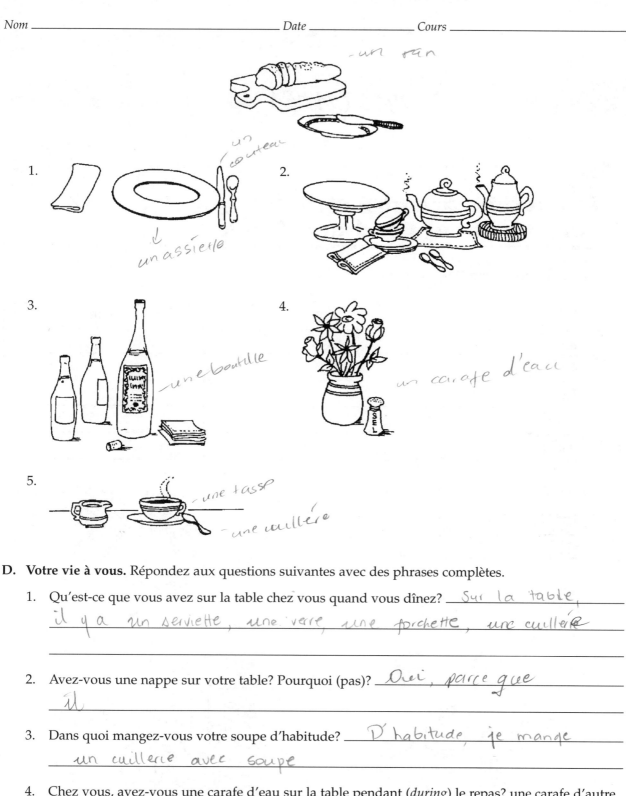

(handwritten annotations on images:)
- un pan
- un couteau
- un assiette
- une bouteille
- un carafe d'eau
- une tasse
- une cuillère

D. Votre vie à vous. Répondez aux questions suivantes avec des phrases complètes.

1. Qu'est-ce que vous avez sur la table chez vous quand vous dînez? _Sur la table,_ _il y a un serviette, une verre, une forchette, une cuillère_ _____

2. Avez-vous une nappe sur votre table? Pourquoi (pas)? _Oui, parce que_ _il_ _____

3. Dans quoi mangez-vous votre soupe d'habitude? _D'habitude, je mange_ _un cuillerie avec soupe_

4. Chez vous, avez-vous une carafe d'eau sur la table pendant (*during*) le repas? une carafe d'autre chose? Expliquez. _____

Leçon 2: Structures

Les verbes *prendre* et *boire*
Talking About Food and Drink

A. Ah! Les verbes! Complétez le tableau.

	PRENDRE	BOIRE
tu	prends	bois
je	prends	bois
vous	prennez	buvez
Jean et moi	prennent	buvent
mon père	prends	boit

B. Que dit Georges? Utilisez le verbe **prendre**.

Mots possibles: un autobus, l'avion, le petit déjeuner, une photo, ma valise, un verre

MODÈLE: «Je prends une photo.»

1.   «Nous prennons ~~une ver~~ de bierre une verre du vin   .»

2.   «Ils prennent ~~du~~ le ~~croutant~~ petit dejeuner   .»

3. «Ils _prennent l'avion_____

_____.»

4. «Je _prends l'autobus_____

_____.»

5. «Il _prend la valise_____

_____!»

C. **Voyages, boissons.** Complétez les paragraphes suivants avec la forme correcte des verbes à droite.

Claudine _apprend_____[1] beaucoup quand elle voyage parce

qu'elle essaie (*tries*) de _comprehend_____[2] la langue du pays

qu'elle visite. Quand elle _boit_____[3] une boisson dans

un café ou quand elle _prend_____[4] le train, elle

_apprend_____[5] du vocabulaire. Pour elle, voyager, c'est apprendre.

apprendre — *teach*
comprendre
prendre — *to*

Les amis français de Paul _prennent_____[6] du Perrier aux repas.

Mais Paul ne _prend_____[7] pas pourquoi. «C'est mauvais!»

dit-il (*he says*). Mais les Français ne _comprend_____[8] pas pourquoi

Paul _boit_____[9] du lait avec ses repas. «En France, dit son

ami Jacques, nous, les adultes, ne _boit_ *buvent*_____[10] pas beaucoup

de lait. C'est la boisson des enfants.»

boire
comprendre

D. La bonne boisson. Complétez les phrases suivantes avec le verbe **boire** et une expression de la liste. Ajoutez (*Add*) une explication.

Boissons: de la bière, des boissons froides, du café, du champagne, du chocolat, du lait, du thé, du vin chaud

> MODÈLE: Au petit déjeuner, nous buvons du café parce que nous avons sommeil.

1. En été, je _bois du chaud froid lait parceque je avons chaud_

2. Au petit déjeuner, nous _boi buvons du jus d'orange_

3. Le premier janvier, il y a des personnes qui _buvent du vin_

4. En hiver, les enfants _boi buvent chaud lait_

5. À l'Action de grâce*, ma famille _boit du sorrel_

E. Chez Madeleine. Thérèse et Jean-Michel dînent au restaurant. Regardez le menu à prix fixe.

Écoutez la conversation. Marquez les aliments que Thérèse ne prend jamais (*never has*).

_____ le poisson	_____ les pommes de terre	_____ le vin
_____ le pâté	_____ les fraises	_____ l'eau minérale
_____ le fromage	_____ le chocolat	_____ le veau (*veal*)

---

*L'Action de grâce is the French name for Thanksgiving in Canada.

F. Le repas de Thérèse. Regardez le menu. Écoutez les questions, et donnez les réponses de Thérèse.

Vous entendez:	Bonsoir, mademoiselle. Vous buvez du vin ce soir?
Vous dites:	Non, merci. Je prends une eau minérale.
Vous entendez:	Comme hors-d'œuvre, vous prenez les œufs mayonnaise ou les sardines à l'huile?
Vous dites:	Je prends les œufs, s'il vous plaît.

1. ... 2. ... 3. ... 4. ...

G. Qu'est-ce qu'on apprend? Ajoutez la préposition **à** dans les blancs où il est nécessaire. *Attention:* Dans certains cas, la préposition n'est pas nécessaire.

MODÈLES: J'apprends __*à*__ faire la cuisine française.

J'apprends _____ les secrets de la gastronomie.

Le prof apprend __*à*__ la classe __*à*__ faire une salade niçoise.

Le prof apprend _____ une nouvelle recette __*à*__ la classe.

1. Tu apprends __*a*__ faire attention au professeur?

2. Les étudiants apprennent _____ les nuances de la bonne cuisine quand ils écoutent le prof.

3. J'apprends _____ beaucoup sur la gastronomie française.

4. Le prof apprend _____ l'art de la nouvelle cuisine __*a*__ ses étudiants.

5. Vous apprenez __*a*__ faire un gâteau au chocolat délicieux!

6. Nous apprenons _____ nos amis __*a*__ faire un repas français.

Les articles partitifs
Expressing Quantity

A. À table. Article défini ou partitif?

1. —Adèle, qu'est-ce que tu manges?

   —__*Je mange*__ ^a fromage.

   —Mais tu n'aimes pas __*le mange*__ ^b fromage. Tu détestes __*le*__ ^c fromage!

   —C'est vrai, mais __*le*__ ^d fromage français est exceptionnel.

2. —Que désirez-vous, madame?

   —__*du*__ ^a vin rouge, s'il vous plaît, et __*du*__ ^b café pour monsieur.

   —Désirez-vous __*du le*__ ^c sucre?

   —Non, merci, je n'aime pas __*du*__ ^d café avec __*le*__ ^e sucre.

3. —Est-ce qu'il y a __*du*__ ^a bifteck au resto-U ce soir?

   —Ah! __*le*__ ^b bifteck, ça n'existe pas au resto-U, mais il y a __*des*__ ^c pommes de terre, __*du*__ ^d jambon et __*du*__ ^e pain.

B. Conséquences. Complétez les phrases suivantes en utilisant une expression de quantité: **assez de, beaucoup de, peu de, trop de, un peu de.**

MODÈLE: On perd du poids si on mange _peu de_ desserts.

1. Les végétariens mangent _trop de_ légumes.

2. Si tu es diabétique, tu manges _un peu de_ sucre.

3. Si vous avez très soif, vous buvez _~~Aro~~ beaucoup d'le_ eau.

4. On grossit (*gains weight*) si on mange _beaucoup de_ beurre.

5. Un plat n'est pas bon si on met (*put*) _peu de trop de_ sel.

C. On fait la cuisine. Choisissez les ingrédients nécessaires.

MODÈLE: Pour faire un ragoût de bœuf (*beef stew*), on utilise des carottes, du vin rouge et de la viande.
On n'utilise pas normalement de poisson.

1. Pour faire une soupe, on utilise _des pommes de terre, des carrotes, et on ~~ps~~ réutilise pas nomalement des oeuf_

2. Pour faire un sandwich, on utilise _un pain, du jambon, et du beurre et on n'utilise pas de poirre_

3. Pour faire une omelette, on utilise _de l'ognio ognon, du fromage, des oeufs_

4. Pour faire un gâteau, on utilise _du sucre, des oeufs et du beurre. On n'utilise pas de brocoli_

D. Morowa fait le marché. Écoutez la recommandation des marchands (*merchants*), et donnez les réponses de Morowa. Suivez le modèle.

À comprendre: formidable (*fantastic*), frais (*fresh*)

Vous entendez: Le vin rouge est excellent.
Vous dites: Bon, alors, du vin rouge, s'il vous plaît.

1. ... 2. ... 3. ... 4. ... 5. ... 6. ...

E. Quels sont les ingrédients? Vous êtes gastronome (*gourmet*). Donnez une réponse logique aux questions suivantes.

Vous voyez:	viande / œufs
Vous entendez:	Y a-t-il de la viande dans une salade César?
Vous dites:	Non, il n'y a pas de viande, mais il y a des œufs.

1. olives / chocolat
2. bananes / tomates
3. oignons / fraises
4. poisson / sel
5. pommes / œufs

F. Après le pique-nique. Répondez aux questions en utilisant les suggestions suivantes.

Vous voyez:	un peu
Vous entendez:	Il y a de la bière?
Vous dites:	Oui, il y a un peu de bière.

1. beaucoup
2. un peu
3. un litre
4. assez
5. trois bouteilles
6. trop

G. Au restaurant. Regardez les choix, et répondez au serveur pour indiquer vos préférences.

Vous voyez:	œufs à la mayonnaise charcuterie (*f.*) (*cold-cuts*)
Vous entendez:	Qu'est-ce que vous prenez comme entrée?
Vous dites:	Je voudrais des œufs à la mayonnaise, s'il vous plaît.
	(*ou* Je voudrais de la charcuterie, s'il vous plaît.)

1. poulet   poisson
2. haricots verts   frites
3. salade verte   salade de tomates
4. vin rouge   eau minérale
5. fraises   tarte aux pommes

Correspondance

Le courrier

Complétez la carte postale à la page 114 avec les expressions données.

Expressions: **carottes, déjeune, de l', espère, gazeuse, préfère, prends, repas**

CARTE POSTALE

Salut Malik!

Alors, tu es maintenant en Côte-d'Ivoire! C'est un pays que j'adore! Et sa cuisine... miam-miam! Je rêve encore du poulet Soumbara de mes dernières vacances à Abidjan! Mais quand j'ai faim, moi, je ___déjeune___¹ passer à l'action. Alors c'est du resto-U que je t'écris, entre la salade de ___carottes___² et le poulet-frites. Pour accompagner ce délicieux ___repas___³ (hum!), je bois ___de l'___⁴ eau minérale. Du Perrier. L'eau ___gazeuse___,⁵ ça aide la digestion. Quand je _____⁶ au resto-U, je ___prends___⁷ mes précautions! Bon, passe une bonne journée! J'___espère___⁸ avoir une lettre très bientôt.

Michel

Info-culture

Relisez **En image** et **Reportage** dans votre livre et indiquez si les phrases suivantes sont vraies (**V**) ou fausses (**F**).

1. V F Le restaurant de Paul Bocuse est près de Paris.
2. V F Le restaurant de Paul Bocuse a maintenant une réputation internationale.
3. V F Les Français mangent du lapin et des cuisses de grenouilles.
4. V F Des «classiques» de la cuisine française sont la baguette, le fromage, un steak-frites et du vin.

Malik à l'appareil!

Bonjour, Jeniette! Malik téléphone à Jeniette. Elle organise des tours et fait des réservations dans les restaurants et les hôtels. Qu'est-ce que Malik lui demande (*ask of her*)? Écoutez leur conversation, puis complétez les phrases suivantes.

1. Les touristes de Malik veulent _____.
   a. manger un couscous   b. visiter le désert du Sahara

2. Malik a besoin _____.
   a. d'une villa à la mer (*sea*)   b. de faire des réservations dans un restaurant

3. Jeniette va faire les réservations pour _____.
   a. le déjeuner
   b. le dîner

4. Les deux amis parlent aussi _____.
   a. de boisson et de dessert
   b. de sport et de magasins

5. Jeniette et Malik prennent rendez-vous pour _____.
   a. demain
   b. l'après-demain

Flash-culture

L'Algérie, le Maroc, la Tunisie: la cérémonie du couscous

Le couscous est une spécialité du Maghreb.[1] C'est un plat unique que l'on sert pour le déjeuner ou pour le dîner, en général le vendredi, jour de repos chez les musulmans.[2] Il est composé de semoule,[3] de viande (mouton,[4] poulet) de légumes et d'un bouillon. Dans les familles tradition-nelles, on se lave les mains[5] dans un récipient d'eau. Puis on mange dans le plat commun avec trois doigts[6] de la main droite.

---

[1]Afrique du Nord   [2]jour… *day of rest for Muslims*   [3]*semolina (type of cracked wheat)*   [4]*lamb*   [5]on… *they wash their hands*   [6]*fingers*

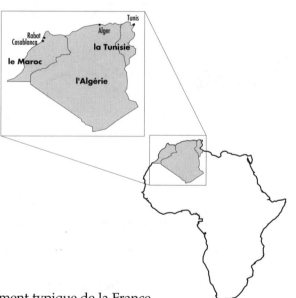

A. **Révisons!** C'est généralement typique de la France ou du Maghreb? Relisez le **Flash-culture** et décidez!

1. la France   le Maghreb   Le couscous est une des spécialités.

2. la France   le Maghreb   Un fromage du pays, un vin excellent, voilà le bonheur!

3. la France   le Maghreb   On prend un steak-frites pour le déjeuner.

4. la France   le Maghreb   Le vendredi est un jour de repos.

5. la France   le Maghreb   On mange ensemble dans un plat commun.

6. la France   le Maghreb   On aime les grenouilles, les escargots et le lapin.

B. Enquête culturelle. Utilisez des ressources imprimées ou des liens sur **www.mhhe.com/visavis3** pour trouver des informations sur les questions suivantes.

1. Quand est-ce que chacun des pays du Maghreb a obtenu (*obtained*) son indépendance?

   _____

   _____

   _____

   Nommez un lieu ou fait caractéristique de chaque pays maghrébin.

   _____

   _____

   _____

   _____

   _____

2. Qui sont les Berbères?

   _____

   Quelles langues parlent-ils?

   _____

Leçon 3: Structures

L'impératif
Giving Commands

A. Allons-y! Mettez une légende (*caption*) avec un verbe à l'impératif sous chaque dessin.

Vocabulaire: aller au cinéma, dîner ensemble, faire une promenade, jouer au tennis, prendre un verre

MODÈLE:

Dînons ensemble.

1. _Joue au tennis_

2. _faite une promenade_

3. _buvons elu un verre_

4. _allons au cinema_

B. De bons conseils (*advice*). Donnez des conseils aux personnes suivantes en utilisant les suggestions. Utilisez la forme **tu, vous** ou **nous.**

MODÈLE: Il y a un bal ce soir, mais votre ami Georges ne sait pas danser.

Quels conseils lui (*him*) donnez-vous?

ne pas rester dans sa chambre: _Ne reste pas dans ta chambre!_

apprendre à danser: _Apprends à danser!_

aller regarder les autres: _Va regarder les autres!_

1. Vos parents sont en visite à l'université, et ils ont faim. Quels conseils leur (*them*) donnez-vous?

ne pas dîner à la cafétéria: _Ne dînons pas à la cafeteria_

choisir un restaurant français: _choisions un restaurant français_

ne pas aller chez McDonald's: _Ne allons pas chez M'Donald'_

2. Votre ami a besoin d'une nouvelle voiture. Il n'a pas beaucoup d'argent (*money*), mais il aime impressionner les autres. Quels conseils lui donnez-vous?

choisir une Volkswagen décapotable (*convertible*): _Choisit un Volkswagen de capotable_

ne pas prendre le bus: _ne prend pas le bus_

demander de l'argent à ses parents: _Demarde de l'argent ses parents_

3. Marielle et Solange ont envie de décorer leur chambre, mais Marielle adore le violet et Solange aime mieux le jaune. Quels conseils leur donnez-vous?

ne pas changer de logement: _ne changent pas de logement_

ne pas choisir un tapis rouge: _ne choissent pas du tapis rouge_

utiliser beaucoup de blanc: _Utilsent beaucoup de blanc_

être flexible: _Sont flexible_

C. **Que dites-vous?** Que dites-vous dans chacune des situations suivantes? Complétez la phrase avec une forme impérative du verbe **être** ou **avoir**.

MODÈLE: Vous avez envie de consoler votre ami(e) parce qu'il a fait un erreur en classe.

N'_aie tu_ pas honte!

1. Votre ami et vous avez invité vos patrons (*bosses*) à dîner chez vous, et vous êtes nerveux.

«_Soyons_ calmes.»

2. Vos amis ont faim mais le repas que vous préparez n'est pas prêt.

«_Ayez_ un peu de patience!»

3. Votre chat Minou mange les biscuits sur la table.

«Minou! _sois_ sage (*well-behaved*)!»

4. Votre ami(e) ne veut pas goûter au caviar.

«N'_aie_ pas peur. C'est délicieux.»

5. Votre ami(e) et vous avez un peu peur de préparer un soufflé, mais vous voulez le faire.

«_Ayons_ du courage.»

D. **Au marché en plein air (*open-air*).** Écoutez les suggestions de vos amis et répondez en vous basant sur (*basing your answers on*) le modèle.

À comprendre: chèvre (*goat*)

Vous entendez: On fait le marché cet après-midi?
Vous dites: Oui, faisons le marché!

1. … 2. … 3. … 4. … 5. … 6. …

L'heure
Telling Time

A. **Quelle heure est-il?** Regardez les dessins suivants. Donnez l'heure et la partie du jour, puis décrivez ce que fait chaque personne.

Verbes utiles: écouter, jouer, manger, parler, regarder

Parties du jour: du matin, de l'après-midi, du soir

MODÈLE: Il est sept heures du matin.
David mange un croissant.

Geneviève

1. _____

_____

Pierre

2. _____

_____

M. Falot   M. Termin

Ayons

3. _____

_____

Les Dubin

4. _____

_____

les copains

5. _____

_____

B. L'heure correcte. Écoutez la situation et l'heure. Tracez les aiguilles des horloges. (*Draw the hands on the clocks.*)

Vous entendez: —Je prends l'apéritif. Quelle heure est-il?
                  —Il est six heures et demie.

Vous écrivez:

1.   2.   3.

4.   5.   6.

Les réponses se trouvent en appendice.

 **C. Quelle heure est-il?** Dites l'heure à haute voix.

Vous voyez:

Vous entendez: Quelle heure est-il?
Vous dites: Il est six heures moins cinq.

1.    2.    3.

4.   5.    6.

D. L'heure officielle. Regardez encore une fois les horloges de l'exercice C. Pour chaque horloge, écrivez l'heure officielle de l'après-midi ou du soir.

MODÈLE:

<u>17 h 55</u>

1. _____ 2. _____ 3. _____

4. _____ 5. _____ 6. _____

E. À l'heure, en avance ou en retard? Voici l'emploi du temps de Madeleine. Écoutez l'heure à laquelle (*at which*) elle arrive à chaque rendez-vous. Arrive-t-elle à l'heure, en avance ou en retard?

Vous voyez: 8 h 30   cours d'anglais
Vous entendez: Elle arrive à huit heures et quart.
Vous dites: Madeleine arrive en avance.

1. 9 h 45   cours d'histoire

2. 12 h   déjeuner avec Marc

3. 1 h   labo de biologie

4. 3 h 15   cours d'art

5. 6 h 15   dîner avec Céline

6. 9 h 30   cinéma

F. Caroline! Complétez le dialogue avec les mots appropriés.

Vocabulaire: bientôt, de bonne heure, en retard, midi, minuit, quelle heure est-il, tard, tôt

MAMAN: Tu es toujours _____,[1] Caro! Il est l'heure d'aller à l'école!

CAROLINE: Non... Je suis fatiguée, maman. Il est encore _____,[2] non?

MAMAN: Quoi? Non, il est très _____[3]!

CAROLINE: Mais, _____[4]? Neuf heures? Dix heures?

MAMAN: Non. Il est _____,[5] ma fille.

CAROLINE: Oh là! C'est terrible. Il est trop tard!

MAMAN: Demain matin, tu vas te réveiller (*to wake up*) _____,[6] tu

          m'entends? Et ce soir, tu vas dormir (*to sleep*) avant _____.[7]
          Tu pars (*leave*) maintenant!

CAROLINE: D'accord, d'accord. Je vais _____[8] partir!

Leçon 4: Perspectives

Faire le bilan

A. **La nourriture et les boissons.** Complétez le dialogue.

FATIMA: qu'est-ce que vous / prendre / pour / dîner?

_____

JOËL: on / prendre / jambon / et / salade

_____

FATIMA: manger / vous / assez / fruits?

_____

JOËL: oui, nous / manger / souvent / poires / et / pommes

_____

FATIMA: prendre / vous / beaucoup / vin?

_____

JOËL: non / nous / ne pas boire / vin

_____

FATIMA: nous, nous / boire / eau minérale

_____

JOËL: qui / faire / cuisine / chez vous?

_____

FATIMA: hélas (*alas*) / être / souvent / moi

_____

B. **À quelle heure?** Qu'est-ce que vous faites aux heures suivantes? Inventez une réponse si vous n'êtes pas sûr(e).

MODÈLES: 7 h 30 →
À sept heures et demie du matin, je prends le petit déjeuner au resto-U.

23 h 50 →
À minuit moins dix du soir, je regarde la télévision.

1. 9 h 45

_____

2. 12 h 30

_____

3. 14 h 30

_____

4. 17 h

_____

5. 20 h 15

_____

C. **Miam-miam!** Vous allez au supermarché pour acheter les ingrédients nécessaires pour faire la recette (*recipe*) suivante. Faites une liste des ingrédients. (N'oubliez pas l'article partitif.)

_____ *du pain* _____   _____

_____   _____

_____   _____

_____   _____

Le pain perdu

1 verre de lait   ½ verre de sucre

Fouette[1] les œufs avec le sucre...

...puis ajoute le lait.

Laisse fondre[2] une noix de beurre dans la poêle.

Trempe[3] une à une les tranches de pain...

...et fais-les dorer[4] sur les 2 faces.

Saupoudrées de[5] sucre, accompagnées de confiture, c'est un délicieux goûter.

[1]*Beat*
[2]Laisse... *Melt*
[3]*Dip*
[4]fais... *brown them*
[5]Saupoudrées... *Dusted with*

Prononciation

Les consonnes françaises. In both English and French, a given consonant can represent more than one sound.

- In French, the letter **s** is pronounced [z] when it occurs between vowels, but [s] in other contexts. Listen for the difference: **musique, chaise; snob, idéaliste.**
- The letter **c** is pronounced [k] before consonants, at the end of some words, and before the vowels **a, o,** and **u: action, avec, calme, conformiste, cubiste.** It is pronounced [s] before the letters **e, i,** and **y: centre, cinéma, Nancy.**
- The letter **g** is pronounced [g] before consonants, **a, o,** and **u: agréable, garçon, golf, guide.** In other contexts, it is pronounced [ʒ]: **géant, girafe, gymnaste.**

Répétez les expressions suivantes.

1. excusez / visiter / télévision / salut / sport / sociologie
2. crêpe / flic / canadien / comment / culinaire / célibataire / cité / cyclisme
3. grand-mère / gâteau / gourmand / guitare / gentil / hygiène / gymnastique

À l'écoute!

Des vacances gastronomiques. À la radio française, vous entendez une annonce pour des vacances originales. Écoutez cette annonce, puis indiquez quand a lieu chaque activité.

1. On apprend à préparer le repas _____.
2. On va choisir les légumes, le poisson et la viande _____.
3. On apprend comment on fait les produits de la région _____.
4. On mange _____.

a. vers 6 h 30
b. au retour du (*after returning from the*) marché
c. vers une heure de l'après-midi
d. après le repas

Par écrit

Function: Writing about daily habits

Audience: Someone you do not know

Goal: Write a passage describing your eating habits. Use the following questions as a guide.

PARAGRAPHE 1
Combien de repas par jour prenez-vous? En général, mangez-vous bien ou mal? Expliquez.

PARAGRAPHE 2
Que prenez-vous au petit déjeuner?

PARAGRAPHE 3
Où mangez-vous à midi? Prenez-vous un repas complet au déjeuner?

PARAGRAPHE 4
Mangez-vous pendant l'après-midi? Qu'est-ce que vous mangez?

PARAGRAPHE 5
Qui prépare le dîner chez vous? Passez-vous beaucoup de temps à table?

PARAGRAPHE 6
Quand invitez-vous des amis à dîner chez vous? À quelle occasion préparez-vous un repas spécial?

Steps

1. Jot down brief answers to the questions.
2. Look over your answers, then create a topic sentence to sum up the main point in each paragraph.
3. Write a first draft, take a break, then check it for organization and style. Have a classmate critique your draft, and incorporate his or her most important suggestions into your final draft.
4. Check your final draft for spelling, punctuation, and grammar, particularly the use of partitive articles. Underline the topic sentence in each paragraph before you hand in your composition.

Journal intime

Décrivez ce que vous prenez d'habitude au petit déjeuner, au déjeuner et au dîner.

- Où et avec qui mangez-vous?
- Quels plats choisissez-vous? Pourquoi?
- Quels plats est-ce que vous évitez (*avoid*)? Pourquoi?
- Prenez-vous des plats différents en hiver et en été?

MODÈLE: En général, je prends le petit déjeuner au café Bari près de chez moi, quelquefois avec mon amie Rosa...

Les plaisirs de la cuisine

Leçon 1: Paroles

Les magasins d'alimentation

A. Les courses. Une amie vous demande de faire les courses. Regardez la liste, et indiquez les magasins où vous allez trouver ces aliments.

MODÈLE: 500 g de jambon → à la charcuterie

1. du fromage _____ à l'épicerie
2. deux baguettes _____ à la boulangerie
3. 500 g de viande hachée (*ground*) _____ à la boucherie
4. une boîte de haricots verts _____ à l'épicerie
5. trois douzaines (*dozen*) d'huîtres _____ poissonnerie
6. du pâté de campagne _____
7. un croissant chaud _____ boulangerie
8. des crabes _____ poissonnerie
9. des conserves _____
10. du saucisson _____ charcuterie

B. Analogies. Suivez le modèle.

MODÈLE: le beurre : le couteau = le sucre : _____ *la cuillère* _____

1. le poisson : la poissonnerie   = le pain : _____ ~~la boullang~~ *e* _____
2. la baguette : le pain   = l'éclair : _____
3. le champagne : la boisson   = le camembert : _____
4. le bifteck : la viande   = les haricots verts : _____ les légume _____

5. le poulet : la viande = le vin : _____ boisson _____

6. choisir : le choix = boire : _____ le _____

7. la viande : la faim = le lait : _____

8. la soupe : la cuillère = le bifteck : _____

C. **Dans quel magasin… ?** Vous faites des courses dans une petite ville française avec Karen, une amie américaine. Répondez à ses questions.

À comprendre: millefeuilles (*type of pastry*), petits-fours (*type of pastry*)

Expressions utiles: la boucherie, la boulangerie, la charcuterie, l'épicerie, la pâtisserie, la poissonnerie

Vous entendez: Où est-ce que j'achète des baguettes et des petits pains?
Vous dites: Eh bien, à la boulangerie!

1. … 2. … 3. … 4. … 5. …

D. **Votre vie à vous.** Répondez aux questions suivantes avec des phrases complètes.

1. Pensez-vous que vous aimeriez mieux (*would prefer*) les baguettes ou les pains de campagne?

   Pourquoi? _____ Je aime mieux les baguete parce que _____
   _____ u _____

2. Préférez-vous les salades vertes ou les salades de pâtes? Pourquoi? _____
   _____ Je préfér les salade vert parce que il est bonne _____
   _____

3. Est-ce que vous préférez le saumon, la sole, la truite (*trout*) ou les fruits de mer (*crevettes,
   huîtres, homard, etc.*)? Pourquoi? _____ Je aime mange les fruit de _____
   mer _____
   _____

4. Aimez-vous l'ail et les oignons? Expliquez. _____ Oui, il est un cuillere _____
   _____

5. Prenez-vous une entrée et un plat principal quand vous allez au restaurant? Que prenez-vous
   souvent comme plat principal? _____
   _____
   _____

6. Préférez-vous faire vos courses dans des magasins spécialisés ou dans une supermarché?
   Pourquoi? _____
   _____
   _____

Au restaurant

A. Votre carte. Vous écrivez la carte d'un restaurant. Classez les plats selon les catégories indiquées.

brie	glace maison	rôti de porc
camembert	mousse au chocolat	sardines à l'huile
cocktail de crevettes	pâté de campagne	sole meunière
côte de porc	pot-au-feu	steak-frites
crème caramel	poulet à la crème	tarte aux fraises
eau minérale	roquefort	vin rouge/blanc/rosé

Entrées	*Plats garnis*	*Fromages*
cocktail de crevettes	roti de porc	
paté de campagne	sardine a l'huile	
	steak-frites	

Desserts		*Boissons*
crème caramel		eau mineral
mousse au chocolalal		vin rouge/blanc/rose
tarte aux fraises		

B. Qui est au restaurant? Écoutez les descriptions et identifiez ces personnes, selon le modèle. C'est **un client, une cliente, un serveur** ou **une serveuse**?

À comprendre: apprécient (*appreciate, like*)

Vous entendez: Mme Gilles prend sa place à table. Qui est-ce?
Vous dites: C'est une cliente.

1. ... 2. ... 3. ... 4. ... 5. ... 6. ...

1) Serveuse — c'est un serveuse

2. c'est un client

3) c'est une serveveur

4) c'est une client

5) c'est un serveur

6) c'est un client serveu

C. La Maison de Jacques. Lisez le menu, puis écoutez et répondez.

À comprendre: ananas (*pineapple*), au régime (*on a diet*), choux (*cabbage*), farci (*stuffed*), givré (*frozen sorbet served in the rind*), moules (*mussels*)

La Maison de Jacques vous propose...

Le menu à 15 euros*

L'entrée
(choisissez une entrée)
La soupe de légumes
Les moules marinières

Le plat principal
(choisissez un plat)
L'omelette (au choix)
Le hamburger

Le dessert
Les fruits de saison
Les ananas au sirop
La glace ~ 3 boules
au choix

Vin de la maison/
eau minérale/
café/
thé

*Le service de 15% est compris

Le menu à 20 euros*

L'entrée
(choisissez une entrée)
Les escargots (6)
La soupe de légumes
Les moules marinières

Le plat principal
(choisissez un plat)
Le veau à la crème
Le jambon aux choux
Le poulet farci
Le hamburger
L'omelette maison

Le dessert
Les fruits de saison
Le fromage au choix
La glace ~ 3 boules
au choix
Le mystère
Le citron/l'orange givré(e)

Vin de la maison/
eau minérale/
café/
thé

Vous dînez à La Maison de Jacques avec deux amis. Écoutez la serveuse et les réponses de vos camarades. Ensuite, indiquez votre choix.

1. ... 2. ... 3. ... 4. ... 5. ... 6. ...

Les nombres supérieurs à 60

A. Qu'en pensez-vous? (*What do you think?*) Écrivez les nombres en toutes lettres.

MODÈLE: Ma grand-mère a _____*quatre-vingt-trois*_____ ans.

1. Dans un an, il y a ____*sept*_____ jours.

2. On est «vieux» quand on a _____*quatre vingt*_____ ans.

3. Il reste _____*deux*_____ jours de classe avant la fin (*end*) du semestre/trimestre.

4. Un prix raisonnable pour un livre de classe est _____*soixant dix*_____ dollars.

5. Le nombre qui précède quatre-vingts est ___*quatre vingts et un*___.

6. Dans trois heures, il y a ____*trois cent soixant*____ minutes.

7. Vingt-trois plus soixante-deux font ____*quatre vingt dix*____.

8. Le nombre juste après quatre-vingt-dix est ___*quatre vingt onze*___.

B. Messages. Écoutez les messages que vous trouvez sur votre répondeur téléphonique (*answering machine*). Notez les numéros à rappeler (*call back*).

1. Claude: *04 – 39 – 44 – 91 – 17*

2. Ginette: *04 – 66 – 68 – 89 –*

3. Léonard: *04 – 78 – 11 – 81 – 72*

4. Mireille: *04 – 70 – 88 – 7 – 66*

Les réponses se trouvent en appendice.

C. Faites vos courses. Vous achetez les aliments suivants au supermarché. Lisez les prix à haute voix. Commencez avec **Ça coûte…**

6,11 € Pâté de campagne au poivre vert
le kilo

1,90 € Crème fraîche° AOC "d'Isigny" 40% m.g.
Le pot de 40 cl
Soit le litre 4,96 €

1,52 € le kilo
Pommes de terre
CONTINENT
Variété Ratte, origine France. calibre 30/120g, cat. 1

1,37 €
Limonade artisanale du pêcheur
La bouteille de 75 cl
Soit le litre 1,80 €

1. …   2. …   3. …   4. …   °crème… *clotted cream*

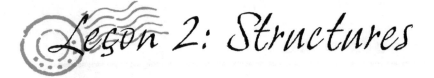 *Leçon 2: Structures*

L'adjectif interrogatif *quel*
Asking About Choices

A. **Un restaurant extraordinaire.** Vous aimez beaucoup le restaurant où vous dînez. Faites des exclamations en utilisant la forme correcte de l'adjectif **quel.**

MODÈLE: _____Quelle_____ carte intéressante!

1. _____Quelle_____ longue liste de vins!

2. _____Quel_____ décor élégant!

3. _____Quels_____ serveurs professionnels!

4. _____Quelles_____ crevisses délicieuses!

5. _____Quel_____ mousse au chocolat!

6. _____Quel_____ repas formidable!

B. **Questions.** Vous faites la connaissance d'un(e) camarade de classe. Préparez huit questions à lui poser. Attention aux accords masculins ou féminins.

MODÈLES: couleur préférée → Quelle est ta couleur préférée?

disques préférés → Quels sont tes disques préférés?

Suggestions: actrice favorite, boissons préférées, chansons préférées, cours favori, films favoris, livre favori, repas préféré, saison favorite

1. _____Quelle est coleur préférée?_____

2. _____Quelles boissons préférées_____ (sont)

3. _____Quelles sont chansons préferées_____

4. _____Quels sont cours favor_____

5. _____Quels sont films favoris_____

6. _____Quel est livre favori_____

7. _____Quel est repas prefere_____

8. _____Quelle est saison favorite_____

C. **Déjeuner à deux.** Vous déjeunez avec quelqu'un (*someone*) qui ne fait pas très attention. Réagissez (*React*) à ses remarques, choisissant la forme correcte de l'adjectif **quel.**

Vous entendez: Tu veux aller dans ce restaurant?

Vous entendez et écrivez: Mais, (quel) quelle quels quelles restaurant?

Allez à la page suivante.

1. quel   quelle   quels   quelles   4. quel   quelle   quels   quelles

2. quel   quelle   quels   quelles   5. quel   quelle   quels   quelles

3. quel   quelle   quels   quelles   6. quel   quelle   quels   quelles

Les réponses se trouvent en appendice.

D. La curiosité. Écoutez les phrases suivantes, et posez la question correspondante. Suivez les modèles.

| Vous entendez: | Vous ne savez pas quel jour nous sommes aujourd'hui. |
| Vous dites: | Quel jour sommes-nous aujourd'hui? |

| Vous entendez: | Vous voulez savoir quels films votre camarade préfère. |
| Vous dites: | Quels films préfères-tu? |

1. …   2. …   3. …   4. …   5. …

Les adjectifs démonstratifs
Pointing out People and Things

A. Choses à transformer. Vous n'êtes pas content(e) de votre logement. Voici une liste de choses à transformer. Utilisez l'adjectif démonstratif qui convient.

MODÈLE: __ce__ miroir

1. __ce__ rideaux

2. __le__ tapis

3. __ce(lle)__ lampe

4. __cet__ arbre devant ma fenêtre

5. __ce__ bureau

6. __les__ meubles

7. __ces__ quartier

8. __ces__ petites tables

9. __ce__ livre de français

10. __cet__ affiche

B. Un caractère indépendant. Vous ne prenez jamais ce qu'on vous offre! Répondez aux questions selon le modèle.

| Vous entendez: | Tu as envie de ce sandwich? |
| Vous dites: | Non, donne-moi plutôt (*instead*) cette tarte! |

1.

2.

3.

4.

5.

C. Une mère soucieuse (*anxious*). Écoutez la conversation. Ensuite, complétez les phrases.

Mme Brachet et son fils Marcel font une promenade en ville.
Ils parlent des projets de mariage de Marcel et de sa fiancée Jeanne.

MME BRACHET: Alors, Marcel, _____^1...

les parents de Jeanne habitent ici?

MARCEL: Oh oui, tout près, maman! Dans

_____,^2 justement (*in fact*).

MME BRACHET: Et toi et Jeanne, vous louez un appartement

dans _____,^3 en face?

MARCEL: Oui, maman. Regarde _____^4

et _____^5 balcon.

(*Ils montent au cinquième étage.*)

MME BRACHET: Tous ces escaliers... _____,^6 elles

sont minuscules!

_____,^7

_____^8 sans rideaux...

MARCEL: Mais voyons, maman, _____^9 est bien

situé (*located*), et nous ne sommes pas difficiles!

MME BRACHET: Peut-être...

MARCEL: Et de toute façon (*In any case*), Jeanne et moi, nous avons l'intention

de continuer à venir déjeuner chez toi, au moins le dimanche!

Les réponses se trouvent en appendice.

Correspondance

Correspondance

Complétez la carte postale avec les expressions suivantes: **cette, morceau, pâté de campagne, plat, puis, quelle, rôti.**

CARTE POSTALE

Cher Michel,

Mmmm! Du coq au vin[a] avec de petits oignons! Et _____ 1 un petit

_____ 2 de fromage après le _____ 3 principal? Tes amis ont

beaucoup de chance! Je voudrais bien passer _____ 4 soirée avec vous tous[b]!

Mais non! Ici, c'est ma copine Khadi qui nous invite chez elle. J'ai peur! La

cuisine n'est pas sa spécialité. Elle ne mange pas de viande, ce qui veut dire[c] qu'elle

va probablement servir du riz[d] et des bananes plantain. Pas de coq au vin pour ton

ami Malik, pas de _____ , 5 pas de filet de sole au

champagne ou de _____ 6 de porc à l'ail. _____ 7 tragédie, hein[e]?

Ah! Mes touristes sont de retour.[f]

À bientôt!

Malik

---

[a]coq... *chicken in wine sauce*   [b]avec... *with all of you*   [c]ce... *which means*   [d]*rice*   [e]*eh*   [f]de... *back*

Info-culture

Relisez **En image** et **Reportage** dans votre livre, puis complétez les phrases avec une des options proposées.

1. _____ sont à la base de l'économie africaine.
   a. L'informatique et la commerce   b. Les marchés

2. Les clients aiment _____.
   a. la bonne qualité   b. les produits en boîte

3. Au marché, on marchande et on discute avec _____.
   a. difficulté   b. passion

4. _____ est la deuxième ressource du Sénégal.
   a. La pêche   b. L'agriculture

5. En grande partie au Sénégal, on fait de la pêche _____.
   a. industrielle   b. traditionnelle

6. La meilleure (*best*) saison pour la pêche au Sénégal est _____.
   a. l'automne   b. l'hiver

Malik à l'appareil!

Dînons chez moi! Aujourd'hui Malik téléphone à Marité, une amie ivoirienne. Elle est propriétaire d'une épicerie. On y trouve des poissons et des œufs frais, du bon café, du cacao et des épices (*spices*). Écoutez leur conversation, puis indiquez si les phrases suivantes sont vraies (**V**) ou fausses (**F**).

À comprendre: bordeaux (*red wine*), ce n'est pas la peine (*it's not necessary*), ça peut coûter (*that could cost*), crudités (*raw vegetables*), Est-ce que je peux (*May I*), gratin (*cheese dish*), veux-tu (*do you want*)

1. V   F   Marité refuse l'invitation de Malik parce qu'elle est prise (*busy*).

2. V   F   On va dîner chez Marité.

3. V   F   Marité va préparer un couscous aux légumes.

4. V   F   Malik va apporter du vin.

5. V   F   Marité veut aussi du fromage et un gâteau.

Flash-culture

Faire ses courses en France

Quelle différence est-ce qu'il y a entre les croissants que vous achetez au supermarché et les croissants que vous achetez à la boulangerie? Les premiers sont en paquet, les seconds sont frais, chauds et parfumés.[1]

Pour les Français, l'idéal est de faire ses courses dans des magasins spécialisés: boulangeries, fromageries, charcuteries, boucheries, épiceries. C'est une garantie de qualité. Les Français aiment aussi les marchés en plein air. Les produits y[2] sont frais, savoureux[3] et bon marché.[4]

Pour les gens pressés,[5] il y a aussi les grands supermarchés. Mais là, tout est anonyme et déshumanisé…

[1]*fragrant*   [2]*there*   [3]*tasty*   [4]bon… *inexpensive*   [5]Pour… *For people in a hurry*

À chaque région, son fromage!

A. Révisons! Relisez le **Flash-culture,** puis choisissez la bonne réponse.

1. Pour les Français, l'ideal c'est de faire ses courses dans les _____.
   a. magasins spécialisés   b. supermarchés   c. pharmacies

2. On apprécie les marchés en plein air parce que les produits y sont _____.
   a. anonymes et déshumanisés   b. très chers   c. frais et savoureux

3. En France, on va au supermarché surtout quand on _____.
   a. a très faim   b. est pressé   c. n'a plus de pain

B. Enquête culturelle. Utilisez des ressources imprimées ou les liens sur **www.mhhe.com/visavis3** pour trouver les réponses aux questions suivantes.

1. Quels aliments ou plats est-ce qu'on associe avec les régions ou les villes françaises suivantes? Trouvez au moins cinq plats de régions différentes.

   Alsace _____

   Bourgogne _____

   Bretagne _____

   Marseille _____

   Languedoc _____

   Lorraine _____

   Normandie _____

   Périgord _____

2. Trouvez la carte d'un restaurant à Paris. Identifiez le restaurant et faites une liste de plats que vous choisissez pour faire un très bon repas. Ensuite, calculez l'addition.

   Nom du restaurant _____

   Repas _____

   _____

   _____

   Addition _____

Leçon 3: Structures

Les verbes *vouloir, pouvoir* et *devoir*
Expressing Desire, Ability, and Obligation

A. Ah! Les verbes! Complétez le tableau.

SUJETS	DEVOIR	VOULOIR	POUVOIR
je	*dders*	*veux*	*peux*
nous	*devons*	*voulons*	*pouvons*
il	*doit*	*veut*	*peut*
vous	*devez*	*voulez*	*pouvez*

B. Préférences. Complétez chaque phrase avec les formes correctes de **vouloir** et de **devoir**. Attention au sens!

MODÈLE: Les étudiants _____*doivent*_____ étudier, mais ils _____*veulent*_____ sortir.

Le week-end

1. Notre professeur _____*veut*_____ travailler, mais il _____*doit*_____ voyager.

2. Mes amis et moi _____*voulent*_____ rester ici, mais nous _____*doivent*_____ partir en vacances.

3. Mes amis _____*voulent*_____ faire la sieste, mais ils _____*doivent*_____ étudier.

4. Je _____*dois*_____ faire le ménage, mais je _____*veux*_____ faire une promenade.

5. Mon ami _____*veut*_____ bien manger des crevettes, mais il ne _____*doit*_____ pas parce qu'il est allergique aux fruits de mer.

L'après-midi

6. Nous ~~doivon~~ *devons* aller à la bibliothèque, mais nous _*voulons*_ prendre un café.

7. Les étudiants _*doivent*_ finir leurs devoirs, mais ils _*voulent*_ regarder la télé.

8. Le professeur _*doit*_ préparer ses cours, mais il _*veut*_ rentrer à la maison.

C. On ne peut pas! Dites ce que les personnes suivantes *ne peuvent pas* faire.

MODÈLE: Marie et Sophie n'ont pas de voiture. →
Elles ne peuvent pas habiter à la campagne.

boire du café   inviter un(e) ami(e) / une amie au restaurant
faire du jogging   manger du pain
faire du ski   prendre un dessert
habiter à la campagne

1. Georges est allergique à la farine de blé (*wheat flour*). Il _*ne peut pas*_ _*du pain*_

2. Il fait moins 7° C aujourd'hui. Nous _~~ne prennon pas~~_ _*faison pas du jogging*_

3. Madeleine a la jambe cassée (*a broken leg*). Elle _*ne faison pas*_ _*du jogging*_

4. Je n'ai pas d'argent. Je _____

5. Mes parents sont allergiques à la caféine. Ils _*ne ~~bou~~ buvent*_ (*pas*) *du* _*café*_

6. Le sucre vous rend malade (*makes you sick*). Vous _*ne mangez pas*_ _*du pain*_

🎧 **D. Probabilités.** Écoutez la phrase, et donnez une explication. Utilisez le verbe **devoir**.

À comprendre: très fréquenté (*very busy*)

Expressions utiles: avoir faim, être au régime, être fatigué(e), être formidable, être impatient(e), être malade

Vous entendez: Marie n'est pas en classe.
Vous dites: Elle doit être malade.

1. …   2. …   3. …   4. …   5. …

E. Déjeuner à la cafétéria. D'abord, regardez le dessin. Ensuite, écoutez le passage, et marquez les réponses aux questions suivantes.

1. Qui n'a pas d'argent aujourd'hui?   Richard   Marlène   Louise

2. Qui peut payer son déjeuner?   Richard   Marlène   Louise

3. Qui doit moins manger?   Richard   Marlène   Louise

4. Qui veut prendre des gâteaux?   Richard   Marlène   Louise

F. Que dites-vous? Écrivez l'expression qui convient pour chaque situation.

Vocabulaire:

De rien.	Je veux dire	Merci. C'est très gentil.
Est-ce que je pourrais	Je voudrais	s'il vous plaît
Il n'y a pas de quoi, monsieur.	Je vous en prie, madame.	Tu dois

1. Vous aidez une vieille dame et elle dit «Merci beaucoup».

   Vous dites: «_Je vous en p_____»

2. Votre ami vous donne (*gives you*) un bon livre.

   Vous dites: «_Ce merci c'est tre_____»

3. Vous essayez d'expliquer à votre prof pourquoi vous ne venez pas en classe.

   Vous dites: «_je veux dire_____ que je suis malade.»

4. Un ami a emprunté (*borrowed*) 10 € à votre mère et maintenant elle a besoin de cet argent.

   Vous dites: «_____ 10 € à ma mère. Peux-tu le lui rendre (*pay her back*)?»

5. Vous voulez acheter des pommes de terre au marché.

   Vous dites: «_____ avoir un demi-kilo de pommes de terre, _____?»

6. Vous parlez au serveur dans un restaurant.

   Vous dites: «_je voudrais_____ le pot-au-feu, s'il vous plaît.»

7. Un homme vous remercie (*thanks you*) pour un service.

   Vous dites: «_____»

8. Votre copain vous remercie pour un service.

   Vous dites: «_____»

L'expression impersonnelle *il faut*
Expressing Obligation and Necessity

A. Pour préparer un repas. Répondez aux questions suivantes avec l'expression **il faut** et des substantifs. N'oubliez pas (*Don't forget*) l'article partitif et la construction négative correcte.

MODÈLE: Quels aliments faut-il pour préparer un sandwich au jambon? →
Il faut du pain, du fromage, du jambon, de la laitue et de la mayonnaise.

1. Quels aliments et assaisonnements (*seasonings*) faut-il pour préparer une bonne omelette aux épinards (*spinach*)?

   Pour l'omelette, il faut de des oeufs, des épinards des ognion et du fromage des sel

2. Quels aliments ne faut-il pas mettre (*put*) dans une omelette aux épinards?

   du Il faut des épinards et des ognion

3. Quels aliments faut-il pour préparer une pizza?

   il faut de sauce, des saucisses des saucisses

4. Quels aliments ne faut-il pas pour préparer une pizza?

   il ne faut pas des sucre

B. Que faut-il faire? Qu'est-ce qu'il ne faut pas faire? Écoutez les situations, et utilisez une des expressions suggérées pour dire ce qu'il faut faire ou ce qu'il ne faut pas faire.

Expressions suggérées: aller au lit, boire un coca, manger un sandwich, aller nager (*to go for a swim*), répondre, rester dans la maison

Vous entendez: On a soif.
Vous choisissez: boire un coca
Vous dites: Il faut boire un coca.

1. ...   2. ...   3. ...   4. ...   5. ...

Leçon 4: Perspectives

Faire le bilan

A. **Un snob.** Loïc est assez snob. Il préfère tout ce qui (*everything that*) est vieux et classique. Il aime les lignes simples et élégantes. Exprimez son point de vue.

Vocabulaire: hôtel, maison, tableau (*m.*) (*painting*)

MODÈLE: J'aime *cette maison-ci*, mais je n'aime pas *cette maison-là*.

1. _____J'aime cette pictures-ci_____ sont trop modernes. Mais

_____cette picture-la_____ sont superbes.

Hôtel Moderne   Hôtel Georges V

2. _____Cet'hôtel-ici_____ n'est pas confortable, mais

_____cet hôtel-la_____ a l'air très agréable.

B. Statistiques et chiffres (*numbers*). Dans chaque phrase, il y a un chiffre écrit en toutes lettres. Soulignez le chiffre dans la phrase et écrivez son équivalent en chiffres (*Arabic numerals*) à la fin.

> MODÈLE: Selon le Quid,* il y a <u>trente-six mille huit cent cinquante et un</u>
>
> villes et villages en France. ____*36 851*____

1. En mille sept cent quatre-vingt-neuf, il y avait (*there were*) 50 habitants au kilomètre carré (*square*) en France. __1789__

2. Il y a maintenant plus de (*more than*) vingt mille quatre cent vingt et un habitants au kilomètre carré à Paris. __20__

3. En 1997, il y avait cent vingt et un mille trois cent quarante réfugiés politiques en France. __12   1340__

4. Selon l'INSEE (Institut national de la statistique et des études économiques), le recensement (*census*) de 1999 montre six millions six cent six mille quatre cent soixante-trois naissances (*births*) entre 1990 et 1999. __6 6 4 6 3__

5. Il y avait quatre millions sept cent quarante-trois mille deux cent quatre-vingt-deux décès entre 1990 et 1999. __4 743 2082__

6. En 1999, il y avait un total de cinquante-huit millions cinq cent vingt mille six cent quatre-vingt-huit personnes en France. __58, 520 688__

C. Qu'est-ce qu'on fait? Complétez les phrases avec la forme correcte du verbe indiqué.

pouvoir

1. —Est-ce que vous _____ ~~voulez~~ *pouvez* _____ skier cet après-midi?

   —Non, pas cet après-midi, mais demain nous _____ *pouvons* _____.

2. —Est-ce que tu _____ ~~veut~~ *peut* _____ aller au cinéma ce soir?

   —Non, je ne _____ *peut* _____ pas.

3. Je _____ ~~dois~~ *peux* _____ aider mon ami à faire la cuisine, et il

   _____ *veut* _____ regarder la télé.

vouloir

4. —Est-ce que vous _____ *voulez* _____ danser?

   —Oui, je _____ ~~voulez~~ *veux* _____ bien.

5. —Est-ce que tu _____ *veux* _____ apprendre le français?

   —Oui, et mon amie Sonia _____ *veut* _____ apprendre le chinois.

6. Nous ne _____ *voulons* _____ pas faire le ménage, mais nos parents ne

   _____ *voulents* _____ pas avoir des enfants paresseux. Alors, nous faisons le ménage.

_____

*Quid est une encyclopédie française de statistiques et de données (*facts*).

devoir

7. Tu ___dois___ faire tes devoirs, je ___dois___ travailler et Maurice ___doit___ faire les courses.

8. Les professeurs ___~~dou~~ doivent___ corriger (*correct*) leurs examens.

9. —Qu'est-ce que vous ___doivez___ faire à l'université?

   —Nous ___doivons___ réussir aux examens.

D. **Votre vie à vous.** Répondez aux questions suivantes de façon personnelle.

1. Où est-ce que vous devez aller pour manger une très bonne pizza?

   ___tu doit aller au ~~pi~~ pizza pizza___

2. Faut-il de la viande sur votre pizza préférée? Qu'est-ce qu'il faut d'autre?

   ___je faut des ~~saice~~ saucisse___

3. Pouvez-vous manger de la pizza tous les jours ou est-ce que vous avez besoin de la variété culinaire?

   ___je faut de variété___

Prononciation

La lettre *r*. Whereas the English *r* sound is made with the tongue, the French **r** is generally guttural, produced in the back of the mouth: **Robert, rhinocéros.**

Répétez les expressions suivantes. Vous les entendrez deux fois.

1. cours / sur / cher / soir
2. mardi / heureux / bureau / soirée
3. jardin / exercice / pardon / merci
4. rose / rouge / rue / russe
5. nombre / France / trois / quatre

La lettre *l*. The French **l** is produced in the front of the mouth, with the tongue firmly pressed against the back of the upper teeth: **le lac, la librairie.**

Répétez les expressions suivantes. Vous les entendrez deux fois.

1. livres / mademoiselle / calme / bleu / avril
2. un film à la faculté
3. Lisez-le lundi.
4. Salut! Allons-y! (*Let's go!*)
5. Elle va aller au bal.

🎧 À l'écoute!

Un client difficile. Dans ce bistro, c'est Yvonne qui prend la commande. Qu'est-ce qui se passe (*What happens*) avec ce client? Écoutez leur conversation, puis choisissez les bonnes réponses.

1. Le client s'intéresse aux vins _____.
   a. blancs
   b. rouges

2. Yvonne propose deux vins à plus de _____ euros la bouteille.
   a. 15
   b. 150

3. Comme plats, Yvonne mentionne _____.
   a. la salade niçoise et la quiche lorraine
   b. le filet de bœuf et le poulet rôti

4. Le client demande si l'on peut commander du _____.
   a. chocolat
   b. bourgogne (*burgundy wine*)

5. Le client finit par commander _____.
   a. de la soupe et du thé
   b. un rôti de bœuf et une carafe de vin

Par écrit

Function: More on describing (a place)

Audience: A friend or classmate

Goal: Write a note to a friend inviting him or her to dinner.

To persuade your friend to come, describe your chosen restaurant using the following questions as a guide. **Dans quel restaurant préférez-vous dîner? Mangez-vous souvent dans ce restaurant? Quand? Est-ce qu'il est fréquenté par beaucoup de clients? Est-ce que la carte est simple ou recherchée** (*fancy*)? **Quel est votre plat préféré? Quelle est la spécialité du chef?** Begin the letter with **Cher/Chère** _____. End with **À bientôt...** .

Steps

1. Begin your first draft with a strong introduction—an intriguing question or an amusing thought to attract your friend's attention: **Veux-tu prendre un repas délicieux avec un ami / une amie très sympathique?**
2. Write the body of the note, answering the questions just posed.
3. Write a conclusion. Include some interesting information about the restaurant or specific plans for the date and time of your dinner.
4. Take a break, then revise your composition, checking the organization of the opening and closing paragraphs. Have a classmate check your work. Prepare the final draft, keeping an eye on spelling, punctuation, and grammar (particularly your use of adjectives).

Journal intime

Imaginez que vos amis (ou des membres de votre famille) décident de fêter votre anniversaire (*birthday*) au restaurant. Décrivez la soirée de vos rêves.

- Où allez-vous dîner?
- Qui est invité?
- Qu'est-ce que vous mangez et buvez? (Décrivez le menu en détail.)
- Que faites-vous avant et après le repas?

MODÈLE: Voici la soirée de mes rêves: un pique-nique au jardin du Luxembourg à Paris, avec mon ami Joël…

Vive les vacances!

Leçon 1: Paroles

Les vacances en France

A. Activités sportives. Dans chaque catégorie, nommez au moins deux sports que vous aimez ou que vous voulez pratiquer.

Vocabulaire suggéré: l'alpinisme, le base-ball, le basket-ball, faire du bateau, faire du cheval, faire une randonnée, le football, le football américain, le jogging, nager, patiner, la pêche, la planche à voile, la plongée sous-marine, le ski (nautique, alpin, de fond), le tennis, le vélo

MODÈLE: Sports qu'on pratique dans la rue: →
le vélo, le jogging

1. Sports qui ne nécessitent pas d'équipement: _le jogging, le nager_

2. Sports qu'on pratique à la montagne: _le ski alpin_

3. Sports qu'on pratique dans un lac ou un fleuve: _le ski nautique, la plongée sous marine_

4. Sports qu'on pratique sur un terrain (*field, court*) spécial: _le football american le baseball_

5. Autres sports d'été: _le baseball_

6. Autres sports d'hiver: _le skie_

B. Choisir ses vacances. Complétez les phrases suivantes avec une des nouvelles expressions verbales.

MODÈLE: Si on aime la montagne, on peut *faire de l'alpinisme*.

1. Si vous aimez dormir (*to sleep*) en plein air, vous pouvez _aller a l'hotel_

2. Si vous avez besoin de repos (*rest*), vous pouvez _____

3. Pour passer des vacances sportives, on peut _____

4. Si vous aimez la mer, vous pouvez _____

5. En hiver, on peut _____

6. Si on veut voir la campagne française, on peut _____

C. **Que fait Chantal en vacances?** Répondez à chaque question en regardant les dessins.

Vous entendez:　　Que fait Chantal sur la rivière?
Vous dites:　　　　Elle fait du bateau.

1.

2.

3.

4.

5.

D. **Votre vie à vous.** Pensez à vos vacances préférées, et répondez aux questions avec des phrases complètes.

1. Qu'est-ce que vous aimez faire dans un lac? _je dors a la_
   belle étoile

2. Qu'est-ce que vous aimez faire en montagne? _j'aime faire_
   _____

3. À la campagne, préférez-vous faire du vélo ou une promenade à pied (*on foot*)? _____
   je préfér faire un promenade a pied

4. De quoi avez-vous besoin quand vous faites du camping? _j'ai besoin_
   aller a pêche, dumir a la belle etoile

5. Pour vous, c'est quoi, les vacances idéales? _le vacances ideale_
   est aller au jamaica, fait sous plongée
   sous a maller

Le verbe *acheter*

Les préparatifs de vacances. Complétez les phrases suivantes en conjuguant le verbe **acheter** à la bonne personne.

1. Jules et toi, vous allez faire du camping. Vous ___achetez___ une tente et des sacs de couchage (*sleeping bags*).

2. Cet été, je vais aller à la plage, j'___achète___ donc un grand chapeau et un maillot. Mais l'hiver prochain, je vais aller faire du ski à Chamonix avec mon frère. Nous ___achète___ des skis et des vêtements chauds.

3. Ma camarade de chambre part pour l'Angleterre. Elle ___achète___ des bottes et un imperméable.

4. Mes parents vont aller faire une randonnée dans les Rocheuses. Ils ___achètent___ de nouvelles chaussures de randonnée.

5. Tu vas à la Martinique? Est-ce que tu ___achète___ des sandales et des shorts?

Au magasin de sports

A. Soupe de lettres. Trouvez les expressions suivantes: **anorak, chaussures de ski, lunettes de ski, maillot de bain, sac de couchage, serviette de plage, soleil, tente. Attention:** Deux espressions sont écrits à l'envers (*backward*) et un mot est écrit verticalement (*vertically*).

```
L A I S K S D E P L A I N B R E A
I K S E D S E T T E N U L F R E S
S E R V I E T T E D E P L A G E O
O U P R I T E N T E D O N N E R L
S E R A N O R A B L E P A I N S E
O M A I L L O T D E B A I N S I I
I M P R A N O R A K M A I L O T L
O O L M A R I O E V E L M O N I E
L E U S L K A T H A L B O G R E S
L E I L I E E M P R U N T E R E T
D R E G A H C U O C E D C A S F U
C H A U S S U R E S D E S K I R E
```

B. **De quoi a-t-on besoin?** Écoutez les phrases suivantes, et mettez un cercle autour de (*around*) l'objet qui *n'est pas nécessaire.*

> Vous entendez: Pour faire du bateau, on a besoin d'une rivière et…
>
> Vous choisissez: (d'une voiture) / d'un kayak

1. d'un maillot de bain / d'une raquette

2. d'un sac de couchage / d'un pantalon de ski

3. d'une tente / d'une planche

4. d'un parapluie / d'un anorak

5. d'un sac à dos / d'un casque (*helmet*)

Des années importantes

A. **Leçon d'histoire.** Écrivez les années en toutes lettres. Imitez le modèle.

> MODÈLE: Louis XIV monte sur (*takes*) le trône de France en 1643. →
>
> _mille six cent quarante-trois_

1. La Première Guerre mondiale (*First World War*) finit en 1918.

   mille neuf dix huit

2. La Révolution française commence en 1789.

   mille sept quatre vingt dix neuf

3. La Sorbonne est fondée (*founded*) par Robert de Sorbon en 1257.

   mille deux que cinquante

4. La France vend la Louisiane aux États-Unis en 1803.

   mille huit trois

5. La guerre de Sécession (*Civil War*) aux États-Unis commence en 1861.

   mille huit soixant

6. Gutenberg invente l'imprimerie (*printing press*) en 1436.

   4 mille quatre trente six

B. **Un peu d'histoire européenne.** Indiquez la date que vous entendez.

> Vous entendez: La victoire de Charlemagne contre les Saxons, c'est en sept cent quatre-vingt-cinq. C'est en sept cent quatre-vingt-cinq.
>
> Vous choisissez: la victoire de Charlemagne contre les Saxons   (785)   885

1. la fondation de l'université de Paris   1142   1120

2. la première croisade (*Crusade*)   1096   1076

3. la mort (*death*) de Jeanne d'Arc   1431   1471

4. la guerre de Sept Ans   1776   1756

5. l'exécution de Louis XVI   1793   1796

6. la première abdication de Napoléon   1814   1804

Les réponses se trouvent en appendice.

C. Moments historiques. Écoutez la question. Trouvez la réponse dans la liste des années et pronon-cez-la (*it*). Devinez (*Guess*) si vous n'êtes pas certain(e)!

À comprendre: construit (*built*), pèlerins (*pilgrims*), rocher (*rock*), vol (*flight*)

Vous entendez: Quelle est l'année de l'arrivée de Christophe Colomb en Amérique?
Vous dites: mille quatre cent quatre-vingt-douze

1492   1620   1776   1789   1865   1903

1. …   2. …   3. …   4. …   5. …

Leçon 2: Structures

Quelques verbes irréguliers en -*ir*
Expressing Actions

A. Ah! Les verbes! Complétez le tableau.

	MES COPAINS	TU	NOUS	MOROWA
sortir	sortent	sors	sortons	sort
venir	viennent	viens	viennons	vient
sentir	sentent	sente sens	sentons	sent
dormir	dorment	dorsi	dormons	dort
servir	servent	sers	servons	sert
obtenir	do obtenent	obtens	obtennos	obtent

B. Où est-ce qu'on mange? Complétez les histoires suivantes, puis répondez aux questions.

Dimanche soir (dormir, sentir, servir, sortir)

Après un long week-end, Line est très fatiguée. À six heures elle ___dort___[1] déjà.

Charles téléphone et demande si elle veut ___sortir___[2]. Il a envie d'aller dans un

restaurant où on ___sort___[3] de la pizza napolitaine. Au restaurant, Line

___sert sent___[4] l'odeur de la pizza, et elle n'a plus sommeil.

- Est-ce que Line préfère dormir ou manger? ___*dor*___
- Et vous? ___*je préfer dormir*___

Au petit déjeuner (dormir, partir, sentir, servir)

Le matin nous ___*partons*___⁵ souvent jusqu'à sept heures et demie. Au resto-U on

___*sent*___⁶ le petit déjeuner de sept à huit heures. Quand nous entrons dans la salle à

manger, nous ___*sentons*___⁷ l'odeur du café. On mange bien, et puis on

___*part*___⁸ en cours.

- À quelle heure ces personnes doivent-elles quitter leur chambre le matin?

  ___*A sept heure*___

- Et vous? ___*à neuf heures*___

C. **Mystères.** Donnez une réponse logique à chaque question en utilisant **venir de** et une des expressions suggérées.

Suggestions: boire une bouteille d'eau, dîner, dormir douze heures, faire de l'aérobic, passer un an au Mexique, vendre votre entreprise à une multinationale

MODÈLE: Pourquoi est-ce que tu n'as pas faim? →

Je viens de dîner.

1. Pourquoi Christelle n'a-t-elle pas soif?

   ___*je viens de l'eau*___

2. Pourquoi est-ce qu'Amir et toi, vous avez le visage (*face*) tout rouge?

   ___*je viens de mettre lipstick*___

3. Pourquoi les cousines d'Yves parlent-elles si bien l'espagnol?

   ___*elles viennent d'apprendre*___

4. Est-ce que vous savez pourquoi nous sommes si riches?

   ___*elles viennes trava est travail*___

5. Pourquoi est-ce que je n'ai pas sommeil?

   ___*elle viens de restet*___

D. **J'aimerais savoir...** Écoutez la phrase, et changez-la en utilisant le nouveau sujet.

   Vous entendez: Jeanne sort-elle ce soir?
   Vous voyez: vous
   Vous dites: Sortez-vous ce soir?

1. Jacqueline
2. les enfants
3. la famille
4. je
5. vous

E. Venir, devenir, obtenir et revenir. Refaites la phrase que vous entendez avec le sujet que vous voyez.

Vous entendez:	Venez-vous à Paris en été?
Vous voyez:	ils
Vous dites:	Viennent-ils à Paris en été?

1. nous
2. vous
3. tu
4. je
5. il
6. ils

F. Qui est le plus aventureux? Complétez les phrases avec **partir, quitter** ou **sortir** selon le sens.

Michèle   Édouard   Jean-Pierre

Michèle et Édouard...

1. ___Sortent / Sortir___ de la maison avec beaucoup de valises.

2. ___Quittent___ la France pour aller en vacances.

3. ___Se Partent___ en Afrique où ils vont faire un safari-photo.

Jean-Pierre...

4. ___Part___ seulement (*only*) pour aller à la plage.

5. ne ___sort___ pas la plage.

6. va ___quitte___ à la fin de la journée.

Le passé composé avec l'auxiliaire *avoir*
Talking About the Past

A. Ah! Les verbes! Conjuguez les verbes au passé composé.

	TRAVAILLER	RÉUSSIR	VENDRE
j'	ai travaillé	ai réussi	ai vendu
on	a travaillé	a "	a
les copains	ont "	ont '	
vous	avez "	avez '	
nous	avons "	avons "	
tu	as '	as "	

B. Formes. Donnez le participe passé des verbes suivants.

1. apprendre _appris_
2. être _été_
3. répondre _répondu_
4. vouloir _voulu_
5. recevoir _reçu_
6. faire _fait_
7. avoir _eu_
8. devoir _dû_
9. boire _bu_
10. pleuvoir _plu_
11. pouvoir _pu_
12. finir _fini_

C. Vacances à la mer. Un groupe de jeunes gens parlent de leurs vacances à des amis. Utilisez le passé composé des verbes appropriés.

Nous _avons choisi_ [1] deux semaines sur la Côte d'Azur l'été dernier.

choisir
passer
trouver

On _a passé_ [2] d'aller à Nice, et puis à Marseille. Claire et

Vincent _a trouvé_ [3] un hôtel charmant près de la plage et nous

avons passé cinq jours à nager et à faire du bateau.

Un jour, Claire et Claudine _a appris_ [4] un bateau à voile.

apprendre
décider
louer
préférer

Moi, je/j' _ai décidé_ [5] d'aller avec elles. Mais Vincent

a loué [6] aller prendre une limonade au café, et Thierry

ont préféré [7] à faire du ski nautique.

Un soir, nous ___avons ete___ [8] visite à nos amis à Saint-Tropez.

Ces vacances ___ont rendu___ [9] vraiment formidables.

être

rendre

Votre vie à vous. Nommez deux activités que vous avez pratiquées pendant vos dernières vacances. Utilisez le passé composé.

_____

_____

D. **Votre vie à vous.** Utilisez les expressions données et dites ce que vous avez fait ou n'avez pas fait pendant le week-end dernier. **Attention:** Regardez le modèle. Les articles indéfinis et partitifs changent après le négatif.

MODÈLE: manger de la pizza → J'ai mangé de la pizza. (Je n'ai pas mangé de pizza.)

1. accepter une invitation ___j'ai accepté une invitat'n___

2. boire du champagne ___j'ai bu du champagne___

3. prendre de l'aspirine ___j'ai pris de l'aspirine___

4. avoir peur ___j'ai eu peur___

5. porter un maillot de bain ___j'ai porté un maillot de pain___

6. faire du ski nautique ___j'ai fait du ski nautique___

7. regarder la télévision ___j'ai regardé la télévision___

Nommez trois autres activités que vous avez faites pendant le week-end dernier.

Verbes possibles: acheter, boire, écouter, faire, manger, patiner, porter, quitter, regarder, voyager

_____

_____

_____

E. **Quelle est la question?** Écrivez une question logique pour la réponse donnée.

MODÈLE: Quand ___as-tu voyagé en vacances?___

J'ai voyagé la semaine dernière.

1. Avec qui ___as tu voyage ave___

J'ai voyagé avec deux amis.

2. Où ___as tu être tu mange___

J'ai mangé au restaurant des Trois Chevaux.

3. À quelle heure ___as être l___

Nous avons fini de bronzer sur la plage à cinq heures de l'après-midi.

4. Pourquoi _____

Parce que nous avions (*were*) très soif après la longue journée à la plage.

F. Le déménagement. Annette répond aux questions d'une amie au téléphone. Écrivez les réponses.

—Oui, dans le journal (*newspaper*). _____¹ un gros camion

(*truck*) à louer, pas trop cher, et Jeff et moi, _____² tous les

préparatifs.

—Oui, _____³ par emballer (*packing*) nos livres.

—Oui, _____⁴ Georges et Solange à nous aider aussi, mais ils

sont en voyage.

—Non, pas vraiment (*really*), _____⁵ de difficulté à descendre les

meubles.

—Oui, _____⁶ à tout placer dans le camion, enfin…

—Simon et Marie _____⁷ les courses pour nous.

Les réponses se trouvent en appendice.

G. Les vacances de Bernard. Écoutez l'histoire suivante, et numérotez les images de 1 à 4.

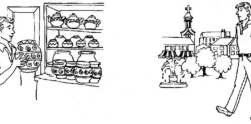

A. _____   B. _____

C. _____   D. _____

H. Et. toi? Écoutez chaque conversation, puis dites ce que vous avez fait vous-même la semaine dernière.

> Vous entendez: Nicole a discuté avec ses parents. —Moi, j'ai discuté avec mes amis.
> —Et toi?
> Vous dites: Moi, j'ai discuté avec mes profs.

1. …   2. …   3. …   4. …   5. …   6. …

I. Les vacances. Julie a été très active pendant ses trois semaines de vacances avec sa famille. Complétez chaque paragraphe dans son journal intime avec l'expression logique.

lundi	mardi	mercredi	jeudi	vendredi	samedi	dimanche
1	2	3	4 *Fin des cours*	5 *Aller dans les Alpes*	6 *Faire du ski!*	7 *Faire une randonnée*
8	9	10 *Aller sur la Côte d'Azur 9 h du matin*	11	12 *Bronzer à la plage!*	13	14
15	16 *La mer 9 h du matin - 5 h du soir*	17	18 *Faire une randonnée 5 h du soir*	19	20 *Faire de la planche à voile*	21 *Rentrée chez nous*

samedi, le 6 janvier

Quelles bonnes vacances! (Hier matin, Avant-hier) _____[1] j'ai fini mes

cours. (Hier soir, Avant-hier) _____[2] nous sommes partis (*we left*) dans les

Alpes. Maintenant je suis dans ma chambre à l'hôtel Omni, et je vais bientôt dormir. Nous avons fait du

ski (toute la matinée, le mois dernier) _____[3] ce matin et je suis crevée

(*exhausted*)!

mercredi, le 17 janvier

Oh là là! Depuis (*Since*) (la semaine dernière, le week-end dernier) _____[4]

nous sommes sur la Côte d'Azur, où il fait très beau. Il fait chaud (ce n'est pas normal en janvier)!

(L'année dernière, Hier) _____[5] j'étais (*I was*) à la mer (toute la matinée,

toute la journée) _____[6] L'eau est un peu froide, mais c'est

formidable! Demain nous allons faire une randonnée pendant (la soirée, la matinée)

_____.[7]

Correspondance

Le courrier

Complétez la carte postale avec les expressions suivantes: **avons, campagne, dormi, fait, lac, matinée, nagé, plage, pris, trouvé.**

CARTE POSTALE

Cher Malik,

As-tu _avons_ ¹ l'énergie d'aller un peu nager, ou es-tu toujours sur ta serviette de _nagé_ ²? Moi, mes vacances se passent^a bien. La Loire est vraiment une belle région. Hier, j'ai _dormi_ ³ jusqu'à dix heures, puis, après le petit déj', mon frère et moi, nous _avons_ ⁴ décidé d'aller au _matinée_ ⁵ qui est près de chez grand-mère. Nous avons _fait_ ⁶ nos vélos. La _campagne_ ⁷ a passé vite: nous avons _____,⁸ et puis nous avons _____⁹ une petite randonnée. Le grand calme! Tes aventures me font toujours rêver,^b mais finalement, tu sais, j'aime aussi ma _____¹⁰!

Allez, salut!

Michel

---

^a se... *are going*   ^b me... *always make me dream*

Info-culture

Relisez **En image** et **Reportage** dans votre livre, et puis complétez les phrases avec une des options proposées.

1. Les plages du Débarquement sont le lieu de l'invasion des troupes américaines et anglaises

   contre les forces _____.

   a. nazies   b. russes

2. Cette action a annoncé la fin prochaine _____.

   a. de la Guerre froide (*Cold War*)   b. de la Deuxième Guerre mondiale

3. Il y a de _____ près des plages du Débarquement.

    a. grands cimetières militaires   b. grandes croix rouges

4. Aujourd'hui, les Français salariés ont _____ semaines de congés payés par an (*year*).

    a. deux   b. cinq

5. Pendant les vacances d'hiver, beaucoup de Français vont à la _____.

    a. montagne   b. plage

6. Ceux qui (*Those who*) aiment la _____ participent au «tourisme vert».

    a. campagne   b. plongée sous-marine

Malik à l'appareil!

Au revoir, Malik! C'est la dernière fois que nous entendons Malik. Il est aujourd'hui au téléphone avec Adrien, un ami français qui lui téléphone pour lui parler de sa triste vie. Écoutez la conversation, puis dites si les phrases suivantes sont vraies (**V**) ou fausses (**F**).

À comprendre: séjour (*holiday*)

1. V F Quand il téléphone, Adrien est à Tignes, dans les Alpes.

2. V F Adrien vient de passer des vacances au bord de la mer.

3. V F Il fait mauvais à Paris.

4. V F Malik et ses touristes ont passé d'excellentes vacances à Dakar.

5. V F Ils ont fait beaucoup d'activités pendant la journée et n'ont pas beaucoup dormi la nuit.

6. V F Adrien va aller au Maroc cet été.

Flash-culture

Destination Afrique: les parcs nationaux

Au Sénégal, le Parc national de Niokolo-Koba; au Cameroun, le Parc de la Bénoué; en Côte-d'Ivoire, le Parc national de la Comoé: le continent africain a une réserve d'espaces naturels unique au monde.

Depuis quelque temps,[1] les gouvernements créent[2] des parcs nationaux, immenses étendues de savane,[3] de forêts ou d'îles. Dans ces territoires protégés, la nature se développe sans être menacée[4] par les humains. Avec un guide, vous pouvez visiter ces parcs et même y passer la nuit. Les animaux mythiques de l'Afrique y vivent tranquillement: lions, buffles, éléphants, antilopes, hippopotames, singes[5]... Mais attention: ces animaux n'aiment pas la présence des humains! Pour les voir,[6] levez-vous[7] tôt le matin!

[1]Depuis... *For some time*   [2]*have been creating*   [3]étendues... *expanses of grassland*   [4]*threatened*
[5]*apes*   [6]Pour... *To see them*   [7]levez... *get up*

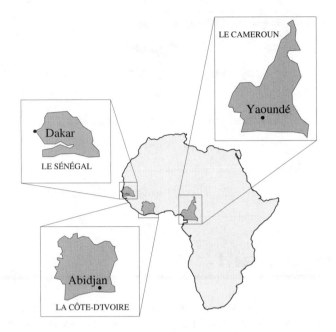

A. Révisons! Relisez le **Flash-culture,** puis trouvez la fin de chaque phrase.

1. L'Afrique a une réserve _____.

2. Les animaux ne sont pas menacés _____.

3. Avec un guide, vous pouvez visiter _____.

4. Les animaux des parcs nationaux d'Afrique _____.

5. Donc, il faut aller voir les animaux _____.

a. les parcs nationaux d'Afrique
b. très tôt le matin
c. n'aiment pas la présence des humains
d. d'espaces naturels unique au monde
e. parce que les territoires sont protégés

 B. Enquête culturelle. Utilisez des ressources imprimées ou les liens sur **www.mhhe.com/visavis3** pour trouver les réponses aux questions suivantes.

1. Choisissez un parc national en France et complétez le tableau suivant de façon aussi complète que possible (*as completely as possible*). Imprimez aussi une carte du parc.

date de création	
surface (*area*) de la zone centrale	
surface de la zone périphérique	
nombre de personnes dans l'équipe (*team*) permanente	
nombre de visiteurs par an	
sites intéressants (conseils pratiques)	
la faune (fait [*fact*] pertinent)	
la flore (fait pertinent)	

Nom _____ Date _____ Cours _____

2. Choisissez un parc national dans votre état ou région (des États-Unis ou du Canada). Pour quelles raisons est-ce qu'on aime passer du temps dans ce parc?

_____

_____

_____

_____

Leçon 3: Structures

Le passé composé avec l'auxiliaire *être*
Talking About the Past

A. Ah! Les verbes! Complétez le tableau en mettant les verbes au passé composé.

	ARRIVER	PARTIR	RENTRER
vous, madame	ête	ête	ête
Déo et moi	sommes (1)		
les visiteurs	sont	sont	sont
Marie-Anne, tu	ête	est	est

B. Qu'est-ce qui s'est passé? Faites des phrases logiques (affirmatives ou négatives) au passé composé. **Rappel:** Le participe passé s'accorde (*agrees*) avec le sujet.

MODÈLE: Vendredi, nous avons eu un examen de biologie très difficile. Jeudi, nous: aller au cinéma / rentrer du laboratoire à onze heures du soir →

Jeudi, nous ne sommes pas allés au cinéma. Nous sommes rentrés du laboratoire à onze heures du soir.

1. Il a plu à verse (*It rained cats and dogs*) dimanche après-midi. Mes amies: aller à la piscine /

rester à la / maison / sortir dans le jardin _____

_____

_____

_____

Leçon 3: Structures **161**

2. Martine est allée en Afrique. Elle: passer par Dakar / rester une semaine à Marrakech / aller à Rome _____

_____

_____

3. Le marquis de La Fayette a participé à la Révolution américaine. Il: naître en 1757 / mourir en 1834 / devenir président des États-Unis _____

_____

_____

Votre vie à vous. Moi, je: naître avant 1980 / entrer à l'école primaire à cinq ans / rentrer chez moi ce semestre _____

_____

_____

C. **Une jeune femme francophone.** Euzhan Palcy est une cinéaste (*film director*) martiniquaise. Reconstituez quelques moments importants de sa vie en utilisant les verbes **naître, devenir, partir, rentrer** et **venir** dans les phrases suivantes. N'oubliez pas l'accord du participe passé.

Euzhan Palcy _____[1] à la Martinique dans une famille d'artistes.

Jeune fille, elle _____[2] de la Martinique pour faire ses études cinématographiques en France.

Elle _____[3] à la Martinique faire son premier grand film, *Rue Cases Nègres (Sugar Cane Alley)*.

En 1983, ce film _____[4] célèbre à Paris.

Après son succès, Euzhan Palcy _____[5] aux États-Unis pour tourner (*make*) un autre film, cette fois-ci avec Marlon Brando et Donald Sutherland. C'est le film *A Dry White Season*.

D. E.T.—Une vie et un voyage extraordinaires! Mettez les verbes au passé composé. Utilisez **être** ou **avoir** comme auxiliaire, selon le cas.

E.T. (naître) _____ ¹ il y a très longtemps dans une galaxie très loin d'ici.

Il (avoir) _____ ² une dispute avec son père, alors il (partir)

_____ ³ à l'âge de 15 ans pour une autre ville de sa planète. Il (aller)

_____ ⁴ dans une université scientifique et il (apprendre)

_____ ⁵ l'astronomie et la psychologie. Après quelques années, il

(revenir) _____ ⁶ dans la ville de ses parents et il (continuer)

_____ ⁷ ses études. Il (habiter) _____ ⁸ dans cette ville

pendant dix ans, et puis il (obtenir) _____ ⁹ un travail comme astronaute. Il

(partir) _____ ¹⁰ de sa ville natale (*native*) pour aller au Centre des Voyages

Intergalactiques. On (choisir) _____ ¹¹ E.T. pour un voyage sur la Terre

(*Earth*) et quand il (arriver) _____,¹² ses problèmes (commencer)

_____.¹³ Pendant le temps qu'il (passer) _____ ¹⁴ sur la

Terre, il (désirer) _____ ¹⁵ de temps en temps téléphoner chez lui, mais il (ne

pas pouvoir) _____ ¹⁶ le faire (*to do it*). Enfin, il (réussir)

_____ ¹⁷ et ses amis (venir) _____ ¹⁸ le chercher (*pick him

up*). Il (quitter) _____ ¹⁹ la Terre pour toujours.

E. Un premier voyage. Maryvonne, qui a douze ans, voyage seule pour la première fois. Écoutez les directives de son père, et marquez les activités qu'il mentionne.

> Arrêtez le CD et lisez les possibilités. Ensuite, écoutez.

À comprendre: je viens te chercher (*I'll come pick you up*)

_____ aller sur le quai (*platform*)   _____ changer de train à Grenoble

_____ acheter un billet   _____ rencontrer des amis

_____ prendre sa valise   _____ aller voir tante Lucie

_____ monter dans le train   _____ rentrer dans deux semaines

_____ prendre le déjeuner   _____ faire une randonnée

_____ descendre à Lyon

Trois jours plus tard, Maryvonne écrit une carte postale à son père. Elle raconte son voyage, *au passé*. Complétez sa carte postale à la page 164.

CARTE POSTALE

Cher Papa,

Oui, à la gare° je suis allée sur le quai. Je/J' _____ ¹ ma valise.

Je/J' _____ ² dans le train. Je/J' _____ ³

à Lyon. Je/J' _____ ⁴ nos amis. Je/J' _____ ⁵

voir tante Lucie. Et maintenant, Papa, j'ai envie de rentrer. Est-ce que tu peux

venir me chercher?

Gros bisous,

Maryvonne

°station

Les réponses se trouvent en appendice.

F. **Un week-end en ville.** Racontez le week-end de Marceline au passé composé.

Vous entendez:	Marceline achète son billet.
Vous dites:	Marceline a acheté son billet.

Vous entendez:	Son train arrive.
Vous dites:	Son train est arrivé.

1. ...   2. ...   3. ...   4. ...   5. ...   6. ...   7. ...   8. ...

Les prépositions devant les noms de lieu
Expressing Location

A. **Test de géographie.** Connaissez-vous votre géographie?

MODÈLES: Pour faire du ski sans quitter les États-Unis, on va _dans le Colorado_.

Les voitures Peugeot viennent _de France_.

Afrique	Californie	Japon
Allemagne	Chine	Madrid
Amérique du Nord	Colorado	Moscou
Amérique du Sud	France	Virginie

1. Le Mexique est _____

2. On a inventé la Volkswagen _____

3. Les voitures Nissan viennent _____

4. On mange beaucoup de riz _____

5. Le théâtre Bolchoï se trouve _____

6. Le musée du Prado est _____

7. Nous buvons du café qui vient _____

8. George Washington est né _____

9. La Côte-d'Ivoire est _____

10. Les grands vins américains viennent _____

B. Des annonces. Lisez ces annonces publiées dans un magazine pour étudiants, *Le Monde de l'éducation*, puis complétez les phrases et répondez à la question personnelle.

À comprendre: chaleureuse (*warm*), joignez (*combine*), prestations (*services*), sans peine (*without effort*), soie (*silk*)

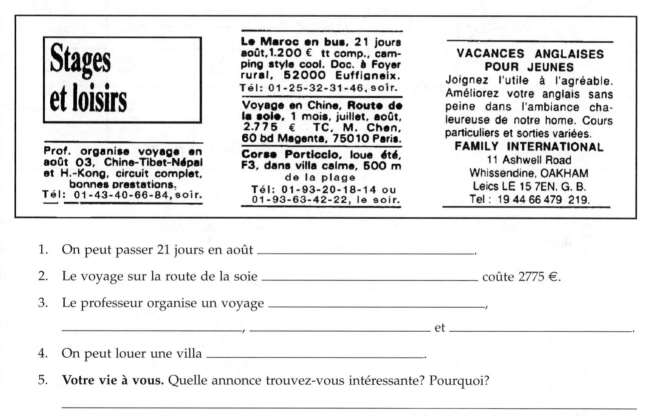

1. On peut passer 21 jours en août _____.

2. Le voyage sur la route de la soie _____ coûte 2775 €.

3. Le professeur organise un voyage _____,

    _____, _____ et _____.

4. On peut louer une villa _____.

5. **Votre vie à vous.** Quelle annonce trouvez-vous intéressante? Pourquoi?

    _____

    _____

    _____

C. Voyages d'affaires. M. Auteuil est représentant (*salesman*) pour une entreprise internationale. Il habite à Paris mais voyage beaucoup. Racontez ses voyages en vous basant sur son calendrier.

septembre						
lundi	mardi	mercredi	jeudi	vendredi	samedi	dimanche
				1	*2*	*3*
4	*5* *Rio*	*6* ———	*7*	*8* →	*9*	*10*
11	*12* *Marseille*	*13* *Italie*	*14* *Allemagne* ———	*15*	*16* →	*17*
18	*19*	*20* *Japon* ———	*21*	*22*	*23*	*24*
25 ———	*26* →	*27*	*28*	*29* *Angleterre* ———	*30* →	

MODÈLES: Mardi le cinq, il va _____ *à Rio* _____.

Vendredi le huit, il rentre *du Brésil et arrive à Paris*.

1. Mardi le douze, il est _____.

2. Mercredi le treize, il arrive _____.

3. Jeudi le quatorze, il part _____ et il va

   _____.

4. Samedi le seize, il rentre _____.

5. Mercredi le vingt, il voyage _____ où il passe une semaine.

6. Mardi le vingt-six, il revient _____.

7. Vendredi le vingt-neuf, il quitte _____ pour aller

   _____.

D. Voyages de rêve. Écoutez les projets de voyage suivants, puis donnez la destination de ces gens.

Destinations: l'Australie, la Belgique, le Canada, la Chine, le Mexique, New York, la Tunisie

Vous entendez: Sylvie veut voir des ruines mayas et aztèques en Amérique. Où va-t-elle?
Vous dites: Elle va au Mexique.

1. …   2. …   3. …   4. …   5. …   6. …

E. **Le retour.** Écoutez la description et dites d'où arrive chaque personne.

À comprendre: on y fabrique (*are made there*), téléviseurs (*television sets*)

Cybèle   Monique   Gérard   Florence   Joseph

Vous entendez: Cybèle arrive d'Amérique du Sud. On parle portugais dans le pays qu'elle a visité. À Rio, une ville importante, on célèbre le carnaval du Mardi gras au mois de février. D'où arrive Cybèle?

Vous dites: Elle arrive du Brésil.

1. ...   2. ...   3. ...   4. ...

Leçon 4: Perspectives

Faire le bilan

A. **Votre vie à vous.** Racontez neuf événements (*events*) de votre vie.

Verbes suggérés: aller, apprendre, boire, devenir, entrer, faire, mourir, naître, partir, quitter, recevoir, sortir, tomber, venir, voyager

MODÈLES: J'ai voyagé en Californie pour la première fois avec ma famille en 2003.

Ma petite sœur est née.

Avant l'âge de 10 ans:

1. _____

2. _____

3. _____

À l'école secondaire:

4. _____

5. _____

6. _____

La semaine dernière:

7. _____

8. _____

9. _____

B. **Épisodes de l'histoire de France.** Lisez ce texte, puis faites l'exercice.

La Révolution française commence le 14 juillet *mille sept cent quatre-vingt-neuf* quand le peuple de Paris prend la Bastille. Louis XVI est guillotiné en *mille sept cent quatre-vingt-treize*.

Napoléon Bonaparte devient empereur en *mille huit cent quatre*, mais après sa défaite à la bataille de Waterloo en *mille huit cent quinze*, Louis XVIII monte sur le trône. Son frère Charles X, devient roi (*king*) mais il s'échappe (*escapes*) en Angleterre pendant la Révolution de *mille huit cent trente*.

Le règne (*reign*) de Louis-Philippe finit en *mille huit cent quarante-huit* avec une autre révolution. Le peuple proclame la Seconde République. Mais le 2 décembre *mille huit cent cinquante et un*, Louis-Napoléon Bonaparte prépare un coup d'état.

Après la guerre avec la Prusse, en *mille huit cent soixante-dix*, le peuple proclame la Troisième République, qui va continuer jusqu'en *mille neuf cent quarante*, au début de la Deuxième Guerre mondiale. *Mille neuf cent cinquante-huit* marque le début (*beginning*) de la Cinquième République en France.

Écrivez en chiffres les dix dates données dans le texte. Complétez aussi l'événement correspondant, en mettant le verbe au passé composé.

1. _____*1789*_____ La Révolution française _____*a commencé*_____ (commencer).

2. _____ Louis XVI _____ (être) guillotiné.

3. _____ Napoléon Bonaparte _____ (devenir) empereur.

4. _____ Louis XVIII _____ (monter) sur le trône.

5. _____ Charles X _____ (aller) en Angleterre.

6. _____ Le peuple _____ (proclamer) la Seconde République.

7. _____ Louis-Napoléon _____ (préparer) un coup d'état.

8. _____ Le peuple _____ (proclamer) la Troisième République.

9. _____ La Troisième République _____ (tomber) avec le début de la Deuxième Guerre mondiale.

10. _____ La Cinquième République _____ (commencer).

C. **Votre vie à vous.** Répondez aux questions suivantes.

1. Où êtes-vous né(e)? D'où venez-vous? _____

_____

2. Qu'est-ce que vous avez pris au petit déjeuner ce matin? _____

_____

3. En général, combien d'heures dormez-vous par nuit? _____

_____

4. Combien d'heures avez-vous dormies la nuit dernière? _____

_____

5. Où avez-vous passé les dernières vacances d'hiver? _____

_____

6. Qu'est-ce que vous avez fait en vacances? _____

_____

7. Achetez-vous beaucoup d'équipement de sport? Qu'avez-vous acheté l'an dernier? _____

_____

Prononciation

Les consonnes finales. Final consonants are generally not pronounced in French. To distinguish singular and plural nouns, for example, it is necessary to listen to the article: **le parapluie, les parapluies; la tente, les tentes.** However, there are a few final consonants that are usually pronounced:

- Final **c:** avec, bec, parc
- Final **f:** bœuf, neuf, soif
- Final **l:** bal, mal, mille
- Final **r:** pair, par, pour

Be aware that there are several common words in which the final **c** is not pronounced: **banc, blanc, porc, tabac.** Keep in mind, as well, that final **-er** is sometimes pronounced like French **air,** but often pronounced like **é: fier,** but **chanter, danser, parler.**

Répétez les expressions suivantes. Vous les entendrez deux fois.

1. parc / public / Québec / sac / banc / blanc / porc / tabac
2. chef / neuf / œuf / soif / bœuf / fief
3. alcool / bal / col / bol / mal / pull
4. air / fier / mer / pour / bronzer / nager / quitter / voyager

À l'écoute!

Des vacances originales. Les vacances d'été approchent et Mme Dumas, qui a des enfants, vient d'entendre une annonce à la radio qui l'a beaucoup intéressée. Écoutez cette annonce, puis complétez les phrases suivantes à l'aide des éléments qui conviennent.

À comprendre: formation (*training*), VTT (*mountain biking*)

1. *Colosympa* organise des vacances réservées aux jeunes de 14 à _____.
   a. 17 ans   b. 18 ans   c. 19 ans

2. Ce concept de vacances mêle (*mixes*) sport, nature et _____.
   a. Internet   b. peinture   c. littérature

3. Ce village de vacances est _____.
   a. à la campagne   b. à la montagne   c. au bord de la mer

4. On peut faire du rafting, du VTT, de la voile et _____.
   a. du camping   b. la cuisine   c. des randonnées

Par écrit

Function: Narrating in the past

Audience: Friends

Goal: Write a story about a disastrous vacation (**des vacances désastreuses**) that you experienced, or invent such a situation.

Steps

1. Write an outline of your story.

   - Set the scene. Tell who went with you and where you went.
   - Describe the complications that beset you.
   - Explain what you and your companions did in these adverse circumstances.
   - Tell how the vacation ended and how the difficulties were resolved.

2. Complete the outline, fill in any details, and write the first draft.
3. Have a classmate reread the draft to see if what you've written is clear.
4. Finally, make any changes suggested by your classmate that seem germane and check the draft for spelling, punctuation, and grammar. Focus especially on your use of the **passé composé.**

Journal intime

Avant d'écrire dans votre journal, lisez la question suivante et cochez (✓) les réponses correctes.

Qu'est-ce que vous avez fait l'été passé?

J'ai… / Je suis…

_____ travaillé

_____ allé(e) (où?)

_____ passé beaucoup de temps avec des amis

_____ fait des études

_____ beaucoup regardé la télévision

_____ beaucoup nagé

_____ (autre) _____

Maintenant décrivez brièvement (*briefly*) ce que vous avez fait l'été passé.

- Où êtes-vous allé(e)?
- Qu'est-ce que vous avez fait?
- Avec qui?
- Qu'est-ce que vous avez appris, acheté, vu, etc.?

MODÈLE: L'été passé, j'ai travaillé comme animatrice (*counselor*) dans un camp de vacances pour enfants handicapés…

Révisez! Chapitres 5–8

A. Révision de verbes. Complétez les phrases avec la forme correcte du présent des verbes indiqués.

Nous _habitons_ [1] (habiter) dans la banlieue de Rouen. Mon père _travaille_ [2] (travailler) en ville où il _vend_ [3] (vendre) des produits pharmaceutiques. Ma mère, qui est informaticienne, _a_ [4] (avoir) son bureau à la maison. Mon frère Pierre et moi _allons_ [5] (aller) à la même université. Nous _reussisons_ [6] (réussir) bien dans nos études. Nous _voyageons_ [7] (voyager) ensemble et _prennons_ [8] (prendre) le train tous les jours. Pierre _~~veut~~ veut_ [9] (vouloir) acheter une voiture, mais moi, je _préfer_ [10] (préférer) les transports en commun. Chez nous, les tâches ména-gères (_household chores_) _sont_ [11] (être) bien partagées. Quand maman le _peut_ [12] (pouvoir), elle _fait_ [13] (faire) les courses et, au retour du travail, c' _est_ [14] (être) mon père qui _fait_ [15] (faire) la cuisine. Le week-end, Pierre et moi _faisons_ [16] (faire) le ménage.

B. À Paris. Louise et Madeleine discutent des prix dans un grand magasin à Paris. Écrivez les prix que vous entendez.

1. pull en laine _____ €

2. chaussures de ski _____ €

3. anorak _____ €

4. robe en soie _____ €

5. robe en taffetas _____ €

Les réponses se trouvent en appendice.

C. Remèdes. Les personnes suivantes ont de petits problèmes. Proposez une solution logique.

MODÈLE: La maison de Mme Lecoq est complètement en désordre après sa soirée de samedi dernier. Qu'est-ce qu'elle doit faire? → Elle doit faire le ménage.

1. Deux amies ont préparé un dîner délicieux. Maintenant leur cuisine est remplie (_full_) d'assiettes et de tasses sales (_dirty_). Qu'est-ce qu'elles doivent faire? _Elles doivent faire_ _la vaisselle_

2. Vous avez besoin de faire un peu d'exercice physique, mais vous n'avez pas d'équipement. Qu'est-ce que vous pouvez faire? _vous ~~etes~~ faisez du sports_

3. Vos parents sont curieux parce que vous avez un nouveau petit ami / une nouvelle petite amie. Qu'est-ce qu'ils veulent faire? _____ *Iat Je fail la connassan clerm*

4. Vous avez des devoirs à faire pour votre cours d'anglais de demain. Mais il est neuf heures du soir. Qu'est-ce que vous devez faire? Qu'est-ce que vous voulez faire? _____ *Je b et fait faul ete faire devar mau Je veux regarder la télé*

5. Vous avez perdu votre sac à dos et votre portefeuille (*wallet*) avec cinquante dollars. Qu'est-ce que vous pouvez faire? Qu'est-ce que vous allez faire? _____ *Je p vais acheter des chassures*

D. Donnez des ordres. Faites des suggestions logiques à l'aide des expressions données.

Expressions suggérées: aller au lit, boire du café, faire du ski, ne pas faire de pique-nique, jouer au tennis, prendre l'autobus.

MODÉLE: Il est minuit. (tu) → Va au lit!

1. Il neige. (nous) _____ *Allons skie*

2. Il fait du soleil. (tu) _____ *Allons a la plage*

3. Il pleut. (vous) _____ *Ayez ndes thé*

4. Il est sept heures du matin et vous avez sommeil. (vous) _____ *dormez-vous*

5. La voiture est au garage. (nous) _____ *Ouvert la garage*

E. Au snack-bar. Écoutez attentivement le dialogue suivant, puis écrivez les expressions qui manquent (*are missing*).

LE SERVEUR: _____,[1] mademoiselle?

CORINNE: _____[2] et une petite

_____[3] niçoise, _____.[4]

LE SERVEUR: _____[5]?

CORINNE: Non, attendez… _____[6] aussi un café crème.

LE SERVEUR: C'est pour emporter (*to take out*) ou _____[7]?

CORINNE: Pour emporter. _____[8]?

LE SERVEUR: Ça fait _____.[9] Merci, mademoiselle.

CORINNE: _____.[10] Au revoir!

Les réponses se trouvent en appendice.

Maintenant, écoutez les propos du serveur, et répondez à la place de Corinne.

1. …   2. …   3. …   4. …

F. Entendu au magasin. Complétez les phrases suivantes à l'aide d'un adjectif démonstratif (**ce, cet, cette** ou **ces**).

À la boulangerie:

«_____¹ boulangerie est fameuse. _____² pain est merveilleux et _____³ crois-

sants sont excellents. J'adore _____⁴ gâteaux. Regarde _____⁵ éclair au chocolat!»

À l'épicerie:

«Moi, j'aime _____⁶ légumes et _____⁷ fruits. Regarde _____⁸ orange! Elle est

superbe. _____⁹ salade semble (*seems*) être parfaite (*perfect*). _____¹⁰ œufs sont très frais.

Mais pourquoi est-ce que _____¹¹ œuf n'est pas marron?»

À la boucherie:

—Je vais prendre _____¹² rôti de bœuf et _____¹³ saucisses.

—Vous voulez un peu de _____¹⁴ pâté?

—Non merci. Je préfère _____¹⁵ côtes de porc.

G. Un tour des îles francophones. Mettez l'histoire suivante au passé composé.

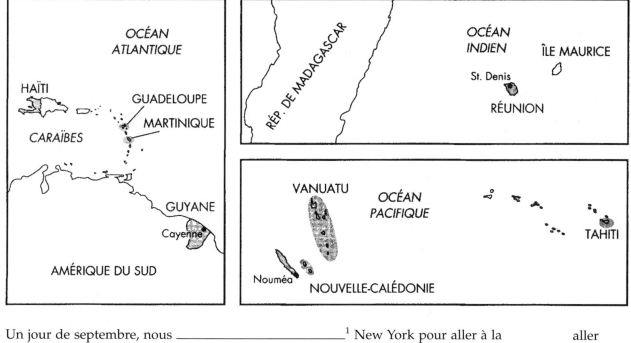

Un jour de septembre, nous _____¹ New York pour aller à la

Guadeloupe. Après, nous _____² à la Martinique. Nous

_____³ les plages de ces îles si reposantes (*so relaxing*)! Après une

semaine, nous _____⁴ à La Réunion, une petite île à l'est de

Madagascar, dans l'océan Indien.

aller
partir
quitter
trouver

Puis, on _____5 pour Tahiti où on _____6

deux semaines magnifiques. Moi, je/j' _____7 du bateau à voile;

mes amis _____8 sur les plages. On _____9

des fleurs splendides et aussi les villages que Gauguin a tant (*so much*) aimés.

bronzer
faire
partir
passer
voir

Moi, je/j' _____10 de visiter la Nouvelle-Calédonie. Mais

mes amis _____11 à Tahiti. À la fin du voyage, nous

_____12 ensemble aux États-Unis. Quand nous

_____13 de l'avion à New York, j'étais triste de

voir les couleurs sombres de cette ville—mais très heureux de revoir ma famille.

décider
descendre
rentrer
rester

H. Un week-end à la campagne. Racontez au passé composé le week-end de votre amie Zineb.

> Pay special attention to whether verbs are conjugated with **avoir** or with **être** in the **passé composé**.

Vous entendez:	Zineb achète une tente.
Vous dites:	Zineb a acheté une tente.
Vous entendez:	Ses amis arrivent.
Vous dites:	Ses amis sont arrivés.

1. …   2. …   3. …   4. …   5. …   6. …   7. …   8. …

CHAPITRE

En route!

Leçon 1: Paroles

À l'aéroport / À la gare / En route!

A. Analogies. Complétez chaque analogie.

MODÈLE: acheter un billet : au guichet = _____*faire le plein*_____ : à une station-service

1. un voyage : voyager = _____ : voler (*to fly*)

2. un aéroport : un avion = _____ : un train

3. un steward : une hôtesse de l'air = un passager : _____

4. _____ : l'air = un bateau : l'eau

5. un conducteur : le train = _____ : l'avion

6. piloter : un avion = conduire (*to drive*) : _____

7. un avion : l'air = une voiture : _____

B. Thierry et Serge partent pour la Suisse. Racontez leur départ. Utilisez les mots de la liste.

Vocabulaire: billets, guichet, ski, valises

Thierry et Serge sont au _____¹ pour acheter des _____² Leurs

_____³ sont par terre. Ils vont en Suisse pour faire du _____⁴

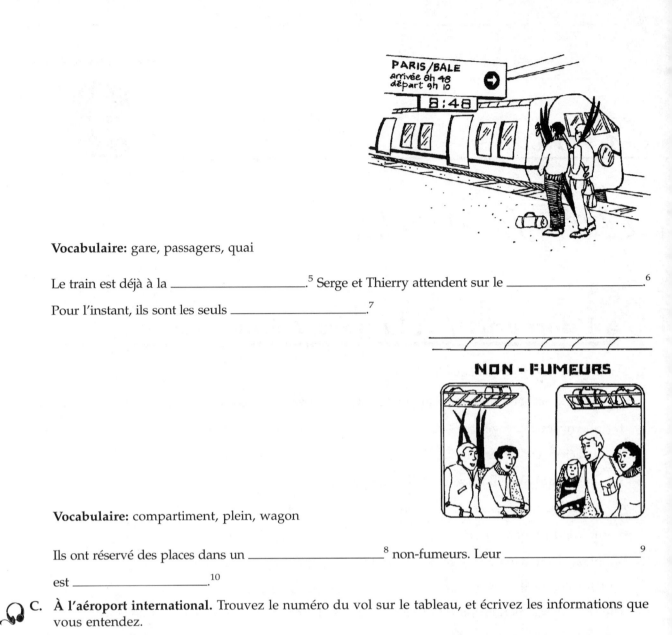

Vocabulaire: gare, passagers, quai

Le train est déjà à la _____.⁵ Serge et Thierry attendent sur le _____.⁶

Pour l'instant, ils sont les seuls _____.⁷

Vocabulaire: compartiment, plein, wagon

Ils ont réservé des places dans un _____⁸ non-fumeurs. Leur _____⁹

est _____.¹⁰

C. À l'aéroport international. Trouvez le numéro du vol sur le tableau, et écrivez les informations que vous entendez.

Vous entendez: Le vol numéro quatre-vingt-treize arrive du *Maroc* à *dix-sept heures quinze.*
Vous écrivez: Maroc / 17 h 15

Nº DU VOL	ARRIVE DE/DU/DES	HEURE D'ARRIVÉE
61	_____	*9 h 40*
74	_____	*13 h 30*
79	_____	_____
81	*Russie*	_____
88	_____	*12 h*
93	*Maroc*	*17 h 15*
99	*Mexique*	_____

Les réponses se trouvent en appendice.

D. Le voyage de Sabine. Écoutez l'histoire en regardant les dessins. Mettez les dessins en ordre en les numérotant (*numbering them*) de 1 à 6.

À comprendre: affaires à emporter (*things to carry*), atterrir (*to land*), débarquer (*to deplane*), douane (*customs*), manquer (*to miss*)

Sabine est étudiante en sociologie à Rouen. L'été passé, elle a fait un voyage d'études en Côte-d'Ivoire.

a. _1_

b. _____

c. _____

d. _____

e. _____

f. _____

E. **Et vous?** Réfléchissez à un voyage en train ou en avion que vous avez fait récemment (*recently*), et donnez votre propre (*your own*) réponse aux questions suivantes. Vous n'entendrez pas (*You will not hear*) de réponses suggérees.

> Vous entendez: Pourquoi as-tu fait ce voyage?
> Vous voyez: J'ai fait... pour...
> Vous dites: J'ai fait ce voyage pour voir ma famille.

1. J'ai voyagé...
2. J'ai pris...
3. J'ai choisi...
4. Oui, j'ai emporté... (Non, je n'ai pas emporté...)
5. À mon arrivée, j'ai (je suis)...
6. J'ai loué...

F. **Votre vie à vous.** Pensez à un voyage que vous voulez faire et répondez aux questions suivantes.

1. Où voulez-vous voyager? _____

2. Quel mode de transport voulez-vous utiliser? Si vous voulez voyager en avion, voulez-vous prendre un billet première classe ou classe économique?

   _____

   _____

3. Quelle sorte de bagages allez-vous prendre? Pourquoi? _____

   _____

4. Est-ce que vous allez louer une voiture, une moto, un vélo pendant vos vacances? Où voulez-vous aller avec ce mode de transport?

   _____

   _____

Les points cardinaux

L'Europe. Consultez la carte d'Europe dans votre livre, et puis indiquez où sont situés les pays.

Vocabulaire: au nord, au nord-est, à l'est, au sud-est, au sud, au sud-ouest, à l'ouest, au nord-ouest

> MODÈLE: La Biélorussie est _au sud-est_ de la Lituanie.

1. La France est _____ de l'Angleterre.

2. La Norvège est _____ du Danemark.

3. La Grèce est _____ de la Turquie.

4. La Pologne est _____ de la République tchèque.

5. L'Allemagne est _____ de la Belgique.

6. L'Italie est _____ de la Grèce.

7. La Hongrie est _____ de l'Ukraine.

8. L'Irlande est _____ de l'Islande.

Leçon 2: Structures

Le verbe *conduire*
Expressing Actions

A. Ah! Les verbes! Complétez le tableau.

	CONDUIRE	TRADUIRE	CONSTRUIRE
je			
nous, les étudiants			
les professeurs			
vous, Madame Gian			
tu			

B. Moyens de transport. Écoutez la description, et donnez le nom du véhicule.

Vous entendez: Viviane voyage en train sous la ville de Paris.
                Comment voyage-t-elle?
Vous dites: Elle voyage en métro.

1. ...   2. ...   3. ...   4. ...   5. ...

C. **Activités diverses.** Complétez les phrases avec le présent du verbe qui convient.

MODÈLE: Nous _____*traduisons*_____ (construire, traduire) cet article en japonais.

1. Mon amie Cornelia va partout (*everywhere*) à pied. Elle ne _____ (conduire, détruire) pas sa voiture.

2. Les Riesel? Oui, ils _____ (construire, réduire) une nouvelle maison.

3. Notre professeur _____ (détruire, traduire) des poésies de Senghor.

4. Léa et moi, nous _____ (conduire, détruire) notre voiture prudemment.

5. Les armées _____ (construire, détruire) beaucoup de villes pendant les guerres.

6. On _____ (réduire, traduire) généralement ses dépenses (*expenditures*) quand on perd son travail.

7. Je _____ (conduire, aller en voiture) à l'université.

Depuis et *pendant*
Expressing How Long,
How Long Ago, and Since When

A. **À Chamonix.** Mariane et Fanny font connaissance pendant les vacances. Utilisez **depuis, pendant** ou **il y a.**

MARIANE: _____[1] quand es-tu ici à Chamonix?

FANNY: Je suis ici _____[2] trois heures. J'ai envie de faire de l'alpinisme _____[3] les trois jours que je vais être ici. Tu es ici _____[4] longtemps?

MARIANE: J'ai pris le train de Lyon _____[5] une semaine. _____[6] six jours, je visite toutes les curiosités de la région: la mer de Glace (*Ice*), le mont Blanc. Et _____[7] mon arrivée, je goûte à tous les bons plats de la région.

FANNY: Est-ce qu'il fait toujours si beau _____[8] le mois de juin?

MARIANE: D'habitude, oui. Mais il a neigé en montagne _____[9] deux semaines.

B. **Votre vie à vous.** Décrivez votre travail pour le cours de français. Complétez les phrases avec l'heure, la durée (*duration*), et cetera, selon le cas.

   1. J'étudie le français depuis _____.

   2. J'ai commencé mes devoirs aujourd'hui il y a _____.

   3. Je fais cet exercice depuis _____.

   4. Hier, j'ai fait mes devoirs pendant _____.

C. **Nouveaux intérêts.** Écoutez la conversation entre Bernard et Sophie.

   Un soir, à l'hôtel, Bernard Meunier parle avec une jeune femme, Sophie Morin…

   Après les vacances. Sophie décrit ses vacances à une copine. Écoutez les questions de sa copine et complétez par écrit les phrases suivantes.

   1. Je suis de retour _____ quelques (*a few*) jours seulement.

   2. _____ mon retour, je pense à mon nouvel ami Bernard…

   3. _____ mes vacances, j'ai passé beaucoup de temps avec Bernard.

   4. Nous avons parlé pour la première fois _____ deux semaines.

   5. Ce soir-là, nous avons discuté _____ des heures.

Correspondance

Le courrier

> In **Chapitres 9–12,** you will find e-mail exchanged by Paul and his former girlfriend Nathalie, a journalist traveling through France, Switzerland, and Belgium. Remember to read through the e-mail once or twice before completing it. You do not need to understand every word in order to complete this activity successfully. **Allez-y!**

Complétez le message avec les expressions suivantes: **auberge, encore, ennui, moto, pendant, station-service, train.**

DE: **Paul@universpar.fr**

À: **Nathalie@media.fr**

Nathalie,

Le festival de Cannes? Ta profession est agréable! Cannes est une belle ville et quelle activité au moment du festival! L'_____,[1] c'est que tout le monde veut voir les stars. Il y a des touristes partout. Et _____[2] combien de temps restes-tu à Cannes?

Moi, bientôt, je vais avec un copain dans les Pyrénées. Je ne connais pas[a] cette région, mais on dit que c'est très beau. La voiture est _____[3] à la _____[4] alors on va prendre le _____.[5] On va rester dans une _____[6] de jeunesse à Hendaye. Là, on va louer une _____[7] pour pouvoir aller se promener.[b] Sympa comme idée, n'est-ce pas? Je ne suis jamais[c] allé en Espagne, mais maintenant, ça va être l'occasion.

Dis bonjour à Juliette Binoche!

Paul

---

[a]Je... *I'm not acquainted with*   [b]se... *to go for a ride*   [c]Je... *I have never*

Info-culture

Relisez **En image** et **Reportage** dans votre livre, puis complétez les phrases suivantes.

1. «La petite reine» est une expression française qui veut dire «_____».

2. Il y a des pistes cyclables à _____.

3. On peut voyager de Paris à Marseille en trois heures par _____.

4. _____, c'est l'abréviation de la Société nationale des chemins de fer français.

5. Les _____ qui aiment voyager en train ont droit à de nombreuses réductions.

6. Avec la «carte Inter Rail», on peut voyager dans 29 pays d'_____.

Nathalie à l'appareil!

Quel voyage! Nathalie doit aller sur la Côte d'Azur pour interviewer un des organisateurs du Festival de Cannes. Au dernier moment, elle décide de prendre l'avion, mais son voyage ne se passe pas très bien. À l'arrivée, elle téléphone à un représentant de la compagnie aérienne. Écoutez la conversation, puis indiquez si les phrases suivantes sont vraies (**V**) ou fausses (**F**).

À comprendre: de retard (*late*), désolé(e) (*sorry*), je suis assise (*I'm seated*), tête (*head*)

1. V F L'avion de Nathalie part de Paris avec deux heures de retard.

2. V F Dans l'avion, elle est assise en classe affaires.

3. V F Elle désire boire de l'eau minérale dans l'avion.

4. V F À Nice, elle ne trouve pas sa valise.

5. V F Le représentant de la compagnie aérienne lui offre (*offers her*) un aller-retour gratuit.

6. V F La proposition du représentant satisfait Nathalie.

Flash-culture

La petite reine ou la revanche[1] de la bicyclette

Il y a plus de 100 000 cyclistes à Paris! «Auto, c'est trop: la ville aux vélos!», «Paris à vélo et le monde est plus beau!»: voilà les slogans des partisans de «la petite reine». Les jeunes sont les principaux adeptes de ce moyen de locomotion non-polluant.

Réunis en associations et mouvements de défense de la bicyclette, les cyclistes manifestent[2] régulièrement à Paris. Ils protestent contre[3] la dictature de la voiture. Ils demandent la protection des cyclistes: se déplacer[4] sans danger dans les rues de Paris. Et ils obtiennent de bons résultats: il existe maintenant plus de 130 kilomètres de piste cyclable dans la capitale française.

[1]*revenge*   [2]*demonstrate*   [3]*against*   [4]*se... to move about*

Mouvement de Défense de la Bicyclette
32, rue Raymond Losserand
75014 PARIS

Tél : 33(0)1 43 20 26 02
Fax : 33(0)1 43 35 14 06

A. Révisons! Relisez le **Flash-culture,** et puis complétez les phrases suivantes.

1. Il y a plus de 100 000 _____ à Paris.

2. Les Parisiens qui choisissent «la petite reine» sont principalement les _____.

3. La bicyclette, c'est un moyen de locomotion _____.

4. Pour attirer l'attention sur leur point de vue, les cyclistes militants parisiens

    _____ régulièrement.

5. Ce qu'ils demandent, c'est de pouvoir se déplacer _____ dans les rues de Paris.

B. Enquête culturelle. Utilisez des ressources imprimées ou les liens sur **www.mhhe.com/visavis3** pour trouver les réponses aux questions suivantes.

1. Où est-ce qu'on peut louer un vélo à Paris? Donnez des détails pratiques: prix, horaire (*schedule*), et cetera. Donnez également quelques informations sur les balades (*biking tours*) guidées.

    _____

    _____

    _____

    _____

    _____

2. Décrivez l'organisme *Le Monde à Bicyclette.* Nommez trois de ses objectifs.

    _____

    _____

    _____

    _____

    _____

Leçon 3: Structures

Les adverbes affirmatifs et négatifs
Expressing Negation

A. Mais non! Aidez Roger à contredire (*to contradict*) son ami Bernard en complétant les phrases.

MODÈLE: BERNARD: Marie aime *beaucoup* l'opéra.

ROGER: Mais non, *elle n'aime pas du tout l'opéra* .

1. BERNARD: Maurice est *toujours* à l'heure.

   ROGER: Mais non, _____.

2. BERNARD: Henri est *déjà* allé en Italie.

   ROGER: Mais non, _____.

3. BERNARD: Il part *souvent* en vacances.

   ROGER: Mais non, _____.

4. BERNARD: Sa femme *ne* part *jamais* avec lui.

   ROGER: Mais si, _____.

5. BERNARD: Henri travaille *encore* chez Renault.

   ROGER: Mais non, _____.

6. BERNARD: Sa fille est *déjà* mariée.

   ROGER: Mais non, _____.

7. BERNARD: Son fils *n'*est *plus* à l'université.

   ROGER: Mais si, _____.

B. À l'agence de voyages. Pauvre Yves! Il a toujours moins de chance que les autres. Écrivez son rôle dans le dialogue en utilisant **ne... que.**

MODÈLE: MARC: Chic! (*Cool!*) J'ai mille dollars à dépenser cet été.

YVES: Moi, je *n'ai que deux cents dollars.*

MARC: J'ai six semaines de vacances cette année.

YVES: Moi, je _____ [1]

MARC: Il y a une douzaine d'endroits que je voudrais visiter.

YVES: _____ [2]

MARC: Je peux choisir entre six grands hôtels dans plusieurs villes européennes.

YVES: _____ ³

MARC: Je vais partir pour trois semaines au soleil.

YVES: _____ ⁴

 C. Paul et Richard. Écoutez la description de Paul et comparez-le à son frère Richard, qui est son opposé.

> **À comprendre:** en ballon (*in a hot-air balloon*)

> | Vous entendez: | Paul a déjà un diplôme. |
> |---|---|
> | Vous dites: | Richard n'a pas encore de diplôme. |
>
> | Vous entendez: | Paul a encore de l'argent. |
> |---|---|
> | Vous dites: | Richard n'a plus d'argent. |

1. …   2. …   3. …   4. …   5. …   6. …

 D. Limites. Écoutez les phrases suivantes, et remplacez l'expression **seulement** par **ne... que**.

> | Vous entendez: | Nous avons seulement deux heures ici. |
> |---|---|
> | Vous dites: | Nous n'avons que deux heures ici. |
>
> | Vous entendez: | J'achète seulement un billet. |
> |---|---|
> | Vous dites: | Je n'achète qu'un billet. |

1. …   2. …   3. …   4. …

Les pronoms affirmatifs et négatifs
Expressing Negation

A. Après les vacances. On parle d'une personne ou d'une chose? Complétez.

> MODÈLES: _____*Rien n'*_____ est facile à la douane.
>
> _____*Personne n'*_____ est tombé malade (*sick*).

1. _____ est rentré avant dimanche dernier.

2. _____ a coûté plus de soixante-dix euros.

3. _____ va avec la chemise que j'ai achetée à Alger.

4. _____ a aimé le restaurant à Auxerre.

5. _____ a pris le TGV.

6. _____ reste de toutes mes économies (*savings*).

B. Un esprit (*spirit*) de contradiction. Jean-Louis est de mauvaise humeur. Il n'a rien de bon à dire (*to say*). Répondez à sa place (au négatif!).

> MODÈLE: Avez-vous parlé à quelqu'un d'intéressant ce matin? →
> Non, je n'ai parlé à personne d'intéressant.

1. Est-ce qu'il y a quelque chose de bon au cinéma?

   _____

2. Êtes-vous allé au cinéma avec quelqu'un d'amusant?

   _____

3. Avez-vous mangé quelque chose de délicieux au restaurant?

   _____

4. Est-ce que quelqu'un comprend vos problèmes?

   _____

C. Voir tout en noir. Écoutez chaque question posée par des amis, et répondez à la forme négative.

> ┌─────────────────────────────┐
> │ Use **rien, personne,** or │
> │ **jamais** as your answer. │
> └─────────────────────────────┘

| Vous entendez: | Qu'est-ce que tu as fait samedi soir? |
| Vous dites: | Rien. |

| Vous entendez: | Vas-tu parfois danser le week-end? |
| Vous dites: | Non, jamais. |

| Vous entendez: | Qui t'a invité(e) (*invited you*) à dîner cette semaine? |
| Vous dites: | Personne. |

1. ... 2. ... 3. ... 4. ... 5. ... 6. ...

D. À minuit. Regardez le dessin, et écoutez chaque question. Répondez avec **ne... personne** ou **ne... rien**.

| Vous entendez: | Est-ce qu'il y a quelqu'un sur le quai? |
| Vous dites: | Non, il n'y a personne sur le quai. |

1. ... 2. ... 3. ... 4. ... 5. ...

E. **Un pessimiste.** Donnez les réactions d'une personne pessimiste.

> Use **personne de/d'** + adjective or
> **rien de/d'** + adjective in your answer.

Vous entendez: Il y a quelque chose d'amusant à faire.
Vous dites: Non, il n'y a rien d'amusant à faire.

Vous entendez: Quelqu'un d'intéressant est ici.
Vous dites: Non, personne d'intéressant n'est ici.

1. ... 2. ... 3. ... 4. ...

Leçon 4: Perspectives

Faire le bilan

A. **Associations.** À quels autres mots associez-vous les mots suivants?

MODÈLE: le professeur: les étudiants, la salle de classe, les livres

1. l'avion: _____, _____, _____

2. conduire: _____, _____, _____

3. le wagon: _____, _____, _____

4. le passager: _____, _____, _____

B. **Votre vie à vous.** Répondez aux questions suivantes en faisant des phrases complètes et en employant **depuis, pendant** et **il y a.**

1. Depuis quand est-ce que vous allez à l'université?

_____

2. Quand est-ce que vous avez commencé à étudier le français?

_____

3. Vous pratiquez votre français pendant combien de minutes (ou d'heures) chaque jour?

_____

4. Depuis quand est-ce que vous habitez dans cette ville?

_____

5. Pendant combien de temps avez-vous fait vos devoirs hier?

_____

C. Questionnaire. Complétez chaque phrase avec **quelque chose de** ou **quelqu'un de** + adjectif masculin singulier.

MODÈLE: Je voudrais manger quelque chose de délicieux.

1. Je voudrais épouser (*to marry*) _____.
2. Je voudrais boire _____.
3. Je voudrais faire _____.
4. Je voudrais parler avec _____.
5. Je voudrais danser avec _____.
6. Je voudrais voir _____.
7. Je voudrais apprendre _____.
8. Je voudrais devenir _____.

D. Votre vie à vous. Donnez votre réponse, en utilisant les nouvelles expressions du chapitre.

1. Avez-vous déjà piloté un avion? _____
   _____

2. Prenez-vous toujours un avion pour venir en cours? _____
   _____

3. Qui de votre famille n'a jamais été dans une voiture? _____
   _____

4. Habitez-vous encore chez vos parents? _____
   _____

5. Est-ce qu'il y a quelque chose d'intéressant dans cet exercice? _____
   _____

Prononciation

Révision d'orthographe. (*Spelling review.*) Répétez les lettres de l'alphabet et les mots correspondants.

a	abricot	h	haricot	o	omelette	u	ustensile
b	baguette	i	italien	p	pain	v	viande
c	carotte	j	jambon	q	quiche	w	whisky
d	dessert	k	kaki	r	raisin	x	xérès
e	escargot	l	lait	s	salade	y	yaourt
f	fondue	m	marron	t	tarte	z	zeste
g	gâteau	n	noisette				

Les accents. Épelez (*Spell*) et prononcez les mots suivants. Attention aux accents.

Vous entendez:	hôtel
Vous dites:	H-O accent circonflexe-T-E-L, hôtel
Vous entendez:	étagère
Vous dites:	E accent aigu-T-A-G-E accent grave-R-E, étagère

1. voilà
2. théâtre
3. où
4. français
5. Noël

À l'écoute!

Un service de la SNCF. Vous allez entendre une publicité pour la SNCF. Écoutez attentivement, puis indiquez ce qui correspond au concept auto/train.

À comprendre: en forme (*in good shape*)

Avec le concept auto/train…

1. on arrive _____.
   a. fatigué   b. en forme

2. on conduit _____.
   a. trop longtemps   b. peu

3. on est _____.
   a. en sécurité   b. en danger

4. on arrive _____.
   a. à l'heure   b. en retard

5. les vacances commencent _____.
   a. bien   b. mal

Par écrit

Function:	Persuading
Audience:	Students, staff, and faculty of your college or university
Goal:	Write an article for the campus newspaper on the problems of transportation at your college or university. Use the following questions as a guide.

1. Quels sont les problèmes de transport sur le campus? Est-ce qu'il est difficile de garer (= stationner) la voiture? Est-ce qu'il y a trop de voitures, assez de transports en commun? Est-il facile de sortir le soir sans voiture? Peut-on se déplacer à pied sans ennuis?

2. Quel moyen de transport préfèrent les étudiants, en général? Êtes-vous d'accord avec ces étudiants? Pourquoi ou pourquoi pas?
3. Proposez quelques réformes pour améliorer les problèmes de transport sur le campus.

Steps

1. Jot down some answers to the preceding questions. Make educated guesses and give your own opinions. **Mots utiles:** les parkings (*parking lots*); les transports en commun; les parcmètres (*m., parking meters*); les navettes (*f., shuttles*)
2. Start to reorganize your thoughts. Write a brief introduction, using the answer to the first question under number 1 as your topic sentence.
3. Answer the set of questions under number 2 by presenting any evidence you have about the kinds of transportation preferred by students at your college.
4. Suggest some solutions to the problems. Use some of the following expressions: **Il faut** + infinitive; **On doit; On dit que; Il est certain que; Il est probable que** (*It's likely that*); **J'espère que** (*I hope that*); **ne... plus; ne... jamais; Personne... ne; Rien... ne.**
5. Have a classmate read your first draft to see if what you've written is clear.
6. Make any necessary changes suggested by your classmate and check the draft for spelling, punctuation, and grammar errors. Pay attention to the use of the negative expressions and the past tense with **être.**

Journal intime

Décrivez un voyage que vous avez fait.

- Où êtes-vous allé(e)?
- Avec qui?
- À quel moment?
- Pour quelles raisons?
- Qu'est-ce que vous avez fait de mémorable?
- Qu'avez-vous appris?
- Mentionnez aussi deux ou trois endroits que vous avez envie de visiter et expliquez pourquoi.

MODÈLE: L'année dernière, j'ai visité la Polynésie française avec ma famille. Nous sommes partis en février...

Comment communiquez-vous?

Leçon 1: Paroles

Les nouvelles technologies

A. Les nouvelles technologies. Identifiez les dessins suivants, puis répondez à la question.

MODÈLE: un magnétoscope

1. _____

2. _____

ou _____

3. _____

4. _____

Votre vie à vous. Quelles formes de communication utilisez-vous le plus? Concentrez-vous sur deux ou trois de ces formes de communication, et indiquez pourquoi vous les utilisez et ce que vous en pensez (*what you think of them*).

MODÈLE: J'utilise souvent le Web pour faire des recherches (*research*) pour mes devoirs.

_____

_____

_____

_____

B. **Le Télétel.** Vous utilisez le Télétel, le système d'informations français rattaché (*connected*) au téléphone. Indiquez vos préférences en répondant aux questions. Vous n'entendrez pas de réponses suggérées.

À **comprendre:** achat (*purchase*), envoyer (*to send*), lire (*to read*), recevoir (*to receive*)

Vous entendez: Préférez-vous consulter la météo ou réserver une chambre d'hôtel?
Vous dites: Je préfère consulter la météo.

1. ...   2. ...   3. ...   4. ...   5. ...

Les médias et la communication

A. **Communications.** Associez chaque mot avec sa définition.

1. _____ L'endroit où l'on achète des timbres.

2. _____ L'endroit où l'on trouve des magazines.

3. _____ On cherche un numéro de téléphone dans ce livre.

4. _____ L'action que l'on fait pour téléphoner.

5. _____ On en a au moins cinq (*People have at least five of them*)

    en France, plus si l'on a le câble.

6. _____ C'est dans cet objet que l'on poste les lettres.

7. _____ On regarde cette partie du journal si l'on cherche du travail.

a. les petites annonces
b. l'annuaire
c. composer le numéro
d. la boîte aux lettres
e. le kiosque à journaux
f. les chaînes
g. la poste

B. **La communication.** Écoutez la description des activités. Pour chaque activité, indiquez le dessin correspondant, et répondez à la question.

> Before you start, review the vocabulary you need to name the items in the sketches.

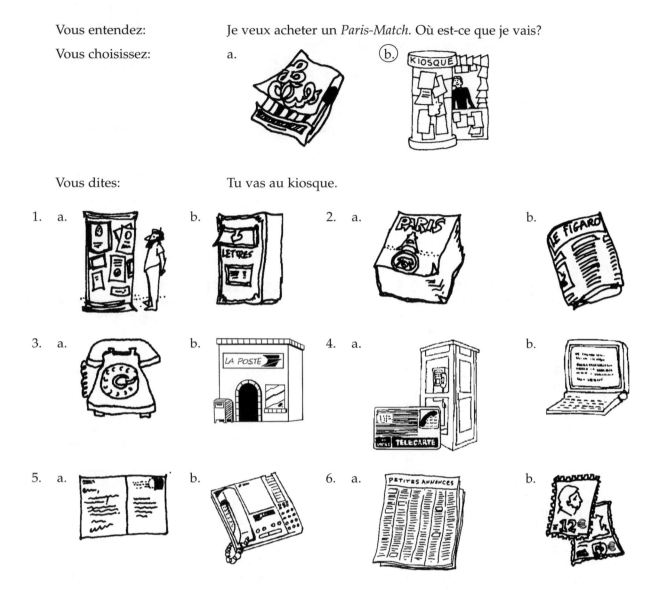

Vous entendez: Je veux acheter un *Paris-Match.* Où est-ce que je vais?

Vous choisissez: a.   b.

Vous dites: Tu vas au kiosque.

1. a.   b.   2. a.   b.

3. a.   b.   4. a.   b.

5. a.   b.   6. a.   b.

C. **Votre vie à vous.** Utilisez le vocabulaire des nouvelles technologies, des médias et de la communication pour répondre aux questions suivantes.

1. D'où avez-vous reçu une carte postale? Quand? De qui?

   _____

   _____

2. Avez-vous utilisé une caméra? Expliquez.

   _____

   _____

3. Quelle partie du journal aimez-vous le mieux? La une (*front page*)? Les bandes dessinées (*comics*)? L'opinion? Les petites annonces? Pourquoi?

_____

_____

4. Quand vous téléphonez d'une cabine téléphonique, déposez-vous de la monnaie dans le téléphone ou avez-vous une télécarte?

_____

_____

Quelques verbes de communication

A. **Ah! Les verbes!** Conjuguez les verbes suivants.

	DIRE	LIRE	ÉCRIRE	METTRE	DÉCRIRE
nous					
tu					
on					
vous					
mes copains					
je/j'					

B. **Correspondances.** Complétez chaque phrase avec la forme appropriée d'un des verbes indiqués, puis répondez à la question. Utilisez **écrire, décrire** ou **mettre**.

En France, c'est une tradition d'_____[1] à tous ses amis au début du mois de

janvier pour leur souhaiter (*to wish them*) une bonne année. On _____[2] ses ac-

tivités de l'année et on envoie ses meilleurs vœux (*best wishes*). Il y a des personnes qui

_____[3] tout en détail, et d'autres qui signent des cartes et

_____[4] ces cartes à la poste.

　　Aux États-Unis et au Canada, nous avons une tradition semblable (*similar*), mais nous

_____[5] à Noël. Au lieu d'envoyer (*Instead of sending*) une carte, certaines per-

sonnes _____[6] une lettre photocopiée dans une enveloppe et l'envoient (*send

it*) à tous leurs amis.

Votre vie à vous. Que pensez-vous des lettres photocopiées? Commentez. _____

_____

C. L'art de communiquer. Écoutez les questions suivantes, et donnez une réponse logique. Faites attention aux mots de vocabulaire sur le dessin.

Vous entendez: Le matin, qu'est-ce que le vendeur dit à son client?
Vous dites: Il dit bonjour.

1. ...   2. ...   3. ...   4. ...   5. ...

D. Votre vie à vous. Répondez en phrases complètes.

1. Qu'avez-vous lu depuis hier? Un message électronique? Un journal? Des petites annonces? Un roman? Un magazine? Pourquoi? Pendant combien de temps avez-vous lu? _____

   _____

   _____

2. Qu'avez-vous écrit depuis hier? Un message électronique? Une lettre? Une carte postale? Un fax? Un compte-rendu? À qui l'avez-vous écrit(e)? Pourquoi? _____

   _____

   _____

3. Avez-vous dit quelque chose d'impoli depuis la semaine dernière? À qui? Pourquoi? _____

   _____

   _____

4. Qu'est-ce que vous avez mis comme vêtements samedi dernier? _____

   _____

   _____

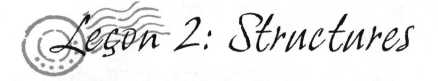

Leçon 2: Structures

L'imparfait
Describing the Past

A. Ah! Les verbes! Conjuguez les verbes suivants à l'imparfait.

	ÊTRE	ÉTUDIER	LIRE	METTRE
je/j'				
vous				
tu				
ils				

B. Qu'est-ce qu' on faisait? Le professeur est arrivé cinq minutes en retard. Que faisaient les étudiants quand il est entré dans la salle de classe?

      MODÈLE: (regarder la carte) → Paul et Paule ___*regardaient la carte*___.

1. (finir son travail) Françoise _____.

2. (dormir) François _____.

3. (écrire au tableau) Pierre et Annick _____.

4. (lire le journal) Michel et Déo _____.

5. (sortir) Patrice _____.

6. (penser partir) Nous _____.

7. (prendre sa place) Abena _____.

8. (mettre ses affaires [*things*] sous sa chaise) Morowa _____.

C. «Quand j'avais ton âge... » Complétez les phrases du grand-père.

      MODÈLE: Quand j'avais ton âge, je ___*réussissais*___ (réussir) à mes examens.

Quand j'avais ton âge,

1. mon père _____ (travailler) douze heures par jour.

2. ma mère _____ (commencer) à faire le ménage à sept heures

    du matin.

3. nous _____ (ne pas avoir) beaucoup d'argent…

4. mais nous _____ (être) heureux.

5. on _____ (aller) à l'école à pied.

D. **Créez une atmosphère.** Vous êtes romancier/romancière (*novelist*), et vous commencez un nouveau livre. Vous avez déjà composé le texte suivant. Mettez les verbes à l'imparfait pour décrire le début de l'histoire au passé.

Il _____[1] huit heures du matin. De ma

fenêtre, je _____[2] le kiosque de la rue de

la République. Les rues _____[3] pleines

de gens* qui _____[4] au travail. Un groupe

d'hommes _____[5] l'autobus.

> aller
> attendre
> être (2)
> voir

   Un autre groupe _____[6] dans la

station de métro. Près d'une cabine téléphonique, un homme

_____[7] le journal et une jeune femme

_____[8] des enveloppes à la boîte aux lettres.

> descendre
> lire
> mettre

   À la terrasse du café, les garçons _____[9]

du café et des croissants. Il _____[10]

chaud. Je (J') _____[11] content(e).

> être
> faire
> servir

Mais vous n'êtes toujours pas satisfait(e). Essayez encore une fois. Créez une atmosphère sombre et mystérieuse. Commencez par: « Il était onze heures du soir… ». Adaptez l'histoire à la nouvelle heure. Utilisez une autre feuille.

E. **L'enfance de ma grand-mère.** Écoutez Mme Chabot, et indiquez sur la liste qui suit (*that follows*) les activités qu'elle mentionne.

À comprendre: je leur racontais (*I used to tell them*), je m'occupais de (*I used to take care of*)

> Before you start, review the **À comprendre** vocabulary. Then turn to page 200 and listen to the passage.

---

*Les gens (*people*) refers to an indeterminate number of people (**Ces gens-là sont très polis**). If the number of people can be counted, **les personnes** is used (**Il y avait dix personnes dans la salle**). One person is always **une personne.**

Ma grand-mère…

_____ voyait des amis

_____ allait à l'école

_____ n'avait pas beaucoup d'argent

_____ aidait ses parents

_____ habitait à la campagne

_____ faisait le ménage

_____ s'occupait de ses frères et sœurs

_____ jouait dans la rue

_____ plantait des fleurs dans le jardin

_____ lisait le soir

_____ écoutait la radio

F. **Mon enfance.** Regardez un moment les dessins suivants. Vous êtes un musicien célèbre. Vous répondez aux questions d'un journaliste. Basez vos réponses sur les dessins.

Vous voyez:

Vous entendez: En été, vous alliez à la montagne ou à la plage?
Vous dites: En été, j'allais à la plage.

1.

2.

3.

4.

5.

🎧 **G. Quand vous aviez treize ans...** Écoutez la question et la réponse d'une étudiante. Ensuite, répondez vous-même.

Vous entendez: Aviez-vous beaucoup d'amis? —Non, je n'avais pas beaucoup d'amis, mais mes amis étaient très sympas. —Et vous?

Vous dites: Moi, oui, j'avais beaucoup d'amis.

1. ...   2. ...   3. ...   4. ...

H. Et encore. Donnez plus de détails sur votre vie quand vous aviez treize ans. Décrivez ce que vous faisiez à l'école, quelles étaient vos matières préférées à l'école, ce que vous faisiez après l'école, qui étaient vos amis, combien de devoirs vous aviez, si vous étiez membre d'un club, ce que vous faisiez le week-end, et cetera.

Quand j'avais treize ans, j'allais à l'école à _____ heures du matin...

_____

_____

_____

_____

_____

_____

Les pronoms d'objet direct
Speaking Succinctly

A. J'ai entendu... Pendant une soirée élégante, vous entendez ces bribes (*bits*) de conversation. De quoi parle-t-on? Choisissez deux possibilités pour chaque pronom.

Possibilités:

ce nouveau film	le ménage
cet exercice	mon livre de chimie
Guy	ses amis
la nouvelle étudiante	ses parents
la pièce de théâtre (*play*)	ton short
Laurent	ton pyjama

MODÈLE: On essaie de **le** comprendre, mais ce n'est pas facile.

_____*Laurent*_____ ou _____*mon livre de chimie*_____

1. Paul ne **les** écoute jamais.

_____ ou _____

2. Nous ne voulons pas **le** faire ce soir.

_____ ou _____

3. Je **l'**ai mis dans ta commode.

_____ ou _____

Leçon 2: Structures **201**

4. Tout le monde l'adore, mais moi, je ne l'aime pas beaucoup.

_____ ou _____

5. Mes amis l'ont trouvée assez intéressante.

_____ ou _____

B. Beaucoup d'anniversaires! Distribuez ces cadeaux à qui vous voulez. (Attention à la préposition!)

le monsieur

la dame

les enfants

l'étudiant

Wolfgang

MODÈLE: Ces shorts Adidas? →
Je les donne aux enfants.

1. Ces rouges (*m.*) à lèvres (*lipsticks*)? _____

2. Cet argent? _____

3. Ces bonbons (*m.*)? _____

4. Cette cravate? _____

5. Ces anciens livres de classe? _____

6. Ce parfum? _____

7. Ces notes de cours? _____

8. Cette vieille chaussure? _____

C. Conversations. Complétez chaque blanc avec un des pronoms entre parenthèses. Soyez logique.

Une question de goût

FLORETTE: Pourquoi veux-tu sortir avec André?

PÉNÉLOPE: Parce que je _____[1] (la, le) trouve sympathique. Mais aussi parce qu'il

_____[2] (m', t') écoute et qu'il _____[3] (me, te) comprend.

FLORETTE: Et toi, tu _____[4] (le, me) comprends? Moi, je _____[5] (le, vous) trouve souvent bizarre.

PÉNÉLOPE: C'est vrai. Il _____[6] (la, me) surprend (*surprises*) parfois, mais je _____[7] (la, le) trouve charmant quand même (*anyway*).

FLORETTE: Je _____[8] (me, te) souhaite bonne chance, Pénélope.

Maman est curieuse

MAMAN: Avez-vous des nouvelles de tante Mariette?

LES JUMEAUX (*twins*): Elle _____[9] (nous, t') a appelés la semaine passée de Londres.

MAMAN: Est-ce qu'elle _____[10] (l', vous) a invités à venir à Londres cet été?

LES JUMEAUX: Non, mais nous _____[11] (l', les) avons vue (*saw*) à Noël et nous espérons _____[12] (la, le) revoir au printemps.

D. Personnes et objets. Écoutez les phrases, et mettez un cercle autour de (*around*) la lettre correspondant à l'objet ou à la personne.

Vous entendez: Je les écoute tous les jours.

Vous écrivez: (a.) les informations   b. ma mère

1. a. ma voiture   b. mes devoirs

2. a. les cartes postales   b. la dissertation de sciences po (*essay for political science*)

3. a. la télé   b. le répondeur

4. a. les timbres   b. le journal

5. a. mon piano   b. mes petits chats

6. a. notre voisine   b. notre voisin

E. Ma patronne. Éric parle du travail qu'il est obligé de faire au bureau. Complétez les phrases d'Éric, selon le modèle.

Vous entendez: Elle me dit d'écrire ces lettres...
Vous dites: ...et je les écris.

1. ... 2. ... 3. ... 4. ...

F. Votre vie à vous. Répondez aux questions suivantes en phrases complètes. Utilisez un pronom d'objet direct dans votre réponse et n'oubliez pas l'accord du participe passé.

1. Avez-vous consulté l'annuaire téléphonique pendant le mois dernier? Pourquoi (pas)?

_____

_____

2. Avez-vous lu les petites annonces sur Internet aujourd'hui? Qu'est-ce que vous avez cherché?

_____

_____

3. Est-ce que vos parents ont lu vos lettres quand vous étiez adolescent(e)? Quelle était votre réaction?

_____

_____

Correspondance

Le courrier

Complétez le message avec les expressions suivantes: **boîte, courrier, Écoute, écris, étais, l', portable, roman, Web.**

DE: Nathalie@media.fr

À: Paul@universpar.fr

Salut mon grand!

Tu as essayé[a] de me téléphoner, mais sans succès. _____[1] je suis désolée, mais je n'ai qu'une ligne téléphonique. Je _____[2] utilisais probablement pour mon modem quand tu as téléphoné. Mais j'ai une bonne nouvelle: j'ai acheté un

_____.[3] Alors maintenant, si je ne suis pas là, laisse un message dans ma

_____[4] vocale. Et puis, il y a toujours le _____[5]

électronique.

   Quand ton message électronique est arrivé hier, j' _____[6] dans un groupe de discussion (sur Internet) sur le cinéma en France. Les remarques des participants me donnent toujours des idées pour mes articles. En ce moment, j' _____[7] un article sur la carrière[b] d'Emmanuelle Béart. J'ai passé toute la matinée à l'ordinateur à consulter des sites

_____[8] à ce sujet. J'ai trouvé assez d'informations pour écrire tout un

_____[9]! Tu crois que c'est une bonne idée? ☺

Je t'embrasse,

Nathalie

[a]Tu... *You tried*   [b]*career*

Info-culture

Relisez **En image** et **Reportage** dans votre livre, et puis complétez chaque phrase à l'aide d'un des termes de la colonne de droite.

1. Le _____ est un grand magasin dans le 12e arrondissement de Paris.

2. Ce magasin vend des _____ et d'autres produits technologiques.

3. Il y a plus de 10 _____ visiteurs par jour dans ce magasin.

4. Aujourd'hui, un Français sur _____ a un portable.

5. On peut choisir un plan qui ne coûte que 15 euros chaque mois si on est _____.

6. Pour appeler la police à Paris, on peut composer le _____.

    a. logiciels
    b. dix-sept
    c. étudiant
    d. Surcouf
    e. deux
    f. mille

Nathalie à l'appareil!

Le festival de Montreux. Nathalie est au téléphone avec sa mère et parle d'un article qu'elle va écrire sur un événement qui se passe en Suisse. Écoutez la conversation, puis indiquez si les phrases suivantes sont vraies (**V**) ou fausses (**F**).

1. V F Nathalie va écrire un article sur un festival de rock en Suisse.

2. V F Ce festival a lieu tous les ans.

3. V F C'est en Allemagne que Nathalie a rencontré l'éditeur en chef de la revue.

4. V F L'année dernière, Nathalie voulait aller à Montreux, mais ça n'a pas été possible.

5. V F Son article va être publié sur Internet en juillet.

6. V F En Suisse, on parle trois langues.

7. V F La mère de Nathalie ne parle pas allemand.

8. V F Les parents de Nathalie ont acheté un ordinateur l'année dernière.

Flash-culture

Cinéma français: l'exception culturelle

Depuis des années, le cinéma français doit faire face à[1] un concurrent tout-puissant[2]: le cinéma américain. Comment lutter[3] contre ce géant de la production audiovisuelle?

En 1993, les accords de libre-échange[4] du GATT (aujourd'hui appelé l'OMC[5]) mettent en danger le cinéma européen. Mais pour la France l'audiovisuel ne doit pas devenir le monopole de l'Amérique.

En effet, pour la France, les films ne sont pas une marchandise ordinaire. Le cinéma est un art, non un produit de consommation.[6] Donc, l'Europe obtient que le cinéma soit exclu des accords.[7] C'est ce que l'on appelle «l'exception culturelle».

Mesure protectionniste au regard des Américains, l'exception culturelle a une signification économique et idéologique. Elle constitue peut-être la dernière chance d'un cinéma à la fois[8] indépendant et européen.

[1]faire... *face up to* [2]concurrent... *all-powerful competitor* [3] *to fight, struggle* [4]les... *the free trade agreements* [5]Organisation mondiale du commerce ou WTO (*World Trade Organization*) [6]de... *consumer* [7]obtient... *is managing to have films be excluded from the (free trade) agreements* [8]à... *at the same time*

A. Révisons! Relisez **Flash-culture,** puis indiquez si les phrases suivantes sont vraies (**V**) ou fausses (**F**).

1. V F Le cinéma européen est le concurrent le plus puissant du cinéma français.

2. V F D'après ce texte, les accords de l'OMC (du GATT) protègent (*protect*) le cinéma européen.

3. V F Le cinéma est exclu des accords de l'OMC (du GATT).

4. V F Pour la France, le cinéma n'est pas un produit de consommation: c'est un art.

5. V F Selon ce texte, les cinéastes français préfèrent imiter les films américains.

B. Enquête culturelle. Utilisez des ressources imprimées ou des liens sur **www.mhhe.com/visavis3** pour trouver les réponses aux questions suivantes.

1. Nommez plusieurs films qui ont gagné une Palme d'or au Festival de Cannes récent. Ces films étaient-ils français? Sinon, d'où venaient-ils?

2. Quels films pouvez-vous regarder cette semaine en France à la chaîne francophone TV5?
Lesquels de ces films ont été tournés en France ou dans un pays francophone?

_____

_____

_____

_____

_____

3. Les accords de l'OMC excluent spécifiquement le cinéma européen. De quelles autres sortes de
produits et marchandises est-ce que cette organisation internationale s'occupe (*deals with*)?

_____

_____

_____

_____

_____

Leçon 3: Structures

L'accord du participe passé
Talking About the Past

A. **Georges a fait quoi?** Votre ami Georges pense que tout lui appartient (*belongs to him*). Imaginez une
réponse et utilisez un pronom d'objet direct. Attention aux participes passés.

Suggestions: boire, écouter, lire, louer, porter, regarder, vendre

MODÈLE: Qu'est-ce que Georges a fait de *notre voiture*? → Il l'a vendue.

1. Qu'est-ce qu'il a fait des *vins français* de son père? _____

_____

2. Qu'est-ce qu'il a fait des *lettres de Madeleine*? _____

_____

3. Qu'est-ce qu'il a fait de *la chambre de son ami*? _____

_____

4. Qu'est-ce qu'il a fait des *chaussures de son camarade de chambre*? _____

   _____

5. Qu'est-ce qu'il a fait des *disques de sa voisine*? _____

   _____

6. Qu'est-ce qu'il a fait de *nos photos*? _____

   _____

B. **Coup de téléphone.** Écoutez la conversation d'Odile en regardant le texte suivant. Ensuite, écoutez-la encore une fois en écrivant les mots qui manquent.

Allô, Brigitte? Oui, c'est moi... Oui, oui, ça va... mais cet après-midi _____[1] mes

clés pendant une heure... Oui, je _____ finalement _____[2]

—c'est incroyable—derrière le sofa et à côté d'une pile de magazines. C'est que ce matin, mes clés

_____[3] près du téléphone. Je _____[4] sur ma table

de nuit hier soir, j'en suis certaine. Mais, vers onze heures, Gérard _____[5]

pour nous inviter à déjeuner. Comme Monique _____,[6] je

_____.[7]

   Elles _____[8] tomber quand les deux chiens des voisins _____[9]

dans l'appartement. Tu ne comprends toujours pas?... eh bien... tu as encore un moment? Je peux

t'expliquer le reste...

Les réponses se trouvent en appendice.

C. **Richard est trop curieux.** Écoutez les questions et répondez, en reprenant chaque fois sa deuxième question.

   À comprendre: frigo (réfrigérateur)

   Vous entendez: C'est la motocyclette de Jean-Pierre? Il ne l'a pas prise?
   Vous dites: Non, il ne l'a pas prise.

   1. Oui,...   2. Oui,...   3. Oui,...   4. Oui,...   5. Non,...

D. **Votre vie à vous.** Parlez de votre famille pendant votre enfance en répondant aux questions suivantes. Utilisez un pronom d'objet direct dans votre réponse et n'oubliez pas l'accord du participe passé.

   1. Qu'est-ce que vous avez appelé votre grand-mère quand vous étiez enfant?

   _____

   2. Avez-vous adoré votre grand-père?

   _____

   3. Est-ce que vos parents vous ont compris quand vous étiez petit(e)?

   _____

   4. Avez-vous déjà oublié vos parents qui sont morts?

   _____

Les verbes *voir* et *croire*
Expressing Observations and Beliefs

A. Ah! Les verbes! Écrivez la forme correcte de chaque verbe.

	VOIR *(Présent)*	CROIRE *(Présent)*	VOIR *(Passé composé)*	CROIRE *(Passé composé)*
tu				
mes amis				
tout le monde				
Paul et moi				
ton frère et toi				
je/j'				

B. Question d'identité. Conjuguez **croire** et **voir** au présent dans les phrases suivantes.

—Je _____¹ que j'ai oublié mon passeport dans la chambre. Est-ce que tu

_____² mon sac?

—Non. As-tu ta carte d'identité?

—Je ne _____³ pas. (*Elle cherche.*) Non, je ne la _____⁴ pas dans

mon sac. Tu _____⁵ qu'on doit retourner à l'hôtel?

—Non. Quand on te _____⁶ et qu'on entend ton accent, on comprend tout de suite

que tu es américaine.

C. Une rencontre fantastique. Écoutez l'histoire en regardant le dessin.

À comprendre: corps (*body*), étoiles (*stars*), jumelles (*binoculars*),
s'approcher (*coming close*), yeux (*eyes*)

Un soir, dans son chalet de montagne, Jean-Paul a
une expérience terrifiante.

Maintenant, écoutez les questions. Mettez un cercle
autour de la lettre qui accompagne la réponse correcte,
dans l'histoire de Jean-Paul.

1. a. Les étoiles et les planètes.

   b. Des jumelles.

   c. Des extraterrestres.

2. a. Un avion.

   b. Des fenêtres.

   c. Deux créatures.

3. a. Oui, il en croit ses yeux.

   b. Non, il n'en croit pas ses yeux.

   c. Ce sont des voisins qui descendent.

4. a. Les extraterrestres.

   b. Les voisins.

   c. Les étoiles.

5. a. Oui, toujours.

   b. Non, généralement pas.

   c. Ses parents ont raconté certaines histoires.

6. a. Non, probablement pas.

   b. Oui, on va croire à son histoire.

   c. Oui, cela (*that*) arrive souvent.

D. Mots croisés. Complétez les mots croisés avec les termes suivants.

Vocabulaire: BIEN, C'EST-À-DIRE QUE, CROYONS, AU, CROIENT EN, EUH, REVOIR, VOYONS

HORIZONTALEMENT

4. Beaucoup de religions _____ Dieu (*God*).

5. Eh _____, qu'est-ce que tu veux faire maintenant?

6. Tu es très jolie; _____ je pense que tu ressembles à Marilyn Monroe.

VERTICALEMENT

1. _____, mon ami. C'est impossible!

2. Nous _____ Père Noël, n'est-ce pas?

3. Au _____.

7. _____, je ne sais pas.

Leçon 4: Perspectives

Faire le bilan

A. Un récit. La mère de Monique lui raconte la période de l'après-guerre (*postwar period*) à Clermont-Ferrand (Auvergne). Choisissez un des verbes de la liste à droite pour compléter chaque phrase à l'imparfait.

J'_____¹ encore très jeune; j'_____²   attendre
avoir
seulement sept ans, mais mes souvenirs de cette époque-là sont encore   écrire
être (2)
très vifs (*vivid*). Mon père n'_____³ pas à la maison;   habiter

il _____⁴ dans l'armée. Il nous _____⁵

beaucoup. J'_____⁶ ses lettres avec impatience.

Heureusement, après la Libération, il rentrerait

(*would come back*) chez nous.

    La vie _____⁷ difficile. Il n'y _____⁸   acheter
avoir
pas toujours assez à manger. Nous _____⁹ certaines   commencer
être
choses au marché noir à des prix exorbitants. Heureusement les   manger

fermiers (*farmers*) _____¹⁰ peu à peu à vendre leurs

produits au marché de la ville. Aux repas, nous _____¹¹

de nouveau (*once again*) du beurre, de la viande et du poisson.

    Les habitants des villes _____¹² de nouveau dans   avoir
fabriquer (*to make*)
les usines (*factories*) qui _____¹³ des choses ordinaires—   faire
gagner
choses qui n'_____¹⁴ pas de rapport avec (*had no*   jouer
pouvoir
relation to) la guerre: vêtements, meubles, pneus (*tires*) de voitures   travailler

privées. Ils _____¹⁵ des salaires corrects. Le week-end,

nous _____¹⁶ sortir à la campagne en toute liberté.

Nous _____¹⁷ des pique-niques et nous

_____¹⁸ avec nos amis.

B. **Dialogues.** Refaites les dialogues en remplaçant (*replacing*) les mots en italique par un pronom complément d'objet direct.

1. —Où est le journal? Tu as lu *le journal* ce matin?
   —Non, je n'ai pas lu *le journal* aujourd'hui. J'ai regardé les nouvelles à la télé. Et toi?
   —Non, je ne regarde jamais *les nouvelles.*

   _____

   _____

   _____

   _____

2. —Quand tu étais à Montréal, écoutais-tu la radio?
   —Oui, j'écoutais souvent *la radio.*
   —Tu comprenais l'accent québécois?
   —Oui, je comprenais *l'accent québécois* assez bien.

   _____

   _____

   _____

   _____

3. —Où as-tu rencontré Jacques et Marie?
   —J'ai rencontré *Jacques et Marie* en France.
   —Tu as déjà visité *la France*?
   —Oui, j'ai visité *la France* il y a deux ans.

   _____

   _____

   _____

   _____

C. **Votre vie à vous.** Utilisez le passé composé des verbes donnés pour décrire certaines de vos activités d'hier.

1. dire _____

2. lire _____

3. écrire _____

4. mettre _____

5. voir _____

Maintenant, utilisez le présent du verbe **croire** (à l'affirmatif) pour donner votre opinion sur le gouvernement de votre pays.

6. _____

   _____

   _____

Prononciation

Les voyelles orales. Répétez les phrases suivantes. Faites attention aux voyelles soulignées (*underlined*).

1. C'est un ami de Madame.
2. J'aime cette fenêtre.
3. Écoutez, répétez.
4. Yves dîne ici.
5. C'est un objet normal.
6. Voilà beaucoup d'hôtels.
7. C'est une ouverture au tourisme.
8. Cette musique est utile.
9. Ce chanteur ne mange pas de bœuf.
10. Eugénie étudie le neutron.

Répétez les phrases suivantes. Faites attention aux voyelles soulignées.

1. On arrive à Madagascar le vingt-deux novembre? À quelle heure?
2. Vous avez quelque chose de formidable: un safari-photo de quatre jours.
3. Dites-moi encore. Où retrouvons-nous le bateau?

Souvenirs. Écoutez Dominique qui raconte des souvenirs de son enfance. Ensuite, écoutez une deuxième fois, et complétez le passage par écrit. Portez une attention particulière (*Pay special attention*) aux voyelles orales.

Les souvenirs les plus agréables _____[1] correspondent sans aucun

doute (*without a doubt*) à _____[2] en Bretagne

_____.[3] Alors que _____[4]

toute l'année, _____[5] à la mer au bord

d' _____[6] de quatre kilomètres. _____[7]

vraiment le rêve! _____[8] mes journées sur la plage à

_____,[9] à pêcher (*fishing*), à me baigner (*swimming*), à faire

des châteaux de sable (*sand*), et cetera. Ces vacances _____[10] tellement

_____[11] du reste de l'année que _____[12] je ne

vais _____.[13]

Les réponses se trouvent en appendice.

À l'écoute!

La technologie. Marie-Édith a passé un an dans une université américaine. Elle raconte comment elle est restée en contact avec ses amis de France pendant cette année. Écoutez-la, puis complétez les phrases suivantes à l'aide des termes appropriés.

À comprendre: en direct (*real-time, live*), faire partie de (*to be part of*), je leur ai parlé (*I talked to them*), manquer à (*to be missed* [*by someone*]), permettre (*to permit*)

Turn to page 214, and listen
to the passage.

1. Quand Marie-Édith était aux États-Unis, le téléphone _____.
   a. coûtait trop cher
   b. était pratique pour rester en contact avec la France

2. Un jour, à la télé, elle a vu une publicité pour _____.
   a. les portables
   b. Internet

3. Ses copains de France avaient accès à des ordinateurs _____.
   a. à la fac
   b. chez eux

4. Maintenant, Marie-Édith utilise l'ordinateur pour _____.
   a. faire du traitement de texte
   b. parler avec ses copains américains

Par écrit

Function:	Writing letters
Audience:	Someone you do not know
Goal:	Write a letter to apply for a job.

The situation is the following: The owner of a French restaurant, Madame Depuy, has advertised in your campus newspaper. She would like to hire an American student waiter (waitress) because many of her clients are English-speaking tourists. She is looking for someone with at least a few months of experience who would benefit from working in France. Apply for the job. Say why you are interested, why you are qualified, and when you are available (**du 6 juin au 15 septembre,** for example). Mention your long-term goals (**le but à long terme**). Ask for more information. A useful opening line: **En réponse à l'annonce publiée dans le (***nom du journal***), je désire poser ma candidature pour l'emploi de serveur (serveuse).**

Steps

1. Use the following letter and suggestions as guidelines. In French, a business letter begins with **Monsieur, Madame,** or **Mademoiselle.** If you do not know the gender of the recipient (**le destinataire**), use **Monsieur, Madame** together. Note the conventional closing sentence for the final paragraph of the letter; this sentence is loosely the equivalent of *Please accept my best wishes.*
2. Write a rough draft. It should contain all the information requested under **Goal.**
3. Divide the letter into several paragraphs. Close with a strong statement about why you are qualified for this position.
4. Reread your draft, checking for organization and details. Make sure that you included your address and the date. The following example is on a different topic, but it shows you the proper format to use and a conventional closing.

New York, le 8 mai 2004
votre nom
votre adresse

nom du destinataire
adresse du destinataire

Monsieur, Madame,

J'ai l'intention de passer six mois en France pour perfectionner mon français. Pourriez-vous m'envoyer des renseignements sur vos cours de langues pour étudiants étrangers?

Je suis étudiant(e) en sciences économiques à Columbia University; j'étudie le français depuis huit mois.

Je voudrais donc recevoir tous les renseignements nécessaires sur votre programme: description des cours, conditions d'admission, frais° d'inscription, possibilités de logement, et cetera.

Veuillez agréer, Monsieur, Madame, l'expression de mes sentiments les meilleurs.

votre signature

° *fees*

5. Have a classmate read your letter to see if what you have written is clear and interesting. Make any necessary changes.
6. Reread the composition for spelling, punctuation, and grammar errors. Focus especially on your use of direct object pronouns and the imperfect tense.

Journal intime

Première partie: Décrivez comment vous passiez l'été quand vous étiez à l'école primaire. Donnez autant de (*as many*) détails que possible.

- Alliez-vous quelquefois en colonie de vacances (*summer camp*), ou restiez-vous à la maison?
- Que faisiez-vous le matin, l'après-midi, le soir?

Note: On utilise l'imparfait pour parler des actions habituelles au passé, et le passé composé pour indiquer qu'une action a eu lieu une seule (*single*) fois.

MODÈLE: Quand j'étais à l'école primaire, pendant l'été j'allais souvent chez ma tante, à la mer. Le matin on faisait des promenades et on bronzait sur la plage...

Deuxième partie: Maintenant décrivez (au passé composé) un voyage que vous avez fait l'été passé.

Vivre en ville

Leçon 1: Paroles

Une petite ville

A. En ville. Regardez bien le plan de la ville. Puis complétez le paragraphe en utilisant les expressions de la liste suivante.

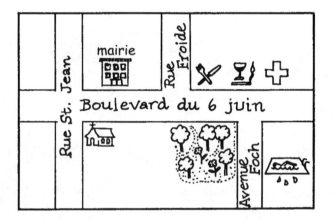

L'église Saint-Jean est _____ ¹ de la rue. Si on descend le boulevard du 6 juin en

direction de la piscine, la mairie se trouve _____.² On _____ ³ la rue

Froide, et on passe devant un restaurant et des magasins. _____ ⁴ restaurant, il y a un

parc. On prend la première rue _____ ⁵ pour aller _____ ⁶ la piscine.

B. Les endroits importants. Où doit-on aller?

1. En France, si on n'a que des dollars, on cherche tout de suite un bureau de change ou

   une _____.

2. Quand on n'habite pas près de la mer ou d'un lac et qu'on a envie de nager, on doit aller

   à la _____.

3. Pour obtenir un passeport et pour régler (*take care of*) toutes sortes d'affaires en France, on est

   obligé d'aller à la _____.

4. Quand on a besoin de médicaments, on cherche une croix (*cross*) verte. On achète de l'aspirine

    dans une _____.

5. Les touristes qui ont des difficultés à trouver une chambre pour la nuit vont au

    _____.

6. En cas d'urgence ou simplement pour demander des informations, on cherche un agent de

    police au _____.

7. Si on est blessé (*injured*) dans un accident de voiture, on va à l' _____.

8. Quand le bureau de poste est trop loin, on peut acheter des timbres au _____.

9. Si tu veux acheter un livre, tu vas à la _____.

C. Dans une petite ville. Écoutez les descriptions, et donnez le nom de l'endroit.

  Vous entendez: C'est l'endroit où on va pour prendre le train.
  Vous dites: C'est la gare.

  1. … 2. … 3. … 4. … 5. … 6. …

D. Le bon chemin. Vous vous promenez dans cette petite ville. Écoutez les instructions. Tracez la route sur la carte, et indiquez où vous arrivez.

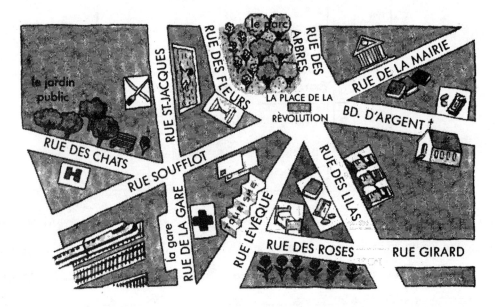

  Vous entendez: Vous êtes au bureau de poste, rue Soufflot. Tournez à gauche, puis tournez à droite dans la rue St-Jacques. Continuez tout droit. Regardez le bâtiment à votre droite. Où êtes-vous?

  Vous cochez: __✓__ à la piscine _____ au commissariat

1. _____ à la gare   _____ au parc

2. _____ au jardin public _____ à l'hôtel

3. _____ à la banque   _____ à l'hôtel

4. _____ à l'église   _____ à la mairie

Les arrondissements de Paris

A. Invitations. Vous distribuez des invitations pour une fête dans le quartier aux personnes de votre immeuble. Il n'y a que le nom de famille sur les enveloppes. Regardez le dessin et décidez où vous allez laisser chaque invitation.

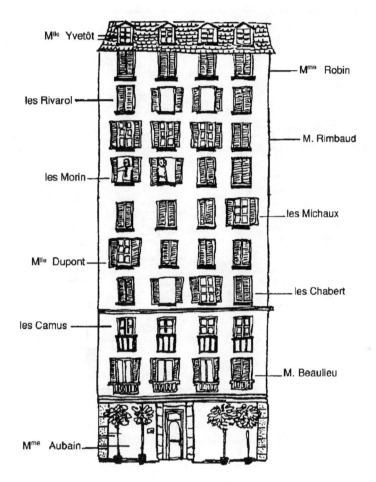

MODÈLE: Les Morin _habitent au sixième étage._

1. M. Beaulieu _____

2. Mlle Dupont _____

3. Les Camus _____

4. Mme Aubain _____

5. Mme Robin _____

6. Mlle Yvetôt _____

B. **Au centre de Paris.** Regardez le plan et la légende. Maintenant, écoutez les questions et répondez, selon le modèle. Cet endroit est-il **dans l'île de la Cité, sur la rive gauche** ou **sur la rive droite?** Qu'est-ce que c'est?

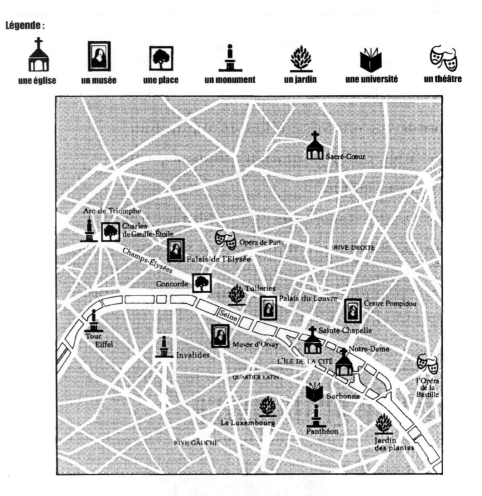

Légende:

une église   un musée   une place   un monument   un jardin   une université   un théâtre

Vous entendez:	Où se trouve la Sainte-Chapelle? Qu'est-ce que c'est?
Vous dites:	Dans l'île de la Cité. C'est une église.

1. …   2. …   3. …   4. …   5. …   6. …   7. …

C. **Et vous?** Quelle est l'attitude des étudiants envers (*toward*) les villes? Écoutez la question et les réponses de deux camarades, puis répondez vous-même. Vous n'entendrez pas de réponses suggérées.

Vous entendez:	Préférez-vous habiter en ville, en banlieue ou à la campagne? Pourquoi? —Moi, je préfère la ville. J'adore sortir le soir! —Moi, j'aime la banlieue. C'est plus tranquille. —Et vous?
Vous dites:	Moi aussi, j'aime la ville, parce que j'adore les boîtes.

1. …   2. …   3. …   4. …

Leçon 2: Structures

Le passé composé et l'imparfait
Describing Past Events

A. Votre vie à vous. Racontez en cinq phrases, quelques-unes (*several*) de vos activités d'hier. Utilisez le passé composé et les mots **après, d'abord, enfin, ensuite** et **puis.**

Activités possibles: acheter, aller, appeler, dire, écouter, écrire, jouer, lire, mettre, payer, poster, prendre, rendre, rentrer, traverser, voir

1. _____
2. _____
3. _____
4. _____
5. _____

B. Boucle d'or et les trois ours. (*Goldilocks and the Three Bears*.) Complétez l'histoire en mettant les verbes au passé composé ou à l'imparfait.

Il était une fois (*Once upon a time, there were*) trois ours qui _____[1] (habiter) une

petite maison dans la forêt. Un jour, la maman ours _____[2] (préparer) de la soupe,

mais parce qu'elle _____[3] (être) trop chaude, les ours _____[4]

(décider) d'aller faire une promenade.

Pendant leur absence, une jeune fille, qui s'_____[5] (s'appeler) Boucle d'or et qui

_____[6] (faire) aussi une promenade, _____[7] (voir) la maison et

_____[8] (entrer).

Elle _____[9] (être) fatiguée et elle _____[10] (essayer) les chaises

des trois ours. Comme elle _____[11] (avoir) très faim, elle _____[12]

(goûter) la soupe du papa ours, mais elle était trop chaude. La soupe de la maman ours

_____[13] (être) trop froide, mais la soupe du bébé ourson (*bear cub*) était parfaite, et

Boucle d'or _____[14] (dévorer) tout ce qu'il y avait dans le bol.

Parce qu'elle _____ [15] (avoir) sommeil, Boucle d'or _____ [16] (monter) au premier étage. Elle _____ [17] (essayer) le lit du papa ours, qui était trop dur (*hard*). Le lit de la maman ours _____ [18] (être) trop mou (*soft*). Mais le lit du bébé ourson était parfait, et elle _____ [19] (fermer [*to shut*]) les yeux tout de suite.

Pendant qu'elle _____ [20] (dormir), les ours _____ [21] (rentrer). Le papa ours _____ [22] (voir) que quelqu'un s'était assis (*had sat*) sur sa chaise. Le bébé ourson _____ [23] (dire) que quelqu'un avait mangé toute sa soupe. Les ours _____ [24] (monter) au premier étage où Boucle d'or _____ [25] (dormir). Ils _____ [26] (voir) Boucle d'or et _____ [27] (crier). Boucle d'or s'est échappée (*escaped*) très vite dans la forêt.

C. Le premier jour de mes vacances. Écoutez l'histoire suivante. Pensez à la mettre au passé.

Vendredi, je <u>quitte</u> le travail à midi, parce que j'<u>ai</u> des courses à faire. Je <u>descends</u> dans les rues de la ville. Il <u>fait</u> beau et chaud. Les magasins <u>sont</u> pleins de jolies choses. Les autres clients <u>ont</u> aussi l'air heureux.

J'<u>achète</u> des cartes routières (*road maps*) et un chapeau très drôle. J'<u>oublie</u> de faire mes autres courses. Avant de rentrer faire mes valises, je <u>prends</u> une limonade dans un café très sympa.

Maintenant, écoutez les phrases de l'histoire et mettez les verbes au passé composé *ou* à l'imparfait, selon le cas.

Vous entendez: Vendredi, je quitte le travail à midi…
Vous dites: Vendredi, j'ai quitté le travail à midi…

1. …   2. …   3. …   4. …   5. …   6. …   7. …   8. …

D. Une traversée mouvementée. (*An eventful crossing.*) Hier, M. Laroche avait rendez-vous en ville avec un ami. Écoutez son histoire, et mettez les dessins dans l'ordre correct (de 1 à 5).

À comprendre: circulation (*traffic*)

a. _____

renverser
(knock down)

b. _____

rentrer dans
(collide with)

c. _____

rencontrer
(meet up with)

d. _____ arriver

e. _____ mettre les pieds (step into)

Répondez aux questions suivantes, selon l'histoire.

Vous entendez:	M. Laroche a dû traverser le boulevard. Qu'est-ce qu'il a fait d'abord?
Vous dites:	Il a mis les pieds dans la rue.

1. …   2. …   3. …   4. …   5. …   6. …

E. **La liberté.** Utilisez les éléments donnés pour raconter une petite histoire. Mettez les verbes au passé composé, à l'imparfait ou à l'infinitif.

MODÈLE: hier soir / je / regarder / bon film / quand / je / entendre / téléphone →
Hier soir, je regardais un bon film quand j'ai entendu le téléphone.

1. ce / être / mon amie / Céline

   _____

   _____

2. elle / me / demander de / la / aider / avec nos devoirs

   _____

   _____

3. je / lui (to her) / répondre que / nous / ne pas avoir / devoirs

   _____

   _____

4. toute contente / elle / me / inviter à / aller avec elle / cinéma

   _____

   _____

Les pronoms d'objet indirect
Speaking Succinctly

A. Test de logique. De quoi est-ce qu'on parle?

1. _____ le russe
2. _____ la voiture
3. _____ son devoir
4. _____ à sa tante en France
5. _____ sa lettre
6. _____ à son père
7. _____ le journal intime de sa sœur
8. _____ à son petit frère
9. _____ à son ennemi
10. _____ à son meilleur ami

a. Marc ne le parle pas.
b. Marc lui prête de l'argent.
c. Marc lui emprunte de l'argent.
d. Marc l'emprunte à son père.
e. Marc ne le prête pas.
f. Marc lui envoie une lettre.
g. Marc l'envoie par courrier.
h. Marc lui lit des histoires le soir.
i. Marc ne lui parle pas.
j. Marc le lit tous les soirs!

B. Cadeaux! Jouez le rôle d'un philanthrope anonyme et distribuez vos cadeaux. Utilisez un pronom d'objet indirect.

Suggestions: des disques français, des skis, la clé de ma voiture, mon numéro de téléphone, une télévision, un livre de cuisine diététique, un roman d'aventures, un voyage en Sibérie, une douzaine d'huîtres, une nouvelle robe, une semaine de vacances, 50 millions de dollars

MODÈLE: À votre professeur de français? → Je lui donne 50 millions de dollars.

1. Aux enfants d'un champion de ski? _____

   _____

2. À votre copain/copine? _____

   _____

3. À votre grand-mère? _____

   _____

4. Au recteur (*president*) de l'université? _____

   _____

5. À une très bonne amie? _____

   _____

6. À vos camarades de classe? _____

_____

7. À un ami sportif? _____

_____

8. Aux gens qui préparent les repas au restaurant universitaire? _____

_____

C. **Interview.** Vous allez interviewer les gens suivants. Qu'est-ce que vous allez leur **demander / dire / confesser / expliquer?** Utilisez un pronom complément d'objet indirect.

MODÈLE: à Keanu Reeves →
Je vais lui demander s'il veut danser.
ou Je vais lui demander son âge.

1. à Calista Flockhart et à Kate Moss _____

2. au président des États-Unis _____

3. à votre prof de français _____

4. à votre équipe sportive favorite _____

5. à un lauréat du prix Nobel de physique _____

D. **Que faire pour papa à Noël?** Papa est assez critique, alors sa famille évite certaines choses. Mettez les phrases suivantes au négatif pour dire ce qu'on ne lui donne pas.

1. L'année dernière, Marguerite lui a donné du vin blanc.

_____

2. Michel lui a acheté un CD de musique folk.

_____

3. Cette année, je vais lui donner une chemise en polyester.

_____

4. Maman va lui faire un rôti de porc pour le dîner.

_____

E. **À qui est-ce qu'il donne… ?** Marc quitte son travail. Avant de partir, il donne ou prête certains articles à ses collègues. Écoutez la description, et rattachez avec un trait (*draw a line from*) l'objet à la personne.

Vous entendez: Marc donne son téléphone à Richard.
Vous dessinez: un trait entre Marc et Richard

1. …   2. …   3. …   4. …   5. …

Maintenant, répondez aux questions posées, selon le dessin que vous avez marqué. Suivez le modèle.

Vous entendez: Qu'est-ce que Marc a donné à Richard?
Vous dites: Il lui a donné son téléphone.

1. …   2. …   3. …   4. …   5. …

F. **Ordinateur à vendre.** Écoutez l'histoire de Sonya et son ordinateur. Répondez selon le modèle.

Vous entendez: Sonya a mis une petite annonce dans le journal. —Où est-ce qu'elle a mis la petite annonce?
Vous dites: Elle l'a mise dans le journal.

1. …   2. …   3. …   4. …   5. …

G. **Votre vie à vous.** Répondez aux questions avec un pronom d'objet direct ou indirect, selon le cas.

1. Aimez-vous *vos cours* ce semestre?

_____

2. Téléphonez-vous souvent *à vos parents*?

_____

3. Avez-vous déjà écrit une lettre ou un mél *à votre sénateur*?

_____

4. Voulez-vous voir *votre professeur* hors de (*outside of*) la classe?

_____

5. Qu'avez-vous prêté *à votre ami(e)* récemment?

_____

Correspondance

Le courrier

Complétez le message avec les expressions suivantes: **anciens, bâtiments, commandé, jusqu', m', morceau, place, plan, sortions, syndicat.**

DE: Paul@universpar.fr

A: Nathalie@media.fr

Ma chère Nathalie,

Je me souviens que nous _____[1] encore ensemble la dernière fois que nous

sommes allés à Bruxelles. Toi, tu connaissais déjà un peu la ville. Pour moi, c'était la première fois,

alors je suis allé chercher un _____[2] du centre-ville au

_____[3] d'initiative parce que je ne voulais pas me perdre. Tu m'as dit que la

Grand-Place était magnifique. C'est vrai qu'elle était belle, surtout avec ce grand marché aux fleurs

et ces _____[4] baroques tout autour de la _____ .[5]

Après, nous avons continué _____[6] au quartier du Sablon et nous avons

admiré de beaux meubles _____[7] dans de petits magasins d'antiquités. À midi,

je me souviens que tu _____[8] as dit qu'en Belgique, il fallait faire comme les

Belges, alors on s'est assis à la terrasse d'un petit restaurant et on a _____[9]

des moules, des frites et de la bière. Après le repas, le café est arrivé avec un petit

_____[10] de chocolat sur l'assiette. Du bon chocolat belge! Alors, j'attends

vraiment ce week-end avec impatience… et pas seulement pour le chocolat!

Gros bisous,

Paul

Info-culture

Relisez **En image** et **Reportage** dans votre livre, et puis choisissez les réponses correctes pour compléter les phrases.

1. La Grand-Place de Bruxelles se trouve _____.
   a. au centre-ville
   b. dans la banlieue au nord
   c. dans le 15e arrondissement

2. La Grand-Place est un site touristique et _____.
   a. un centre sportif
   b. un lieu de rendez-vous
   c. un centre d'achat

3. Sur la Grand-Place on trouve des cafés et d'autres bâtiments historiques, tels que (*such as*) _____.
   a. le cinéma de la cité
   b. l'hôtel de ville
   c. le musée d'histoire de Bruxelles

4. À Bruxelles, les spécialités culinaires sont _____.
   a. le chocolat, les pâtés et le saumon
   b. les moules, les frites et la bière
   c. le pain, le fromage et les œufs

5. Bruxelles joue un rôle important _____.
   a. en Europe
   b. dans la gastronomie
   c. au 15e siècle

6. Il y a _____ employés du gouvernement européen qui habitent à Bruxelles.
   a. 626
   b. 30 mille
   c. 370 mille

Nathalie à l'appareil!

Bruges la romantique. Nathalie téléphone au syndicat d'initiative de Bruges, en Belgique, pour obtenir des informations. Écoutez la conversation, puis indiquez si les phrases suivantes sont vraies (**V**) ou fausses (**F**).

À comprendre: canaux (*canals*)

1. V F C'est la deuxième fois que Nathalie téléphone au syndicat d'initiative de Bruges.

2. V F Les Belges ne disent pas «soixante-dix», ils disent «nonante».

3. V F Bruges n'a jamais été un port très important.

4. V F On peut visiter la ville de Bruges en bateau.

5. V F La dentelle est une spécialité de Bruges.

6. V F Nathalie a envie d'aller à Bruges.

Flash-culture

Paris rendez-vous

Paris, dit-on, est la ville la plus romantique du monde, la ville des rendez-vous. Bistros populaires, cafés chic, cafés pour touristes, cafés secrets: il y a 12 000 cafés à Paris!

Les plus illustres[1]? La Closerie des Lilas à Montparnasse: sur les tables sont inscrits les noms de ses clients célèbres comme Ernest Hemingway et F. Scott Fitzgerald. Le Café de Flore et les Deux Magots, à Saint-Germain-des-Prés: après la Deuxième Guerre mondiale, les existentialistes en ont fait[2] leur quartier général. Jean-Paul Sartre, Albert Camus, Simone de Beauvoir y passaient des heures[3] à écrire au milieu du bruit et de la fumée.[4]

Quand vous serez[5] à Paris, asseyez-vous[6] à une terrasse de café. Lisez votre journal devant un petit crème,[7] et regardez passer les gens. C'est un plaisir vraiment parisien!

[1]*famous* [2]*en… made it* [3]*y… spent hours there* [4]*au… amidst noise and smoke* [5]*Quand… When you are* [6]*sit down* [7]*coffee with cream*

A. Révisons! Relisez le **Flash-culture,** puis choisissez la bonne réponse.

1. La Closerie des Lilas et les Deux Magots sont deux _____ très connus.

   a. bistros   b. cafés   c. écrivains (*writers*)

2. _____ fréquentent les cafés de Paris.

   a. Seuls les touristes   b. Seuls les existentialistes   c. Diverses personnes

3. Certains écrivains sont connus pour avoir préféré _____ au milieu du bruit et de la fumée.

   a. travailler   b. boire   c. discuter

4.   Un «petit crème», c'est un genre de _____.

     a.   café   b.   dessert   c.   journal

5.   Pour goûter aux plaisirs du café parisien, on peut s'asseoir _____.

     a.   au bar   b.   à la terrasse   c.   à l'intérieur

B.   Enquête culturelle. Utilisez des ressources imprimées ou des liens sur **www.mhhe.com/visavis3** pour trouver les réponses aux questions suivantes.

1.   D'où vient le nom du Café des Deux Magots? Quelle est l'adresse du café?

     _____

     _____

     _____

2.   Quelles œuvres (*works*) d'Ernest Hemingway mettent en vedette (*feature*) le café de la Closerie des Lilas? (Il y en a deux [*There are two of them*]: un roman et une autobiographie.) Quelle est l'adresse de la Closerie des Lilas?

     _____

     _____

     _____

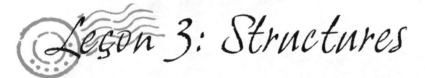

Leçon 3: Structures

Savoir et *connaître*
Saying What and Whom You Know

A.   Les experts sur Paris. Utilisez le verbe **savoir** ou **connaître.**

1.   Jean _____ où acheter une télécarte.

2.   Nous _____ les rues du Quartier latin.

3.   Mon père _____ un bon restaurant pas cher.

4.   _____-vous où se trouve la Sorbonne?

5.   Est-ce que tu _____ les jardins du Luxembourg?

6.   Vous _____ une dame qui habite à côté de moi?

7.   Nous ne _____ pas son numéro de téléphone.

8.   Nous ne _____ personne dans cet arrondissement.

9.   _____-tu où est la gare?

B. Questionnaire. Savez-vous ou connaissez-vous?

> MODÈLES: votre adresse → Oui, je la sais.
> Frank Abbot → Non, je ne le connais pas.

1. votre nom _____
2. jouer au tennis _____
3. Suzanne Riesel _____
4. les pièces de Shakespeare _____
5. la date d'aujourd'hui _____
6. quelle autoroute il faut utiliser pour aller dans le sud _____
7. Venise _____
8. la théorie de la relativité _____
9. compter (*to count*) en espagnol _____
10. les plages de la Côte d'Azur _____

C. Confusion. Vous rentrez chez vous après une longue absence et un vol transatlantique. Vous êtes un peu désorienté(e). Écoutez les remarques de vos amis, et mettez un cercle autour de **a** ou **b.**

> Vous entendez: Quelle heure est-il?
>
> Vous écrivez: (a.) Je ne le sais pas. b. Je ne le connais pas.

1. a. Je ne le sais pas. b. Je ne le connais pas.
2. a. Je ne le sais pas. b. Je ne le connais pas.
3. a. Je ne le sais pas. b. Je ne le connais pas.
4. a. Je ne le sais pas. b. Je ne le connais pas.

D. Les Jones visitent Paris. Regardez ce couple de touristes américains et répondez aux questions en vous basant sur leur apparence.

> Vous entendez: Est-ce que les Jones savent où est le musée d'Orsay?
> Vous dites: Non, ils ne savent pas où il est.

1. ... 2. ... 3. ... 4. ... 5. ... 6. ...

Les pronoms *y* et *en*
Speaking Succinctly

A. Problèmes de maths. Lisez les trois problèmes suivants, tirés d'un manuel scolaire français. Soulignez le pronom **en** chaque fois qu'il apparaît (*appears*). Ensuite, répondez aux questions.

Addition et soustraction

Quel énoncé[1] ?

$$120 - (35 + 48)$$

Lequel[2] des 3 énoncés ci-dessous correspond à cette écriture ? _____

1. [ ] • En partant à l'école, José a 120 billes[3] Le matin, il en perd 35; l'après-midi, il en gagne 48.
   Combien de billes lui reste-t-il à la fin de la journée?

2. [ ] • Céline a 35 bonbons. Elle en achète 120, puis en donne 48 à sa petite sœur.
   Combien lui en reste-t-il?

3. [ ] • Maman a fait du shopping. Elle a dépensé[4] 48 euros pour une robe et 35 euros pour un chemisier. Avant de partir, elle avait un billet de 100 euros et un billet de 20 euros. Combien lui en reste-t-il à la fin de la journée?

[1]*statement*
[2]*Which one*
[3]*marbles*
[4]*a... spent*

B. Votre vie à vous. Répondez en utilisant le pronom **y.**

MODÈLE: Qu'est-ce que vous mettez dans votre café? →
J'y mets un peu de crème. (Je n'y mets rien.)

1. Avez-vous dîné au restaurant universitaire hier soir?

_____

2. Êtes-vous déjà allé(e) au Canada?

_____

3. Que faites-vous dans votre chambre?

_____

4. Répondez-vous immédiatement aux lettres de vos amis?

_____

5. Pensez-vous à l'argent quand vous faites vos projets de vacances?

_____

6. Que mettez-vous sur votre bureau?

   _____

7. Combien de temps passez-vous chez vos amis chaque semaine?

   _____

C. Conversations. Complétez avec **y** ou **en.**

Une visite au grand magasin

MARIANE: J'_____¹ suis allée seulement pour faire du lèche-vitrine (*window shopping*), mais j'ai trouvé des parfums extraordinaires dans le rayon (*department*) parfumerie. Il y _____² avait qui étaient sensationnels.

STÉPHANIE: Tu _____³ as acheté?

MARIANE: Non, c'était bien trop cher. Mais j'espère _____⁴ retourner avec mon père: peut-être qu'il va m'_____⁵ acheter. C'est bientôt mon anniversaire.

En route pour la bibliothèque

RAOUL: Tiens, tu veux venir avec moi à la bibliothèque?

PIERRE: Pourquoi est-ce que tu _____⁶ vas? Tu as du travail?

RAOUL: J'_____⁷ ai un peu, mais je veux aussi prendre quelques romans policiers pour les vacances. Mado m'a dit qu'il y _____⁸ a des nouveaux.

PIERRE: J'_____⁹ ai trois ou quatre à la maison. Je te les passe. Comme ça, tu n'auras pas besoin (*will not need*) de les rendre la semaine prochaine. Tu as le temps de venir chez moi?

RAOUL: Oui. Allons-_____¹⁰ tout de suite.

D. Des touristes extraterrestres. Imaginez que vous accompagnez des extraterrestres qui visitent une ville française. Répondez à leurs questions.

Verbes suggérés: acheter, écouter, étudier, manger

Vous entendez: Qu'est-ce qu'on fait dans une boulangerie?
Vous dites: Eh bien, on y achète du pain.

1. …   2. …   3. …   4. …   5. …

E. Carine découvre sa ville. La semaine dernière, Carine a décidé d'explorer sa ville. Écoutez l'histoire, et cochez (✓) tous les endroits qu'elle a visités.

_____ le musée   _____ le jardin public

_____ la mairie   _____ la piscine

_____ le jardin zoologique   _____ le marché en plein air

_____ le vieux cimetière (*cemetery*)   _____ la banlieue

_____ la pâtisserie   _____ le restaurant

Continuez à la page 234.

Maintenant, répondez aux questions suivantes en vous basant sur l'histoire. Utilisez le pronom **y** dans vos réponses.

Vous entendez: La semaine dernière, Carine est-elle allée au vieux cimetière?
Vous dites: Non, elle n'y est pas allée.

1. …   2. …   3. …   4. …   5. …   6. …

F. **Un marché d'Abidjan.** Paul et Sara sont au marché en plein air. Écoutez leurs remarques, et choisissez la bonne réponse.

Vous entendez: J'en ai déjà acheté.

Vous écrivez: ⓐ des bananes   b. à la plage

1. a.   à ces statuettes   b.   de l'argent

2. a.   deux masques   b.   une carte de la ville

3. a.   des sandales   b.   du café

4. a.   au marché   b.   à la marchande de fleurs

5. a.   des danses locales   b.   à l'arrêt d'autobus

Leçon 4: Perspectives

Faire le bilan

A. **Le voyage mémorable de Sylvie.** Utilisez le passé composé ou l'imparfait.

Quand (je / visiter) _____[1] la France pour la première fois, (je / avoir)

_____[2] 18 ans et (je / être) _____[3] assez naïve. Mais (je / vouloir)

_____[4] tout voir et tout essayer. Un jour, (je / faire) _____

[5] la connaissance d'un jeune homme sur la plage. (Il / me / inviter) _____[6] à aller

assister à une conférence. Après, (nous / aller) _____[7] prendre une bière.

Ensuite (il / suggérer) _____[8] une promenade à motocyclette, mais (il / dire)

_____[9] que (nous / devoir) _____[10] aller chez lui

chercher le siège arrière (*back seat*) de sa moto. (Je / hésiter) _____[11] longtemps à

l'accompagner parce que (je / ne / le / connaître / pas) _____.[12]

Finalement, (je / accepter) _____.[13] (Nous / faire) _____

_____[14] un tour de la ville en moto pendant que Jopie, qui ne (parler)

_____[15] pas un mot d'anglais, (chanter) _____[16]

«My Blue Heaven» très fort (*loudly*). (Ce / être) _____[17] magnifique. (Il / me /

raccompagner [*to take*]) _____[18] chez moi et (me / dire)

_____[19] bonsoir. Le lendemain (*next day*) (il / partir) _____[20] en

Bretagne pour l'été, et (je / ne / le / revoir / jamais) _____.[21]

B. Une soirée agréable. Faites une ou deux phrases pour décrire ce que vous voyez sur chaque dessin. Utilisez le passé composé et l'imparfait.

1. Maryvonne et Jacques _____

_____

_____

_____

2. Il faisait froid et il _____

_____

_____

_____

3. Maryvonne et Jacques _____

_____

_____

_____

4. _____

_____

_____

_____

5. _____

_____

_____

6. Dans le café, des gens _____

_____

_____

C. **Votre vie à vous.** Faites en six phrases quelques commentaires sur votre vie l'année dernière. Comment était votre vie? Qu'est-ce que vous avez fait? Que faisiez-vous souvent?

_____

_____

_____

_____

_____

_____

_____

_____

🎧 Prononciation

Les voyelles nasales. Répétez les sons et les exemples suivants.

1. d<u>an</u>s / l<u>am</u>pe / t<u>en</u>te / ex<u>em</u>ple
2. s<u>on</u> / c<u>om</u>bien / réacti<u>on</u> / b<u>on</u>b<u>on</u>
3. <u>un</u> / mat<u>in</u> / v<u>in</u>gt / s<u>ym</u>pathique / bi<u>en</u> / tr<u>ain</u> / f<u>aim</u> / pl<u>ein</u>

Répétez les mots suivants. Faites bien le contraste entre les voyelles nasales et les voyelles non nasales.

1. dans / Jean / roman / bande
2. Anne / Jeanne / romane / banane
3. bon / nom / pardon / comptez
4. bonne / nomme / donner / comme
5. italien / saint / train / vin
6. italienne / Seine / traîne / vaine

À l'écoute!

Anvers. Une jeune femme revient de Belgique où elle est allée avec des amis. Elle parle d'une grande ville au nord de Bruxelles: Anvers. Écoutez ses commentaires, puis cochez les choses qu'elle mentionne.

- ❑ le port
- ❑ la cathédrale Notre-Dame
- ❑ le peintre Rubens
- ❑ le musée d'art contemporain
- ❑ la mairie
- ❑ Grot Markt
- ❑ l'église Saint-Jacques
- ❑ le peintre Rembrandt
- ❑ le musée du Diamant
- ❑ la maison des bouchers
- ❑ le musée des Beaux-Arts
- ❑ la gare

Par écrit

Function: Narrating in the past

Audience: Instructor or classmates

Goal: Write a three-paragraph story in the past. Choose one of the following genres: **reportage ou fait divers** (*miscellaneous small news item*), **autobiographie,** or **biographie.**

Steps

1. Make an outline of your story. The introduction should describe the main characters, the setting, the time, and the circumstances. In the second paragraph, bring in a complication that changes the state of affairs. In the third paragraph, tell how the situation was resolved. End with a conclusion that summarizes what, if anything, was learned from the experience.

2. Write the rough draft, making sure it contains all the information just mentioned.

3. Take a break, then check your work. Refine the details and descriptions.

4. Have a classmate read your story to see if what you have written is interesting, clear, and organized. Make any necessary changes.

5. Finally, reread the composition for spelling, punctuation, and grammar. Focus especially on your use of the past tenses.

Journal intime

Des moments inoubliables. Racontez un événement émouvant (*moving*), quelque chose qui vous a rendu(e) heureux/heureuse, furieux/furieuse, honteux/honteuse (*ashamed*), et cetera. Utilisez les questions suivantes comme guide:

- Quand cela s'est-il passé?
- Où?
- Pourquoi y étiez-vous?
- Quelle heure était-il?
- Quel temps faisait-il?
- Avec qui étiez-vous?
- Que faisiez-vous?
- Qu'est-ce qui est arrivé?
- Quelles ont été les réactions de tout le monde?
- Comment l'épisode s'est-il terminé?

    MODÈLE: Une fois, il y a trois ans, j'étais chez ma mère en Louisiane.
    On devait donner une fête surprise...

La passion pour les arts

Leçon 1: Paroles

Le patrimoine historique

A. Quel monument décrit-on? Lisez les quatre descriptions et identifiez les monuments suivants.

On a commencé à construire **l'église de Beauvais** en 1225. Mais après 25 ans de construction, la partie terminée est tombée. On l'a rebâtie, mais il n'y a jamais eu assez d'argent pour terminer l'énorme cathédrale gothique.

Le 17 août 1661 dans son nouveau **château de Vaux-le-Vicomte,** Nicolas Fouquet offre une fête somptueuse à Louis XIV. Dix-neuf jours plus tard, Louis, envieux de la splendeur du château, met Fouquet en prison. Le salon sous le grand dôme central n'a jamais été décoré.

François Ier (roi de France de 1515 à 1547) venait chasser (*to hunt*) dans la forêt de **Chambord.** C'est la forêt qui a donné son nom à ce château connu pour ses 365 cheminées (*chimneys*).

Pendant le Premier Empire (1804–1815), Napoléon donne l'ordre de construire un temple à la gloire de la Grande Armée. Cette église, qui s'appelle **la Madeleine,** ressemble à un temple grec.

1. monument _____

   époque _____

   siècle _____

2. monument _____

   époque _____

   siècle _____

3. monument _____

   époque _____

   siècle _____

4. monument _____

   époque _____

   siècle _____

B. Époques. Écoutez la description, et écrivez le nom de la personne, du bâtiment ou du lieu associé à l'époque.

l'époque romaine

(les arènes de Lutèce)

la Renaissance

(Jacques Cartier)

(Chambord)

l'époque classique

L'État, c'est moi
(Louis XIV)

(Versailles)

l'époque moderne

(Charles de Gaulle)

(la tour Eiffel)

le Moyen Âge

(Notre-Dame) (Charlemagne)

Vous entendez: La tour Eiffel a été construite à Paris pour une grande exposition universelle. Cette exposition fêtait le 100ᵉ anniversaire de la Révolution française. De quelle époque date la tour Eiffel?

Vous écrivez:

- l'époque moderne   *la tour Eiffel*   _____

- l'époque classique   _____   _____

- la Renaissance   _____   _____

- le Moyen Âge   _____   _____

- l'époque romaine   _____   _____

Les réponses se trouvent en appendice.

C. L'art de l'histoire. Écoutez les descriptions et associez chacune avec un des noms suivants. Donnez aussi le siècle associé.

Christophe Colomb (v. 1451–1506)   Benjamin Franklin (1706–1790)
Guillaume le Conquérant (1027–1087)   Jeanne d'Arc (v. 1412–1431)
Louis XIV (1638–1715)   François Mitterrand (1916–1996)
Napoléon Bonaparte (1769–1821)   Louis Pasteur (1822–1895)

Vous entendez: C'était un roi très puissant qui a fait construire le palais de Versailles. C'est lui qui disait: «L'État, c'est moi.»
Vous dites: C'est Louis XIV. Il est du 17e et du 18e siècles.

1. … 2. … 3. … 4. … 5. … 6. … 7. …

Les œuvres d'art et de littérature

Classifications. Classez les mots suivants: **actrice, cinéaste, compositeur, écrivain, film, œuvre musicale, peintre, pièce de théâtre, poème, poète, roman, sculpteur, sculpture, tableau.**

ARTISTES   ŒUVRES

_____   _____

_____   _____

_____   _____

_____   _____

_____   _____

_____   _____

Les verbes *suivre* et *vivre*

A. Ah! Les verbes! Complétez le tableau.

	POURSUIVRE	VIVRE	SUIVRE *(Passé composé)*
je/j'			
on			
nous			
les gens			
tu			
vous			

B. Votre vie à vous. Répondez aux questions suivantes.

1. Où vivez-vous maintenant?

   _____

2. Quels cours suivez-vous ce semestre/trimestre?

   _____

3. Quelle carrière allez-vous poursuivre? La poursuivez-vous déjà?

   _____

4. Combien de temps avez-vous vécu chez vos parents?

   _____

5. Dans quelle ville viviez-vous quand vous aviez quinze ans?

   _____

6. Quels cours avez-vous suivis pendant votre dernière année au lycée?

   _____

C. Christine et Alain, des étudiants mariés. Écoutez la description de leur vie, puis indiquez si les phrases suivantes sont vraies (**V**) ou fausses (**F**).

1. V   F   Christine et Alain sont étudiants et vivent assez bien.

2. V   F   Christine aimerait devenir compositrice.

3. V   F   Alain fait de la musique électronique.

4. V   F   Le mardi, les jeunes mariés suivent tous les deux un cours d'histoire de l'art.

5. V   F   Alain compte poursuivre une carrière dans l'enseignement (*teaching*).

Leçon 2: Structures

Les pronoms accentués
Emphasizing and Clarifying

A. Invitation. Complétez les phrases suivantes avec des pronoms accentués.

Pronoms accentués: moi, toi, lui, elle, nous, vous, eux, elles

—En août, nous partons en vacances avec Thomas, sa femme Virginie et leurs enfants Ronan et Danielle. Thomas, _____*lui*_____,[1] aime faire du vélo mais Virginie, _____,[2] préfère aller à la plage. Les enfants, _____,[3] aiment jouer au tennis et faire du cheval. Nous aimons partir avec _____,⁴ parce que ce sont de très bons amis. Danielle et

_____,⁵ nous jouons aux cartes. Et _____,⁶ est-ce que vous voudriez (*would*

you like) venir? Tu sais, Thomas et _____,⁷ vous pouvez aller à la pêche ensemble.

—Non, merci, nous ne pouvons pas. Nous devons rester chez _____⁸ en août.

B. **Votre vie à vous.** Vous parlez de gens que vous connaissez. Répondez brièvement avec un de ces pronoms: **moi, lui, elle, eux, elles.** Utilisez **non plus** si vous êtes d'accord ou **si,** si vous n'êtes pas d'accord.

> MODÈLE: Mon père n'aime pas la musique reggae. Et votre père? →
> Lui non plus. (Il n'aime pas la musique reggae.)
> *ou* Lui si. (Il aime la musique reggae.)

Ma mère n'aime pas la peinture moderne.

1. Et vous? _____

2. Et votre meilleur ami / meilleure amie? _____

3. Et vos frères et vos sœurs? _____

4. Et votre professeur de français? _____

Ma sœur n'aime pas écrire des poèmes.

5. Et vos parents? _____

6. Et vos meilleures amies? _____

7. Et votre copain/copine? _____

8. Et vous? _____

C. **Panne d'électricité. (*Power failure.*)** Il y a une panne d'électricité dans la galerie d'art. Ces personnes essaient de se retrouver (*to find each other*) dans l'obscurité. Répondez selon le modèle.

> Vous entendez: C'est M. Legrand?
> Vous dites: Oui, c'est lui.

1. … 2. … 3. … 4. … 5. …

D. **C'est incroyable!** Ce que vous entendez vous surprend (*surprises you*). Réagissez en vous basant sur les modèles.

À comprendre: s'installer (*to sit down*)

> Vous entendez: Jean parle de vous et de Charles.
> Vous dites: Il parle de nous?

> Vous entendez: Jean va chez les Legrand.
> Vous dites: Il va chez eux?

1. … 2. … 3. … 4. … 5. … 6. …

La place des pronoms personnels
Speaking Succinctly

A. Ordres. Répétez les ordres du prof, selon les modèles.

    Vous entendez: Lisez ce paragraphe!
    Vous dites: Lisez-le!

    Vous entendez: Ne parlez pas à vos camarades!
    Vous dites: Ne leur parlez pas!

    1. ...   2. ...   3. ...   4. ...   5. ...   6. ...

B. Conseils. Justin est assez timide et très prudent. Julie est très entreprenante. Quels conseils est-ce qu'ils donnent dans les situations suivantes? Utilisez deux pronoms objets pour remplacer les mots soulignés.

    MODÈLE: Les Finkelstein veulent emprunter <u>la BMW</u> <u>à leur voisin</u>. →

          JUSTIN: Ne la lui empruntez pas.
          JULIE: Empruntez-la-lui.

1. Constantin va emmener <u>sa petite sœur</u> <u>à un concert de rock</u>.

    JUSTIN: _____

    JULIE: _____

2. Marcel et Françoise veulent faire <u>du camping</u> <u>dans les déserts d'Afrique</u>.

    JUSTIN: _____

    JULIE: _____

3. Plusieurs amis veulent apporter <u>de l'alcool</u> <u>à un ami qui est à l'hôpital</u>.

    JUSTIN: _____

    JULIE: _____

4. Raoul veut montrer <u>sa nouvelle sculpture</u> <u>à un groupe d'étudiants d'art</u>.

    JUSTIN: _____

    JULIE: _____

5. Daniela veut enseigner <u>l'alpinisme</u> <u>à son amie</u>.

    JUSTIN: _____

    JULIE: _____

6. Nicole et Patrick veulent écrire <u>des lettres</u> <u>à Jacques Chirac</u>.

    JUSTIN: _____

    JULIE: _____

C. Votre vie à vous. Quelle est votre personnalité? Donnez votre réaction à chaque situation. Utilisez des pronoms objets et **y** et **en.**

> MODÈLE: Votre camarade de chambre veut montrer <u>vos photos</u> <u>à ses amis.</u>
> Vous lui dites: → Ne les leur montre pas. (*ou* Montre-les-leur.)

1. Votre camarade de chambre vous demande s'il / si elle peut prêter <u>la clé de votre chambre</u> <u>à un autre ami</u>.

   Vous lui dites: _____

2. Une camarade veut envoyer <u>un de vos poèmes</u> <u>à sa mère, poète célèbre</u>.

   Vous lui dites: _____

3. Une amie veut montrer <u>à tous les étudiants</u> <u>les questions de l'examen d'histoire</u> qu'elle a trouvées dans le bureau du professeur.

   Vous lui dites: _____

4. Un camarade de classe à l'intention de fumer <u>des cigarettes</u> <u>dans la salle de classe</u>.

   Vous lui dites: _____

5. Une voisine veut <u>vous</u> donner <u>six petits chats</u>.

   Vous lui dites: _____

D. Confrontations. Avec quelle image va chaque situation? Mettez la lettre correspondante.

À comprendre: cacher (*to hide*), ça suffit (*that's enough*)

a.   b.   c.

d.   e.

1. _____   2. _____   3. _____   4. _____   5. _____

Le courrier

Complétez le message avec les expressions suivantes: **chefs-d'œuvre, moi, peintres, pièce, poèmes, rêver, sculptures, siècle, trop, vécu.**

DE: Nathalie@media.fr

A: Paul@universpar.fr

Mon cher Paul,

Ce week-end à Bruxelles a été très agréable. Il a passé _____[1] vite. Je voulais aller avec toi au musée d'art ancien. On y trouve des peintures et des _____[2] magnifiques. Pour des gens comme toi qui aiment Bruegel et Rubens, c'est un paradis, et pour _____[3] qui préfère les _____[4] français du dix-neuvième _____,[5] il y a de belles peintures de Seurat et de Gauguin.

Tu sais, quand je parle de Gauguin, je pense à des îles tropicales. Mon départ pour La Réunion est prévu[a] pour après-demain! Bon, Gauguin, lui, il a _____[6] à Tahiti, et il est vrai que Tahiti n'est pas tout près de La Réunion. Mais que veux-tu, en ce moment, je n'arrête pas de _____[7] de ce voyage! J'espère que cet endroit va m'inspirer. Je ne vais sûrement pas me mettre à la peinture, mais qui sait, je reviendrai[b] peut-être de mon voyage avec mes propres _____[8]: un recueil de _____[9] ou une _____[10] de théâtre!

Bon, j'arrête mes bêtises[c] et je t'embrasse,

Nathalie

[a]*planned* [b]*will come back* [c]*silliness*

Info-culture

Relisez **En image** et **Reportage** dans votre livre, puis trouvez la fin de chaque phrase.

1. Vers la fin de sa vie, Rodin a passé beaucoup de temps à l'hôtel Biron, _____.

2. *Le Penseur* de Rodin est une œuvre influencée par _____.

3. Rodin voulait créer _____.

4. À l'intérieur du musée Rodin, on trouve d'autres chefs-d'œuvre de Rodin, par exemple _____.

5. Au musée du Louvre, on trouve _____.

6. Le musée d'Orsay a _____.

a. *La Joconde*
b. *Le Baiser*
c. le travail de Michel-Ange
d. qui s'appelle aujourd'hui le musée Rodin
e. une importante collection de tableaux impressionnistes
f. une expression authentique des corps

Nathalie à l'appareil!

Au revoir, Nathalie! C'est la dernière fois que nous entendons Nathalie. Elle parle aujourd'hui à Michel Villet, un ami journaliste qui lui propose de travailler avec lui à l'occasion d'un grand événement artistique qui a lieu chaque année dans le sud de la France. Écoutez leur conversation, puis indiquez si les phrases suivantes sont vraies (**V**) ou fausses (**F**).

À comprendre: personnages (*people*), s'est ouvert à (*was opened to*)

1. V F Michel doit faire un reportage sur le Festival d'Avignon.

2. V F Au Festival d'Avignon, il y a déjà des spectacles de théâtre, mais pas encore de musique ni (*nor*) de danse.

3. V F Michel va parler de l'histoire du Festival. Nathalie, elle, va parler des endroits où ont lieu les spectacles.

4. V F La salle en plein air du Palais des Papes est très petite.

5. V F Pendant le Festival, on peut même voir des spectacles dans la rue.

Flash-culture

Suzanne Valadon (Peintre et dessinatrice française, 1865–1938)

«J'ai eu de grands maîtres.[1] J'ai tiré[2] le meilleur d'eux-mêmes, de leur enseignement, de leur exemple. Je me suis trouvée, je me suis faite, et j'ai dit, je crois, ce que j'avais à dire.»

Femme, peintre, pauvre et autodidacte[3]: Suzanne Valadon transforme ces désavantages en avantages.

Pour gagner sa vie,[4] elle devient le modèle de Renoir et de Toulouse-Lautrec. Elle s'instruit à leur contact. Pendant ses heures de pose, elle les regarde travailler et construit peu à peu sa propre personnalité artistique.

Son art est hardi[5] et très personnel: En dépit des[6] tabous de l'époque, elle fait son autoportrait sous forme de nu[7] et peint aussi des hommes nus.

Mère du peintre Maurice Utrillo à qui elle donne ses premières leçons, elle est une figure essentielle de la société impressionniste et post-impressionniste. À sa mort, elle laisse au monde 478 tableaux, 273 dessins et 31 croquis.[8]

[1]teachers [2]J'ai... I drew upon. [3]self-taught [4]gagner... earn a living [5]bold [6]En... Despite the [7]nude [8]sketches

A. Révisons! Relisez le **Flash-culture,** puis trouvez la fin de chaque phrase.

1. Pour gagner sa vie, Suzanne Valadon _____.

2. Valadon a eu comme maîtres _____.

3. Elle a fait son autoportrait sous forme de nu _____.

4. Elle a beaucoup encouragé son fils, _____.

5. Son art est particulier _____.

6. Valadon a laissé au monde _____.

a. en dépit des tabous de l'époque
b. 478 tableaux et 273 dessins
c. est devenue modèle
d. Renoir et Toulouse-Lautrec
e. Maurice Utrillo
f. parce qu'il est hardi et très personnel

B. **Enquête culturelle.** Utilisez des ressources imprimées ou des liens sur **www.mhhe.com/visavis3** pour trouver les réponses aux questions suivantes.

1. Donnez cinq faits sur la vie personnelle de Suzanne Valadon, par exemple sa vraie date de naissance, son vrai nom, le travail qu'elle a fait avant de poser pour des peintres, quelques peintres qui ont fait des tableaux sur lesquels elle figure, ses amours et ses mariages, et cetera.

_____

_____

_____

_____

_____

2. Nommez et décrivez deux œuvres de Suzanne Valadon.

_____

_____

_____

_____

_____

3. Qui est le fils de Suzanne Valadon? Pourquoi est-il connu?

_____

_____

_____

Leçon 3: Structures

Les verbes suivis de l'infinitif
Expressing Actions

A. Ah! Les prépositions! Quels verbes prennent une préposition avant un infinitif? Quels verbes n'en prennent pas? Cochez (✓) les cases correctes.

	+ infinitif	+ **à** + infinitif	+ **de** + infinitif
1. accepter			✓
2. aider			
3. aller			
4. arrêter			
5. chercher			
6. choisir			
7. conseiller			
8. demander			
9. désirer			
10. devoir			
11. enseigner			
12. oublier			
13. permettre			
14. rêver			
15. savoir			
16. vouloir			

B. **Pensées diverses.** Utilisez **à, de, par** ou laissez un blanc.

Les habitudes au téléphone. Marc aime _____[1] téléphoner à ses amis le soir quand ils ne travaillent pas. Mais Marie croit qu'il faut _____[2] leur téléphoner l'après-midi. Elle refuse _____[3] les réveiller ou _____[4] les empêcher _____[5] dormir.

Tout le monde aime voyager. Ma mère rêve _____[6] faire le tour du monde. C'est l'Afrique qu'elle a décidé _____[7] découvrir en premier, mais elle veut aussi _____[8] visiter les autres continents. Pour se préparer, elle a déjà commencé _____[9] suivre des cours du soir pour étudier deux langues étrangères. Elle va _____[10] finir _____[11] être polyglotte.

Question de talent. Je ne réussirai jamais (*will never succeed, will never manage*) _____[12] apprendre _____[13] danser! J'essaie _____[14] suivre un cours de danse chaque été. Voilà ce qui arrive: je vais peut-être deux fois au cours, mais je ne continue pas _____[15] danser régulièrement. «J'oublie» _____[16] y aller!

C. **Votre vie à vous.** Terminez les phrases suivantes en vous basant sur votre propre expérience.

1. Normalement le week-end, je préfère _____

   et je déteste _____

2. En général, le week-end, j'essaie _____

   et j'aime _____.

3. Certains dimanches, on m'empêche _____.

4. Le week-end passé, j'ai choisi _____.

5. Ce week-end, j'espère _____.

6. Je vais commencer _____

   et je vais finir _____.

D. **Le patrimoine historique et artistique.** Répétez le début de phrase que vous entendez, et complétez la phrase avec l'expression donnée. N'oubliez pas d'ajouter une préposition (**à** ou **de**), si c'est nécessaire.

Vous entendez: Je commence
Vous voyez: apprendre l'histoire de France
Vous dites: Je commence à apprendre l'histoire de France.

1. m'indiquer le chemin pour aller aux arènes de Lutèce
2. visiter le Louvre avec moi demain
3. jouer du violon
4. composer une symphonie
5. peindre à l'huile
6. étudier à l'école des Beaux-Arts l'année prochaine
7. avoir du succès comme écrivain
8. ne pas être bien payés

Les adverbes
Talking About How Things Are Done

A. Tristement! Rendez cette histoire plus vivante (*more vivid*) en mettant l'adverbe correspondant à la place de l'adjectif proposé. Barrez (*Cross out*) les adjectifs.

Le téléphone a sonné (*rang*) à deux heures du matin. Le détective a essayé _____[1]

(vain) de trouver l'appareil à côté de son lit. Il l'a _____[2] (final) décroché (*picked*

up) et a dit «Allô?» Une voix de femme lui a répondu _____[3] (rapide) avec

des mots qu'il n'a pas compris _____[4] (immédiat). «Répétez plus

_____[5] (lent), s'il vous plaît, madame» lui a-t-il demandé _____[6]

(poli). «Il est mort» a dit _____[7] (doux) la dame. «Qui?» lui a-t-il demandé

_____[8] (calme). «Mon chien. N'êtes-vous pas vétérinaire?»

B. De toute manière. Complétez chaque phrase à l'aide d'un adverbe.

MODÈLE: Il est vrai que je suis américaine. → Je suis vraiment américaine.

1. Elle parle français de manière rapide.

   Elle parle français _____.

2. Il est patient quand il attend.

   Il attend _____.

3. Tu as une attitude sérieuse quand tu étudies.

   Tu étudies _____.

4. Je suis lent quand je conduis.

   Je conduis _____.

5. Nous sommes polis quand nous parlons à nos parents.

   Nous leur parlons _____.

6. Vous êtes actifs en cours de français.

   Vous participez _____.

7. Ils sont honnêtes quand ils jouent.

   Ils jouent _____.

8. Tu es franc avec tes amis.

   Tu leur parles _____.

C. Votre vie à vous. Répondez aux questions suivantes en vous basant sur votre expérience personnelle. Utilisez un des adverbes suggérés ou un autre adverbe de votre choix.

> MODÈLE: Combien avez-vous voyagé le semestre dernier? (beaucoup, peu, pas du tout) →
> Je n'ai pas du tout voyagé. (J'ai beaucoup voyagé. J'ai peu voyagé.)

1. Comment avez-vous dormi hier soir? (bien, mal, pas assez, trop)

   _____

2. Avez-vous mangé ce matin? (lentement, mal, pas du tout, vite)

   _____

3. Étudiiez-vous beaucoup au lycée? (constamment, peu, rarement, souvent)

   _____

4. Avez-vous travaillé l'été passé? (absolument, beaucoup, pas du tout, peu)

   _____

5. Avez-vous déjà pensé aux cours que vous allez suivre l'année prochaine?
   (beaucoup, pas du tout, peu, trop)

   _____

6. Avez-vous compris le dernier chapitre de français? (bien, heureusement, mal, pas du tout)

   _____

7. Comment parlez-vous français maintenant? (assez bien, couramment, pas couramment)

   _____

D. Une fable traditionnelle. Voici une course à pied (*foot race*) très célèbre. Écoutez la présentation deux fois, et indiquez si les expressions suivantes décrivent le **lièvre** (*hare*) (**L**) ou la **tortue** (**T**). (Nous avons commencé pour vous.)

À comprendre: désespérément (*desperately*), prend la tête (*takes the lead*), rattraper son retard (*to catch up*), vitesse (*speed*)

Nous assistons (*are present*) aujourd'hui à une course tout à fait (*completely*) spéciale. Elle est bien sûr télévisée. Écoutons le speaker…

1. __L__ prend rapidement la tête

2. _____ avance lentement

3. _____ avance à une vitesse incroyable

4. _____ a gagné sans difficulté

5. _____ dort

6. _____ essaie désespérément de rattraper son retard

7. _____ continue imperceptiblement sur la piste

Maintenant, écoutez parler le lièvre, et donnez la réaction de la tortue.

À comprendre: on se dépêche (*we hurry*)

Vous entendez:	Chez nous, on rit (*laugh*) beaucoup.
Vous voyez:	assez
Vous dites:	Chez nous, on rit assez.

1. doucement
2. calmement
3. rarement
4. très peu
5. modestement

E. Comportements (*Behaviors*). Voici des questions sur votre manière de faire certaines choses. Utilisez un adverbe dans chaque réponse. Vous n'entendrez pas de réponses suggérées.

À comprendre: marcher (*to walk*)

Vous entendez:	Comment chantez-vous?
Vous dites:	Je chante très, très mal!

1. …   2. …   3. …   4. …

Leçon 4: Perspectives

Faire le bilan

A. Il a séché (*cut*) le cours. Marc a séché le cours de philosophie hier matin. Il vous demande de lui prêter votre cahier, vos notes de classe, et cetera. Comme vous êtes une personne généreuse, vous voulez bien l'aider. Suivez le modèle.

MODÈLE: MARC: Tu me prêtes tes notes de classe?
VOUS: Oui, je te les prête.
MARC: Alors, prête-les-moi.

1. MARC: Tu me prêtes ton cahier?

   VOUS: _____

   MARC: _____

2. MARC: Tu me donnes ta copie de la bibliographie?

   VOUS: _____

   MARC: _____

3. MARC: Tu prêtes aussi tes notes de classe à mon ami Olivier?

   VOUS: _____

   MARC: _____

4. MARC: Tu me montres tes devoirs?

   VOUS: _____

   MARC: _____

5. MARC: Tu donnes la copie de l'examen à tes camarades?

   VOUS: _____

   MARC: _____

B. **Votre vie à vous.** Complétez chaque phrase avec le verbe de votre choix à l'infinitif. N'oubliez pas les prépositions nécessaires.

   MODÈLE: J'aime _*faire la cuisine*_ .

1. Je veux _____

2. Avant la fin de l'année, je vais essayer _____

   _____

3. Depuis mon arrivée à l'université, je me suis habitué(e) (*I've gotten used to*) _____

   _____

4. Je ne sais pas _____

5. Cet été, je vais commencer _____

6. Je voudrais inviter mes amis _____

7. J'oublie parfois _____

8. Je rêve _____

9. À l'université, je me prépare _____

10. Au lycée (*high school*), j'ai appris _____

Prononciation

Voyelles fermées et voyelles ouvertes. The "closed" French vowels, in words such as **pot, allée,** and **deux,** contrast with the "open" vowels: **homme, belle, heure.** Very generally speaking, closed vowels occur as the final vowels in a syllable, whereas open vowels occur before a consonant + silent **e.** Listen carefully for the difference: **été, tête.**

Répétez les expressions suivantes.

1. chaud / gros / robe / poste
2. parlé / nez / fraise / tête
3. œufs / feu / jeune / œuf

Écoutez le passage suivant. Ensuite, écoutez-le une deuxième fois, et répétez chaque phrase.

Quand il faisait beau, / j'aimais aller à la plage / pour faire du sport / ou pour chercher des coquillages (*seashells*). / Quand il pleuvait, / j'aimais faire une promenade sur la plage / au chaud dans mes bottes et mon pull, / et regarder la tempête!

À l'écoute!

Le musée d'Orsay. Une jeune française, Martine, cherche à convaincre (*convince*) Christine, une de ses copines québécoises, de venir la voir en France. Vous entendez une partie de la conversation. Écoutez, puis choisissez la bonne réponse à chacune des questions.

1. À sa création, le musée d'Orsay était _____.
   a. une cathédrale   b. un café-restaurant   c. une gare

2. Aujourd'hui, on y trouve des œuvres _____.
   a. cubistes   b. de la Renaissance   c. impressionnistes

3. La _____ et la sculpture y sont représentées.
   a. peinture   b. musique   c. photographie

4. Au dernier étage du musée, il y a _____.
   a. un théâtre   b. un magnifique tableau de Picasso   c. un café et une terrasse

Par écrit

Function: Describing a cultural activity
Audience: Classmates
Goal: To write an account of a cultural activity you engage in fairly often.

Choose an activity you enjoy as a spectator (attending theater, concerts, films, and so on), viewer, reader, collector, browser, performer, or creator (arts or crafts). Discuss how the activity fits into your everyday life: how often, where, with whom, what you accomplish, why you enjoy it.

Steps

1. Make an outline. For each point, make a list of the vocabulary terms you will use. Arrange the points so that the discussion flows smoothly.
2. Write a rough draft. Have a classmate read the draft and comment on its clarity and organization. Add new details and eliminate irrelevant ones.
3. Make any necessary changes. Finally, reread the composition for spelling, punctuation, and grammar. Focus especially on your use of adverbs and direct and indirect object pronouns.

Journal intime

Expliquez votre opinion sur les arts.

- Quel rôle est-ce qu'ils jouent dans votre vie?
- Qui sont les auteurs, poètes, compositeurs, peintres et cinéastes que vous trouvez intéressants? Pourquoi?

   MODÈLE: Moi, j'écoute des CD tous les jours, même le matin.
            J'aime plusieurs types de musique: le jazz, l'opéra, le folk…

Révisez! Chapitres 9–12

A. Les langues étrangères. Jules et Laurette parlent de leurs études de langues étrangères. Complétez leur conversation avec **pendant, depuis** ou **il y a.**

JULES: _____[1] quand est-ce que tu fais du russe?

LAURETTE: J'ai commencé _____[2] trois ans.

JULES: Et _____[3] ce temps-là tu étudies avec M. Lansky?

LAURETTE: Non, j'ai commencé avec Mlle Makarova. Je suis dans le cours de M. Lansky

_____[4] un an seulement.

JULES: Je connais M. Lansky _____[5] deux ans déjà, et je le trouve vraiment

formidable.

LAURETTE: Oui, il est vraiment bien. Je vais continuer à étudier avec lui _____[6]

deux ans avant d'entrer à l'université.

Une question: Depuis combien d'années est-ce que Laurette étudie le russe? _____[7]

B. En cours de français. Mettez les phrases suivantes au négatif. Utilisez une négation logique: **ne... jamais, ne... pas du tout, ne... pas encore, ne... personne, ne... plus, ne... rien, personne ne...**

MODÈLE: Nous voyons *Pierre* devant la classe. →
Nous *ne* voyons *personne* devant la classe.

1. Seth parle *toujours* en cours de français.

_____

2. Paul pose *encore* des questions.

_____

3. Sylvie a *déjà* fait les devoirs.

_____

4. Aimée répond *parfois* en anglais.

_____

5. Nous allons *souvent* dans des restaurants français.

_____

6. Je comprends *très bien.*

_____

7. Le professeur a *quelque chose* d'intéressant à dire.

    _____

8. *Tout le monde* aime le professeur.

    _____

C. **Un voyage agréable?** Simone a visité les îles francophones de l'océan Indien. Écoutez son histoire.

    Simone raconte son histoire à une amie. Est-ce que ses expériences ont été **agréables (A)** ou **désagréables (D)**? Mettez **A** ou **D,** selon le cas.

    1. _____   3. _____   5. _____

    2. _____   4. _____   6. _____

    Les réponses se trouvent en appendice.

D. **Votre vie à vous.** Répondez aux questions suivantes en employant les pronoms d'objet direct (**le, la, les**).

    MODÈLE: Est-ce que vous aimez le français? →
             Oui, je l'aime beaucoup. (Non, je ne l'aime pas du tout.)

    1. Est-ce que vos parents regardent souvent la télévision?

        _____

    2. Est-ce que vos grands-parents aiment le rock?

        _____

    3. Est-ce que vous faites souvent la lessive?

        _____

    4. Est-ce que vous comprenez toujours le professeur?

        _____

    5. Est-ce que vous aimez faire vos devoirs?

        _____

    6. Est-ce que vous allez finir cet exercice?

        _____

    7. Est-ce que vous allez porter votre short demain?

        _____

    8. Est-ce que vous avez lu le journal ce matin?

        _____

E. **Quand l'appétit va, tout va!** Mettez les verbes des phrases suivantes au passé composé ou à l'imparfait. Soyez logique.

    Hier soir, je/j' _____¹ (être) fatigué et je/j' _____²

    (décider) d'aller me coucher (*to go to bed*). Je/J' _____³ (ne pas pouvoir) dormir parce que je/j' _____[4] (avoir) faim. Je/J' _____[5]

(aller) à la cuisine et mon frère y _____[6] (être) aussi! Je lui

_____[7] (demander): «Qu'est-ce que tu fais là?» Il me/m'

_____[8] (répondre): «Je ne peux pas dormir parce que j'ai faim!» Nous

_____[9] (préparer) des pâtes, et nous _____[10] (manger)

ensemble!

F. Un peu de démographie. Voici la liste des douze villes les plus importantes (*largest*) de France. Arrêtez le CD et, sur la carte de France, tracez un cercle autour des villes qui figurent dans la liste qui suit.

Ville	Nombre d'habitants[*]
1. Paris [75]	2.125.246
2. Marseille	807.071
3. Lyon	453.187
4. Toulouse	398.423
5. Nice	345.892
6. Nantes	277.728
7. Strasbourg	267.051
8. Marne-la-Vallée	246.610
9. Montpellier	229.055
10. Bordeaux	218.948
11. Rennes	212.494
12. Le Havre	193.259

Recommencez le CD.

Maintenant, regardez la liste, et indiquez le rang (*rank*) de chaque ville avec un nombre ordinal: **la première, la deuxième, la troisième,** et cetera.

Vous entendez: Bordeaux?
Vous dites: C'est la dixième ville de France.

1. …   2. …   3. …   4. …   5. …   6. …   7. …   8. …

G. À ou *de*? Complétez les phrases suivantes avec la préposition **à** ou **de**. S'il n'est pas nécessaire d'utiliser de préposition, laissez un blanc.

1. Sophie a accepté _____ faire les courses, mais elle a refusé _____ faire le ménage.

2. Est-ce que tu sais _____ skier?

3. Oui, j' ai appris _____ skier quand j'avais sept ans.

_____

[*]Il s'agit de la population des villes propres, pas des agglomérations (régions urbanisées) entières. Source: **http://fr.encyclopedia.yahoo.com/media/tabdon/t3850g.html.**

4. André rêve _____ voyager au Canada. Il va _____ faire des économies pour son voyage.

5. Oh, non! J'ai oublié _____ acheter des œufs. Je voulais _____ faire un gâteau. Dommage! (*Too bad!*)

6. Le professeur demande aux étudiants _____ écrire des phrases au tableau.

7. Qui va venir _____ dîner à la maison ce soir?

8. Les étudiants essaient _____ parler français en cours de français.

9. Vous espérez _____ pouvoir visiter Paris bientôt.

10. Marie pense _____ travailler tout l'été, l'année prochaine.

11. Thomas n'a pas faim. Il vient _____ manger!

12. Je vais vous inviter _____ dîner au restaurant ce soir.

H. Votre vie à vous. Répondez aux questions suivantes avec **y, en** ou des pronoms d'objet direct et indirect. N'oubliez pas l'accord du participe passé où il est nécessaire.

MODÈLES: Est-ce que vous écrivez souvent <u>à vos grands-parents?</u> →
Non, je ne leur écris jamais.
(Oui, je leur écris tous les week-ends.)

Est-ce que vous avez préparé <u>la leçon de français</u> hier? →
Oui, je l'ai préparée. (Non, je ne l'ai pas préparée.)

1. Est-ce que vous téléphonez souvent <u>à vos amis?</u>

_____

2. Est-ce que vous pensez aller <u>en Europe</u> l'année prochaine?

_____

3. Est-ce que vous avez acheté <u>vos livres de cours</u> hier?

_____

4. Est-ce que vous donnez <u>des bonbons</u> <u>aux chiens?</u>

_____

5. Est-ce que vous avez déjà offert <u>des fleurs</u> <u>à votre mère?</u>

_____

I. Deux points de vue. Pierre Collet et Myriam Romain répondent à une question sur la vie culturelle française. Dites si les phrases suivantes sont vraies (**V**) ou fausses (**F**), selon la personne mentionnée.

À comprendre: chômage (*unemployment*), consacre (*devotes*), investi (*invested*), plus de (*more*), subventions (*subsidies*), suffisamment (*enough*), tape-à-l'œil (*flashy*)

Voici la question: À votre avis, est-ce que le gouvernement participe suffisamment au développement de la vie culturelle en France?

Selon Pierre Collet:

1. V F Tous les gouvernements français récents ont fait un gros effort en ce qui concerne (*regarding*) le développement culturel du pays.

2. V F Cet effort a surtout commencé après la Première Guerre mondiale.

3. V F Avant la Deuxième Guerre mondiale, le gouvernement devait s'occuper des problèmes sociaux.

4. V F De nos jours, le gouvernement n'aide plus les arts parce que le public est déjà très motivé.

Selon Myriam Romain:

5. V F L'intervention du gouvernement français dans les arts est pleinement suffisante.

6. V F La pyramide du musée du Louvre n'a été bâtie que pour la gloire du ministre de la Culture.

7. V F Ce sont les enfants à l'école, les téléspectateurs et les troupes locales qui ont le plus besoin d'aide.

Les réponses se trouvent en appendice.

La vie quotidienne

Leçon 1: Paroles

L'amour et le mariage

A. Une histoire d'amour. Écoutez l'histoire de Mireille et de Jacques. Indiquez si les phrases suivantes sont vraies (**V**) ou fausses (**F**).

1. V F   Mireille et Jacques tombent amoureux immédiatement.

2. V F   Ils se marient après trois ans.

3. V F   Ils s'installent dans la maison de la mère de Jacques.

4. V F   Le mariage ne réussit pas.

Maintenant, écoutez les déclarations suivantes sur l'histoire de Mireille et de Jacques. Elles ne sont pas en ordre. Écrivez-les dans la colonne appropriée: **au début** (*in the beginning*), **au milieu** (*in the middle*) ou **vers la fin.**

Vous entendez: Mireille et Jacques tombent follement amoureux.
Vous écrivez:

AU DÉBUT	AU MILIEU	VERS LA FIN
Ils tombent amoureux.	_____	_____
_____	_____	_____
_____	_____	_____
_____	_____	_____
_____	_____	_____

Les réponses se trouvent en appendice.

B. L'amour et le mariage. Choisissez l'expression logique pour compléter les phrases suivantes.

MODÈLE: Le coup de foudre (précède) / suit le voyage de noces.

1. On voit les nouveaux mariés pour la première fois *à l'église / pendant leur voyage de noces.*

2. Les gens qui préfèrent rester célibataires *ne se marient pas / se marient.*

3. En général, les gens qui ne s'entendent pas *se disputent / se marient.*

4. La période où l'on se promet (*when one promises*) de se marier s'appelle *les rendez-vous / les fiançailles.*

5. Pour s'installer (*settle*) dans une nouvelle maison, on a besoin *d'amis / de meubles.*

Le corps humain

A. Aïe (*Ouch*), ça fait mal! À quelles parties du corps est-ce qu'on a mal?

MODÈLE: J'ai un rhume (*cold*). → J'ai mal _____*à la gorge*_____.

1. Henri et Paul écoutent quinze CD de rock. Leurs parents ont mal _____

2. Je vais chez le dentiste ce matin. J'ai mal _____

3. Nous portons des cartons très lourds (*heavy*). Nous avons mal _____

4. Les nouvelles chaussures de Charles sont trop petites. Il a mal _____

5. Vous apprenez à jouer de la guitare. Vous avez mal _____

6. Mathilde lit un roman pendant douze heures sans s'arrêter. Elle a mal _____

7. Il fait très froid et Raymond n'a pas de chapeau. Il a mal _____

8. Mireille participe à un marathon. Elle a mal _____

B. Énigme. Écoutez chaque définition, et donnez la partie ou les parties du corps définies.

Vous entendez: Ils servent à jouer du piano.
Vous dites: Les mains et les doigts.

1. … 2. … 3. … 4. … 5. … 6. …

C. Et maintenant… un moment de détente (*relaxation*)! L'exercice physique nous est bénéfique, même pendant une leçon de français! Restez assis(e) à votre place, et faites les exercices suivants.

À comprendre: baissez (*lower*), bougez (*move*), de bas en haut (*down and up*), détendez (*relax*), étendez (*stretch out*), faites des ronds (*make circles*), fermez (*close*), levez (*lift*), ouvrez (*open*), respirez profondément (*breathe deeply*), sur le côté (*at your sides*)

1. … 2. … 3. … 4. … 5. … 6. … 7. … 8. … 9. … 10. … 11. … 12. …

Les activités de la vie quotidienne

A. Une journée typique. Numérotez les phrases suivantes pour les mettre dans un ordre logique.

_____ a. Elles s'endorment.

_____ b. Laure et Lucette se réveillent.

_____ c. Elles s'en vont.

_____ d. Elles s'habillent.

_____ e. Elles se couchent.

_____ f. Elles se maquillent.

_____ g. Elles se lèvent.

_____ h. Elles rentrent à la maison.

B. Votre vie à vous. Quelle est votre routine? Complétez les phrases avec des informations personnelles.

MODÈLES: Je me réveille à _six heures et demie_.

Je me brosse les cheveux _dans ma chambre_.

1. Je me réveille à _____.

2. Je me lève à _____.

3. Je me brosse les dents dans _____.

4. Je me peigne dans _____.

5. Je m'habille dans _____.

6. Je m'en vais à _____.

7. Je me couche à _____.

8. Je m'endors à _____.

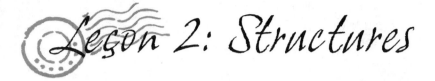

Leçon 2: Structures

Les verbes pronominaux (première partie)
Expressing Actions

A. Les copines. Zoé et Abena sont étudiantes de première année dans une université américaine. Elles vont partager (*share*) une chambre à la maison française. Complétez leur conversation.

Verbes utiles: s'arrêter, se demander, se dépêcher, se détendre, s'installer

Zoé et Abena _____¹ dans leur nouvelle chambre. Elles ont toutes sortes de

cartons et de valises.

ZOÉ: Je _____² où nous allons mettre toutes nos affaires. Cette chambre est

vraiment trop petite.

ABENA: Nous devons _____.³ Je ne veux pas être en retard au premier

repas.

ZOÉ: Écoute, on a encore trois heures. Voici ce que je propose: nous _____⁴

de travailler dans deux heures et demie. Ensuite, nous _____⁵ un peu.

Tu es d'accord?

Verbes utiles: s'amuser, se demander, s'entendre, se rappeler, se souvenir
(*Plus tard.*)

ABENA: Je _____⁶ si nous allons aimer vivre ensemble. D'habitude je

_____⁷ bien avec les autres. Mais je _____⁸

d'une fille insupportable (intolérable) avec qui j'ai été obligée de partager une chambre. Elle

n'écoutait que de l'opéra. Je _____⁹ un jour où j'avais tellement

besoin de (*I was so in need of*) silence que j'ai caché (*hid*) sa radio.

ZOÉ: Je suis sûre que nous allons _____¹⁰ ensemble. Mais tiens (*hey*), où est

ma radio?

B. Portrait d'un bon prof. Complétez cette description en remplaçant les expressions entre parentheses par des verbes pronominaux. Barrez les expressions entre parenthèses.

Notre prof (a le nom) _____¹ Mᵐᵉ Lévi. Si Mᵐᵉ Lévi (fait une

erreur) _____,² elle (demande pardon)

_____.³ Voilà pourquoi elle (a de bons rapports)

_____⁴ bien avec tous ses étudiants. Et si nous (faisons des

erreurs) _____,⁵ elle nous encourage sans se moquer de nous. Elle

a l'air de (passer des moments agréables) _____⁶ en classe.

En cours elle (n'oublie pas) _____⁷ nos objectifs, et nous travail-

lons dur. Nous n'avons pas le temps de (nous reposer) _____,⁸ en

général; nous (allons vite) _____⁹ pour tout finir. Mais nous (passons

des moments agréables) _____¹⁰ aussi.

C. Les distractions des étudiants. Complétez les phrases suivantes en écoutant le passage.

Je _____¹ parfois si les étudiants français ont le temps de

_____.² En général, dans l'université même (*itself*), il n'y a pas

de salle de sport ni (*nor*) de théâtres. Pourtant (*Nevertheless*), les étudiants doivent aussi

_____.³ On a besoin de _____⁴ quelquefois et

de prendre le temps de vivre.

Le soir, les étudiants _____⁵ souvent dans le quartier universitaire.

Ils _____⁶ à une table dans un café pour prendre un verre et discuter

avant de rentrer travailler. Le dimanche, beaucoup d'étudiants déjeunent, sans

_____,⁷ chez leurs parents ou leurs grands-parents. Ils

_____⁸ en faisant (*by playing*) un peu de sport, une promenade ou en

allant (*by going*) à une exposition ou au cinéma.

Les réponses se trouvent en appendice.

D. Une vie d'étudiant. Écoutez chacune des situations suivantes, et choisissez l'expression verbale qui la décrit.

Vous entendez: Tu sors le samedi soir avec tes amis: d'abord, au restaurant, ensuite, en boîte.

Vous écrivez: a. Tu t'excuses.   ⓑ Tu t'amuses.

1. a. Je me dépêche.   b. Je m'arrête.

2. a. Je me souviens de toi.   b. Je me demande si c'est vrai.

3. a. Ils se trouvent là-bas maintenant.   b. Ils vont s'installer là-bas plus tard.

4. a. Je me trompe.   b. Je me repose.

5. a. Nous nous entendons bien.   b. Nous nous détendons bien.

Les verbes pronominaux (deuxième partie)
Expressing Actions

A. Deux familles. Décrivez la famille Legault qui fait toujours le contraire de la famille Lapointe.

Verbes utiles: se disputer, s'en aller, s'endormir, s'ennuyer, se fâcher, s'installer, se mettre à (*to begin* [*doing*]), se perdre, se tromper

MODÈLE: Les Lapointe se calment. →
Les Legault se fâchent.

1. Les Lapointe se réveillent.

   _____

2. Les Lapointe quittent leur maison.

   _____ chez eux.

3. Les Lapointe s'amusent.

   _____

4. Les Lapointe s'entendent avec leurs collègues.

   _____ avec leurs collègues.

5. Les Lapointe finissent de travailler.

   _____ travailler.

6. Les Lapointe trouvent leur route.

   _____

7. Les Lapointe arrivent.

   _____

8. Les Lapointe ont raison.

   _____

B. Qu'est-ce qu'on fait? Faites des phrases complètes avec les mots donnés, puis imaginez une explication.

MODÈLE: Geoffroy / se raser / samedi soir →
Geoffroy se rase samedi soir parce qu'il sort avec sa copine.

1. Marcel / se réveiller / tôt _____

   _____

2. tu / se lever / midi _____

   _____

3. M. Dupont / se coucher / cinq heures _____

   _____

4. je / s'habiller / bien / après-midi _____

    _____

5. les enfants / s'ennuyer / week-end _____

    _____

6. Laure / se regarder / miroir _____

    _____

C. Un mariage en danger? Un psychologue pose des questions personnelles à deux personnes mariées qui ne s'entendent pas bien à cause de leur emploi du temps le matin. Complétez les questions et les réponses en utilisant des verbes pronominaux.

PSYCHOLOGUE: À quelle heure est-ce que vous _____¹ le matin?	se lever (2) se réveiller (2)

FEMME: Nous _____² à 6 h 10,

mais mon mari ne _____³

qu'à 6 h 45. Moi, je _____⁴

à 6 h 15. Je trouve mon mari paresseux.

PSYCHOLOGUE: Et vous _____⁵ le soir ou le matin?	se baigner se doucher se lever

HOMME: Nous n'aimons pas les bains. Nous

_____⁶ tous les deux le

matin. C'est pourquoi nous

_____⁷ l'un après l'autre.

PSYCHOLOGUE: Est-ce que vous _____⁸ les dents en même temps?	se brosser (3) s'habiller s'intéresser

HOMME: Non. Je _____⁹ les dents

très souvent, mais ma femme le fait le matin et le

soir seulement. Elle ne

_____¹⁰ pas à la santé.

FEMME: Mais lui, il _____¹¹ les

dents dans la chambre pendant que je

_____¹²! C'est très agaçant

(*annoying*)!

PSYCHOLOGUE: Vous êtes tous les deux très critiques, n'est-ce pas?

D. La vie quotidienne. Écoutez les remarques de Thomas, et transformez-les en questions contenant (*containing*) un verbe pronominal. Suivez le modèle.

Expressions utiles: s'amuser, se coucher, s'en aller, s'habiller, se lever, se réveiller

Vous entendez:	Le matin, j'ouvre (*I open*) les yeux difficilement.
Vous dites:	Tu te réveilles difficilement?

1. ...   2. ...   3. ...   4. ...   5. ...

E. Une journée dans la vie de Jeanne-Marie. Regardez le dessin et écoutez les questions. Répondez à chaque question en vous basant sur le dessin.

Vous entendez:	À quelle heure est-ce que Jeanne-Marie se réveille?
Vous dites:	Elle se réveille à sept heures.
Vous entendez:	Imaginez: à quelle heure est-ce qu'elle se brosse les dents?
Vous dites:	Elle se brosse les dents à sept heures vingt.

1. ...   2. ...   3. ...   4. ...   5. ...   6. ...

F. Comparez-vous à Philippe. Écoutez la description des habitudes de Philippe, puis donnez votre propre réponse. Vous n'entendrez pas de réponses suggérées.

Vous entendez:	Philippe se réveille à six heures et demie.
	Et vous? À quelle heure est-ce que vous vous réveillez?
Vous dites:	Moi? À sept heures.

1. ...   2. ...   3. ...   4. ...   5. ...

Correspondance

Le courrier

Complétez la carte postale avec les mots suivants: **à, demande, foudre, mains, s'est, se promener, te rappelles, te souviens, tombée.**

CARTE POSTALE

Ma pauvre Bénédicte,

Tu te lèves, tu travailles, tu manges, tu te couches et tu t'ennuies! Comme c'est triste[a]!

Tu _____ [1] de tes dernières vacances à la Martinique? On

_____ [2] bien amusés, non? On se couchait tôt le matin, on se levait

tard, on allait se baigner et _____,[3] on essayait de nouveaux sports.

Tu _____ [4] quand tu es _____ [5] amoureuse

de l'instructeur de tennis? Oh là là! Quand il arrivait, tu avais la gorge sèche[b] et les

_____ [6] qui tremblaient. C'était vraiment pathétique! Mais tu sais, je

crois que c'est pour ça que je suis instructeur de tennis, moi, aujourd'hui! J'espère qu'une

de mes élèves va aussi avoir le coup de _____ [7] pour moi! Dis, est-ce

que tu crois qu'il est temps de te rendre _____ [8] l'agence de voyages

pour préparer de nouvelles vacances à la Martinique? Je me _____ [9]

si tu n'en as pas besoin. Qu'en penses-tu?

Ton copain,

Jérôme

---

[a]sad [b]dry

Info-culture

Relisez **En image** et **Reportage** dans votre livre, puis indiquez si les phrases suivantes sont vraies (**V**) ou fausses (**F**).

1. V F On a créé le Club Méditerranée en 1960.

2. V F Il y a environ 120 villages de vacances du Club Med dans le monde.

3. V F Le Club Med a été une idée révolutionnaire.

4. V F Les visiteurs au Club Med s'appellent les «gentils membres».

5. V F La Martinique est un département d'outre-mer de France.

6. V F Le climat de la Martinique est assez froid et sec (*dry*).

7. V F La vie martiniquaise reflet le climat et l'environnement naturel de l'île.

Jérôme à l'appareil!

Bonjour, docteur! Jérôme n'est pas en pleine forme (*in good health*). Il téléphone au docteur Hélène Fruchot. Écoutez leur conversation, puis indiquez si les phrases suivantes sont vraies (**V**) ou fausses (**F**).

À comprendre: cachet (*tablet*), inhabituel (*unusual*), je me sens (*I feel*), je me suis rendu à (*I went to*), natation (*swimming*)

1. V F Jérôme ne pratique qu'un sport, le tennis.

2. V F Jérôme s'est ennuyé hier.

3. V F Le docteur ne comprend pas pourquoi Jérôme est fatigué.

4. V F Elle lui dit de prendre de l'aspirine et de se reposer.

5. V F Jérôme ne semble pas très enthousiaste à la fin de la conversation.

Flash-culture

Le Club Med dans le monde francophone

Vous voulez, en une semaine ou quinze jours, découvrir un pays étranger, vous reposer, vous amuser, vous faire un corps d'athlète, vous initier à la gastronomie française? Vous désirez échapper à[1] la monotonie du quotidien? Allez au Club Méditerranée!

Le Club Med est l'art de vivre à la française dans une quarantaine de[2] pays et cinq continents. Le Club Med compte environ[3] 120 villages de vacances, en France mais aussi dans le monde francophone: en Suisse, en Afrique (au Sénégal), dans l'océan Indien (à l'île Maurice), dans les Caraïbes (aux Antilles), dans le Pacifique (dans les îles de la Polynésie, en Nouvelle-Calédonie).

Vous y rencontrerez des Français et d'autres francophones, mais aussi des Allemands, des Italiens, des Japonais et des Nord-Américains.

---

[1]échapper... *to escape from*   [2]une... *around forty*   [3]compte... *includes about*

A. **Révisons!** Relisez le **Flash-culture,** puis indiquez si les phrases suivantes sont vraies (**V**) ou fausses (**F**).

1. V   F   Les villages du Club Med offrent une grande variété d'activités.

2. V   F   Le Club Med, c'est la monotonie du quotidien.

3. V   F   Le Club Med se trouve uniquement en Europe et dans les Caraïbes.

4. V   F   La Nouvelle-Calédonie est dans l'océan Indien.

B. Enquête culturelle. Utilisez des ressources imprimées ou des liens sur **www.mhhe.com/visavis3** pour trouver les réponses aux questions suivantes.

1. Trouvez le village de vacances Club Med situé géographiquement le plus près de chez vous. Trouvez un village Club Med dans une région lointaine (par rapport à votre domicile). Trouvez et nommez plusieurs villages dans des régions francophones.

   _____

   _____

   _____

   _____

2. Choisissez un des villages que vous avez identifié dans la question numéro 1 et racontez l'emploi du temps et les activités d'une journée typique dans ce village.

   _____

   _____

   _____

   _____

3. Choisissez deux villages Club Med et indiquez comment ils diffèrent l'un de l'autre. Quel temps fait-il d'habitude pour la date d'aujourd'hui dans ces deux régions? Quel village préférez-vous? Pourquoi?

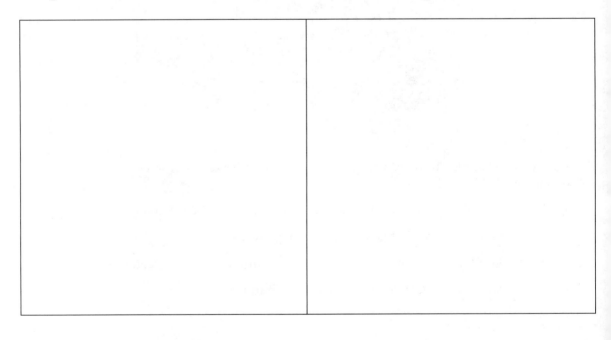

Leçon 3: Structures

Les verbes pronominaux (troisième partie)
Expressing Reciprocal Actions

A. Qu'est-ce qui se passe? Les personnes suivantes se rencontrent pour la première fois. Décrivez leurs réactions. Utilisez des verbes pronominaux et non-pronominaux selon les indices dans les dessins.

Verbes utiles: (s')adorer, (se) détester, (se) disputer, (se) parler, (se) regarder

MODÈLES:

Paul et Marie *se regardent* .   Marie *regarde Paul* . Paul *regarde Marie* .

1. Denise et Pierre _____

   _____

   _____

2. Béatrice _____

   _____ . Yves _____

   _____

3. Gérard _____

    _____. Marthe _____

    _____

4. Marcel et Eugénie _____

    _____

    _____

5. Véronique et Denis _____

    _____

    _____.

B. **Que font les voisins du quartier?** Écoutez chaque question, et répondez en vous basant sur le dessin.

Expressions utiles: se dire bonjour, se disputer, se parler, se regarder, se téléphoner

Vous entendez: Que font le professeur Renaud et Jean-Louis?
Vous dites: Ils se parlent.

1. …   2. …   3. …   4. …

C. **Avec enthousiasme.** Une vedette (*celebrity*) parle de son prochain mariage. Écoutez les questions, et répondez pour la vedette.

> Begin each answer with
> **Ah oui...** or **Ah non...**

Vous entendez: Votre fiancé et vous, vous vous connaissez bien?

Vous dites: Ah oui, nous nous connaissons très bien!

1. ...   2. ...   3. ...   4. ...

D. **La déprime. (*Depression*.)** Maintenant, la vedette parle de sa séparation récente. Donnez les réponses de la vedette.

Verbes utiles: s'admirer, s'aimer, se comprendre, s'écrire, se parler

> Use **ne... plus** in your answers.

Vous entendez: Alors, parlez-nous de l'admiration que vous avez l'un pour l'autre.

Vous dites: Nous ne nous admirons plus, vous savez.

1. ...   2. ...   3. ...   4. ...

Les verbes pronominaux (quatrième partie)
Talking About the Past and Giving Commands

A. **Des gens contrariés.** Yves donne des conseils. Paul contredit (*contradicts*) tout ce qu'il dit. Employez un verbe de la liste pour chaque conseil.

Suggestions: s'amuser, se brosser les dents, se coucher, s'en aller, s'excuser, se marier

MODÈLES: Suzette dit qu'elle veut partir. →
   YVES: Alors va-t'en.
   PAUL: Non, ne t'en va pas.

   Nous disons que nous sommes en retard. →
   YVES: Alors dépêchez-vous.
   PAUL: Non, ne vous dépêchez pas.

1. Claude Robin dit qu'il a sommeil.

   YVES: _____

   PAUL: _____

2. Danielle dit qu'elle n'aime pas la vie de célibataire.

   YVES: _____

   PAUL: _____

3. Richard dit qu'il a un goût horrible dans la bouche.

YVES: _____

PAUL: _____

4. Nous annonçons que nous prenons nos vacances demain.

YVES: _____

PAUL: _____

5. Les Robin ont été impolis.

YVES: _____

PAUL: _____

B. **Métro, boulot, dodo.** Voici comment un jeune couple passe la journée aujourd'hui. Qu'ont-ils fait hier? (Attention à l'accord du participe passé. Il y a un verbe à l'imparfait.)

MODÈLE: Francine s'est levée la première…

Francine se lève la première et Julien se réveille une demi-heure plus tard. Ils s'habillent. Ils prennent leur petit déjeuner dans la cuisine. Ensuite Francine part en cours, pendant que Julien lit le journal.

À midi, Francine et Julien se retrouvent au café. Après le déjeuner, ils se promènent pendant un moment, puis ils retournent à leurs activités.

Le soir, Julien se repose après le dîner devant la télévision, mais sa femme étudie. Quand Francine s'endort sur ses livres, Julien la réveille. Ils se couchent vers onze heures.

Ils se plaignent (*complain*) tous les deux de ne pas avoir assez d'énergie.

_____

_____

_____

_____

_____

_____

_____

_____

_____

_____

Que doivent faire Francine et Julien pour avoir plus d'énergie? Et vous?

_____

_____

C. Ordres. Vous êtes moniteur ou monitrice dans une colonie de vacances. Écoutez chaque situation, et donnez des ordres aux jeunes campeurs.

Vous entendez:	Maurice ne s'est pas encore réveillé.
Vous voyez:	maintenant
Vous dites:	Réveille-toi maintenant!

1. plus tôt
2. maintenant
3. tout de suite
4. immédiatement
5. immédiatement

D. Ma journée d'hier. Parlez de ce que vous avez fait hier en répondant aux questions. Vous n'entendrez pas de réponses suggérées.

Vous entendez:	À quelle heure vous êtes-vous réveillé(e)?
Vous dites:	Je me suis réveillé(e) vers six heures et demie.

1. ... 2. ... 3. ... 4. ... 5. ...

E. Une rencontre. Pensez à votre première rencontre avec un bon ami ou une bonne amie. Écoutez les questions et les réponses, puis donnez votre propre réponse.

Vous entendez:	—Votre ami(e) et vous, où est-ce que vous vous êtes vu(e)s pour la première fois?
	—En cours de biologie.
	—Nous? Chez des amis.
	—Et vous?
Vous dites:	Nous nous sommes vu(e)s pour la première fois à une fête.

1. ... 2. ... 3. ...

Leçon 4: Perspectives

Faire le bilan

A. Conversations. Complétez chaque conversation avec la forme correcte du verbe approprié. Répondez ensuite aux questions personnelles.

1. Le fils du dentiste (se brosser)

   —Combien de fois par jour _____-vous les dents?

   —J'essaie de _____ les dents trois fois par jour, mais il est souvent

   difficile de _____ les dents à midi.

   Où et quand vous brossez-vous les dents? _____

   _____

2. Chez le psychiatre (s'appeler / se tromper / s'installer)

—Comment _____-vous? Pierre?

—Non, vous _____. Je _____ Napoléon

Bonaparte!

—Eh bien, Napoléon. _____-vous sur le divan et parlez-moi.

Avez-vous des complexes de supériorité ou d'infériorité? Décrivez-les. _____

_____

3. Le sommeil (s'endormir / se coucher)

—_____-tu facilement?

—Oui, si je ne _____ pas trop tôt, et toi?

—Je ne _____ jamais avant minuit, et je _____

toujours facilement.

Et vous? _____

_____

B. **Un nouvel ami.** Vous travaillez pour un journal. On vous donne la description d'un être (*being*) qui vient d'arriver de la planète Mars. Dessinez-le.

Il était assez grand. Sa tête et son corps étaient

ronds et séparés par un long cou. Ses trois

bras étaient aussi courts que ses huit jambes.

Ses mains et ses pieds n'avaient que trois

doigts. Sa petite bouche ronde était juste au

centre de son visage avec une seule dent

pointue (*pointed*). Ses cinq yeux formaient un

cercle. Je n'ai pas réussi à voir s'il avait des

cheveux parce qu'il portait un chapeau en

forme de croissant.

C. **Le coup de foudre.** Voici l'histoire d'amour de Pierre et de Sophie. Complétez les phrases suivantes avec un verbe pronominal au passé composé.

Pierre et Sophie _____[1] chez

des amis l'année dernière. Le lendemain matin,

ils _____[2] très tôt. Ils

_____[3] longtemps. L'après-midi,

ils _____[4] dans le parc.

se parler
se promener
se rencontrer
se téléphoner

D'abord, ils _____⁵du coin de l'œil,

puis ils _____⁶ par la main. Ils

_____⁷ des mots d'amour et ils

_____⁸ timidement.

se dire
s'embrasser
se prendre
se regarder

Après, ils (ne… plus) _____.⁹ Ils

_____¹⁰ deux mois plus tard. Ils forment le

couple parfait. Ils _____¹¹ (*présent*) très bien et

depuis qu'ils sont mariés, ils (ne… jamais) _____.¹²

se disputer
s'entendre
se marier
se quitter

D. Votre vie à vous. Complétez chaque phrase en expliquant à quel moment ces événements arrivent et pourquoi.

MODÈLE: Je / se dépêcher → Je me dépêche tout le temps parce que j'ai beaucoup à faire.

1. Mes amis / se détendre _____

_____

2. Mes amis et moi / s'amuser _____

_____

3. Mes parents et moi / s'entendre _____

_____

4. Je / s'installer / devant mes livres _____

_____

5. Mon professeur de français / s'excuser _____

_____

Prononciation

Les voyelles orales. The French vowel sounds [y], [œ] and [ø] have no equivalent sounds in English. Listen carefully to these sounds in French: **une, fleur, peu.**

Répétez les mots suivants.

1. salut / numéro / Luc / lunettes

2. deux / sérieux / adieu

3. heure / œuvre / acteur / meuble

Voyelles finales. Pay attention to the clearly distinct vowel sounds at the end of these words: the [i] sound in **six**; the [e] sound in **été**; and the [ɛ] sound in **lait**.

Répétez les mots suivants.

1. mis / mémé / mais
2. fit / fée / fait
3. Marie / marée / Marais
4. dit / des / dès
5. si / ces / c'est
6. pris / pré / prêt

À l'écoute!

Le grand jour. Vous entendez une publicité pour un événement destiné à ceux qui veulent se marier. Écoutez l'annonce, puis complétez sa transcription.

Vous _____¹ jour où vous _____²?

Depuis, _____,³ et maintenant, vous voulez vous marier, mais

_____⁴ comment vous allez trouver l'énergie de le faire et de le

faire sans _____⁵ votre fiancé et votre famille. Il est temps de

_____⁶ salon du mariage à Paris. De la robe de mariée aux

détails de la réception, des spécialistes du mariage _____⁷ vous

aider à organiser cet heureux jour. _____⁸: le salon ferme ses

portes le 31 janvier.

Les réponses se trouvent en appendice.

Par écrit

Function:	Writing about a memorable event
Audience:	Your instructor and/or classmates
Goal:	Telling about a memorable day or event from your childhood. (If nothing interesting comes to mind, make something up. This may be a unique opportunity to reinvent the past!)

Steps

1. Take 15 minutes to brainstorm: Jot down everything that comes to mind about the topic. Put your notes aside and take a break.
2. Come back from your break and organize your notes. Discard the ones that seem irrelevant. Choose the most interesting points and organize your essay around them. Add supporting details, and be as specific and descriptive as possible.

3. Write the rough draft. Whenever appropriate, use comparisons and reflexive and pronominal verbs. Put the draft aside for a while, then reread it for continuity and clarity.
4. Have a classmate check your work.
5. Read the composition one last time, checking spelling, punctuation, and grammar. Prepare your final draft.

Journal intime

Choisissez un des sujets suivants.

- Racontez comment deux personnes que vous connaissez se sont connues: vos parents, vous et votre meilleur(e) ami(e), par exemple.
- Racontez ce que vous avez fait ce matin, à partir de votre réveil jusqu'à midi. Expliquez en quoi votre matinée a été normale ou anormale.

  MODÈLE: Ma matinée? Très banale. Je me suis levé(e) à 7 h, le chat m'a dit «bonjour» (miaou!), nous sommes allés prendre le petit déjeuner…

Nom _____ Date _____ Cours _____

CHAPITRE 14

Sur le marché du travail

Leçon 1: Paroles

Au travail

A. Au travail. Complétez chaque phrase en utilisant le vocabulaire du chapitre.

MODÈLE: Un homme qui est responsable des soins (*care*) des dents est ___*un dentiste*___.

1. Un homme qui travaille normalement de 35 à 40 heures par semaine dans une usine (*factory*)

   est _____.

2. Une femme qui travaille dans une école primaire s'appelle _____.

3. Une personne qui travaille avec les comptes financiers d'une entreprise est

   _____.

4. À l'hôpital, une femme qui est responsable des soins d'un malade est _____.

5. Un commerçant qui vous vend de la viande est _____.

6. Une femme qui vous coupe les cheveux et qui vous coiffe s'appelle _____.

7. Un homme qui vous apporte le courrier est _____.

8. Un homme qui assiste et représente ses clients en justice est _____.

B. Votre vie à vous. Connaissez-vous des gens qui ont les professions ou les emplois suivants? Si vous ne connaissez personne, identifiez une personne célèbre ou un personnage de roman, de film ou d'une émission de télévision.

MODÈLE: ingénieur → Ma voisine est ingénieur.[*]

1. agent de police _____

2. chef d'entreprise _____

3. fonctionnaire _____

4. plombier _____

5. artiste peintre _____

_____

[*]On n'emploi pas d'article quand on identifie la profession d'une personne: **Il est médecin. Elle est avocate.** Mais on utilise l'article après **C'est: C'est un médecin. C'est une avocate.**

C. Professions. Écoutez les descriptions suivantes en regardant les images. Donnez le nom de la profession.

À comprendre: champs (*fields*), range (*files*), soigne (*takes care of*), tape (*types*)

Vous entendez: Cette personne voyage partout dans le monde pour faire des reportages sur l'actualité (*news*). Elle écrit des histoires et des articles tous les jours.

Vous dites: C'est une journaliste.

1. ...   2. ...   3. ...   4. ...   5. ...

À la banque

A. Question d'argent, I. Complétez les phrases de façon logique.

1. Si vous n'aimez pas avoir de l'argent liquide sur vous, mais que vous aimez faire des courses, vous avez probablement un compte- _____.

2. Dans un magasin, le caissier (*cashier*) calcule le _____ parce que le client veut savoir combien il doit payer.

3. Les nouveaux mariés qui veulent un jour acheter une maison doivent avoir un compte _____.

4. Oh zut! Je ne peux pas faire de chèque. J'ai laissé mon _____ à la maison.

B. Question d'argent, II. Écoutez chaque phrase, et choisissez l'expression définie.

1. C'est...
   a. un compte d'épargne
   b. un bureau de change

2. Ce sont...
   a. vos économies
   b. vos cartes de crédit

3. Ce sont...
   a. vos billets de banque
   b. vos dépenses

4. C'est...
   a. un chèque
   b. la monnaie

5. C'est...
   a. un bureau de change
   b. un cours de change

6. C'est...
   a. le cours du dollar
   b. le coût de la vie

Le budget de Marc Convert

A. Un budget. Un ami a des ennuis financiers. Il vous décrit ses difficultés. Écrivez le conseil que vous lui donnez dans chaque cas. Utilisez la liste de vocabulaire ou d'autres termes que vous savez.

Vocabulaire: augmentation de salaire, coût de la vie, dépenser, économiser, élevé(e), emprunter, faire des économies, gagner, société

MODÈLE: AMI: J'achète six CD par mois.
VOUS: Emprunte-en à la bibliothèque. Tu vas économiser $100 par mois. (Tu dois t'arrêter de dépenser ton argent pour des luxes.)

1. AMI: Je gagne seulement cinq euros à l'heure.

   VOUS: _____

   _____

2. AMI: J'aime le homard et le bœuf.

   VOUS: _____

   _____

3. AMI: Le propriétaire de mon appartement vient d'augmenter le loyer (*rent*).

   VOUS: _____

   _____

4. AMI: Le prix de l'essence pour ma voiture devient très cher.

   VOUS: _____

   _____

B. Mon budget. Vous avez demandé une bourse (*scholarship*) à l'université. Écoutez les réponses de deux autres étudiants avant de répondre vous-même à chaque question. Vous n'entendrez pas de réponses suggérées.

Vous entendez: —Quelles sont vos ressources financières? D'où provient votre argent? (*Where does your money come from?*)
—Eh bien, de mes parents, de petits jobs et d'une bourse.
—Moi, j'ai un compte d'épargne que mes grands-parents ont ouvert à mon nom.
—Et vous?

Vous dites: Mon argent vient de petits jobs.

1. ... 2. ... 3. ... 4. ...

C. Votre vie à vous. Quelles sont vos circonstances et vos opinions en ce qui concerne l'argent et l'économie? Répondez aux questions suivantes.

1. Avez-vous un emploi? Est-ce que vous travaillez dans une petite ou une grande société (*company*), ou bien est-ce que vous travaillez pour l'université?

   _____

   _____

2. Combien est-ce que vous gagnez par mois?

   _____

3. Pensez-vous que le coût de la vie dans votre université est bas (*low*) ou élevé? Expliquez.

   _____

   _____

4. Espérez-vous avoir bientôt une augmentation de salaire? Pourquoi (pas)?

   _____

   _____

5. Faites-vous des économies? Pourquoi (pas)?

   _____

   _____

6. Environ combien dépensez-vous par mois?

   _____

7. Connaissez-vous quelqu'un qui est au chômage? Qui?

   _____

8. À votre avis, est-ce que le taux de chômage actuel est trop élevé ou normal?

   _____

Le verbe *ouvrir*

A. Ah! Les verbes! Complétez les tableaux suivants avec les formes convenables.

	DÉCOUVRIR	SOUFFRIR
je		
les scientifiques		
vous		
un malade		

B. Pensées diverses. Complétez les phrases suivantes avec un de ces verbes: **couvrir, fermer, offrir, ouvrir** ou **souffrir.** Attention, vous pouvez utiliser l'infinitif, l'impératif, le présent, le passé composé ou l'imparfait.

1. **En cours.** Le professeur de calcul a dit: «_____[1] votre livre à la page soixante,

   mais _____[2] les réponses. Si vous ne les finissez pas ce matin, vous allez

   _____[3] à l'examen.»

2. **Une maladie.** Nous _____[1] de l'aspirine à Marc hier matin parce qu'il

   _____[2] d'un mal de tête abominable. Il avait si mal qu'il n'est pas arrivé à

   _____[3] la bouteille. Je lui _____[4] la bouteille, je lui ai donné

   de l'aspirine, et puis j' _____[5] encore la bouteille. Lui, il s'est endormi.

 Leçon 2: Structures

Le futur simple
Talking About the Future

A. Ah! Les verbes! Complétez ce tableau avec les formes correctes du futur.

	TU	LES GENS	JE / J'	NOUS
avoir				
pouvoir				
savoir				
aller				

B. Préparatifs pour la visite de Grand-mère. Gérard et sa famille ont tendance à tout remettre (*put off*) à demain. Imaginez les réponses de Gérard quand son amie l'interroge. Utilisez un pronom objet et l'expression de temps entre parenthèses dans chaque réponse.

> MODÈLES: Est-ce que ton frère a pris des billets pour le théâtre? (bientôt) →
> Pas encore. Il en prendra bientôt.
>
> Avez-vous fait le ménage? (la semaine prochaine) →
> Pas encore. Nous le ferons la semaine prochaine.

1. As-tu acheté une pellicule photo (*camera film*)? (demain matin) _____

   _____

2. Est-ce qu'Évelyne fait un gâteau? (dimanche prochain) _____

   _____

3. Est-ce que ton père lui a envoyé un billet de train? (demain) _____

   _____

4. Ton frère et toi, vous avez vu votre Tante Louise? (quand grand-mère sera chez nous) _____

   _____

5. Est-ce que tes parents ont acheté les provisions? (ce week-end) _____

   _____

6. As-tu dit aux amis de ta grand-mère qu'elle arrivera bientôt? (ce soir) _____

   _____

C. Bavardages. Charles et Louis parlent au téléphone. Complétez leur conversation en utilisant le futur ou le présent. Rappel: On utilise le présent dans une proposition subordonnée avec **si.**

CHARLES: Tu ne _____[1] jamais ce que j'ai trouvé au marché

aux puces (*flea market*). C'est une petite merveille.

croire
dire
être
montrer
voir

LOUIS: Écoute, Georges est là. Si tu me le _____[2]

maintenant, je _____[3] obligé de le lui expliquer.

Attendons.

CHARLES: Bon, je te le _____[4] quand je te

_____[5] dans deux jours.

LOUIS: D'accord, à vendredi. Dis, si tu me _____[6] de la

appeler
arriver
téléphoner
venir

gare, je _____[7] te chercher.

CHARLES: Je t'_____[8] dès que j'_____.[9]

Votre vie à vous.

1. Où est le marché aux puces dans votre ville? _____

2. Irez-vous au marché aux puces ce week-end? Qu'espérez-vous trouver? _____

_____

D. Votre vie à vous. Complétez chaque phrase en vous basant sur votre expérience et sur vos opinons personnelles. Attention à l'usage des temps.

MODÈLES: Je travaillerai pendant les grandes vacances si *je peux trouver un emploi* .

Je continuerai mes études dès que *j'aurai mon diplôme* .

1. Je finirai mes études si _____

_____

2. Je passerai toute ma vie dans cette ville si _____

_____

3. Je trouverai un job aussitôt que _____

_____

4. Je commencerai à gagner un bon salaire lorsque _____

_____

5. Je serai heureux/heureuse quand _____

_____

E. Projets d'été. Écoutez les propos (*statements*) de certains étudiants au café, et mettez un cercle autour des lettres indiquant le temps du verbe utilisé dans chaque phrase: passé (**PA**), présent (**PR**) ou futur (**F**).

1. PA PR F   5. PA PR F

2. PA PR F   6. PA PR F

3. PA PR F   7. PA PR F

4. PA PR F

F. Rêves d'avenir. Annie rêve souvent à son avenir. Regardez un moment les dessins suivants. Ensuite, écoutez les questions et répondez-y en vous basant sur les dessins.

Vous entendez:	Annie va bientôt commencer ses études universitaires. Quelles sortes d'études est-ce qu'elle fera?
Vous dites:	Elle fera des études de médecine.

1. …   2. …   3. …   4. …

G. Et vous? Voici quelques questions sur vos projets immédiats et vos projets d'avenir. Écoutez chaque question et la réponse d'un camarade. Ensuite, donnez une réponse personnelle. Vous n'entendrez pas de réponses suggérées.

Vous entendez:	Quand finiras-tu tes études? —Moi, je les finirai dans deux ans. —Et toi?
Vous dites:	Moi, je les finirai dans trois ans et demi.

1. …   2. …   3. …   4. …

Correspondance

Le courrier

Complétez la carte postale avec les expressions suivantes: **argent liquide, compte-chèques, distributeur, faire, gagner, offrir, prochain, retirer, sera.**

CARTE POSTALE

Mon cher Jérôme,

Un jour, je travaillerai peut-être aussi sous le soleil comme toi, mais pour le moment, je suis à Paris et je donne des cours particuliers[a] pour _____¹ un peu d'argent. Des cours d'anglais. Ça me permettra peut-être de m'_____² un petit voyage à la Martinique! Un de mes élèves est facteur! Il va passer des vacances à San Francisco l'été _____³ et il veut pouvoir parler anglais quand il y _____.⁴ Alors, on s'en reparle!

Demain, je vais ouvrir un compte d'épargne à la banque. J'ai déjà un _____,⁵ mais comme je veux _____⁶ des économies, je crois qu'un compte d'épargne, c'est une bonne idée. Je ferai aussi une demande de carte pour pouvoir _____⁷ de l'argent au _____⁸ automatique. C'est plus pratique quand on a besoin d'_____.⁹

Voilà, écris-moi vite pour me dire que l'été prochain je serai avec toi à la Martinique. (On peut toujours rêver!)

Bisous,

Bénédicte

---

[a]je… *I'm tutoring*

Info-culture

Relisez **En image** et **Reportage** dans votre livre, puis indiquez la façon correcte de compléter les phrases suivantes.

1. Gustave Caillebotte était un _____ impressionniste du 19ᵉ siècle.
   a. peintre
   b. photographe

2. Il s'est inspiré des techniques de _____.
   a. la peinture classique
   b. la photographie

3. Caillebotte était innovateur avec son usage de _____.
   a. la Révolution industrielle
   b. la lumière et des angles de vue

4. Les droits d'entrée à l'université en France _____ cher.
   a. coûtent
   b. ne coûtent pas

5. Les étudiants doivent souvent se trouver un petit boulot (*job*) pour couvrir _____ quotidiens.
   a. les travaux
   b. les frais

6. Pour trouver un petit boulot, il faut commencer à chercher tôt, rester informé, et _____ des lettres de motivation bien rédigées (*edited, written*).
   a. écrire
   b. lire

7. Un stage n'est pas toujours payé, mais _____.
   a. il est toujours obligatoire
   b. il vous prépare à travailler dans le domaine de vos études

8. Pour trouver un stage, _____.
   a. il faut parler à toutes les personnes que vous connaissez
   b. on peut consulter les petites annonces du Centre d'Information et de Documentation pour la Jeunesse

Jérôme à l'appareil!

Les gentils organisateurs. (*Congenial hosts*.) Jérôme téléphone à son amie Bénédicte pour lui donner quelques renseignements sur le Club Med. Écoutez leur conversation, puis indiquez si les phrases suivantes sont vraies (**V**) ou fausses (**F**).

À comprendre: occasion (*opportunity*)

1. V F   Jérôme conseille à Bénédicte de poser sa candidature après le mois d'avril.

2. V F   Au Club Med, on appelle les vacanciers (*vacationers*) les G.O.

3. V F   Selon Jérôme, les employés du Club Med ont beaucoup de temps libre.

4. V F   Le contrat de travail que Bénédicte devra signer sera probablement pour trois mois.

5. V F   Le G.O. idéal est sérieux et introverti.

6. V F   De nombreux employés du Club Med sont millionnaires.

Flash-culture

Les Antilles: une agriculture exportatrice

Une tonne de cannes à sucre donne 115 kg de sucre. L'économie des Antilles a longtemps dépendu de la canne à sucre et de ses dérivés, principalement le rhum.

Omniprésente aux 18e et 19e siècles, la canne à sucre occupe aujourd'hui une place importante derrière la banane qui est devenue le premier produit d'exportation.

Pour les gens qui habitent sous des climats continentaux, ces produits sont synonymes de soleil et d'exotisme. Ils évoquent l'agriculture généreuse des îles tropicales. Pour les Antillais, ils représentent le salut[1] de leur économie.

[1]*salvation*

A. **Révisons!** Relisez le **Flash-culture,** puis complétez les phrases suivantes.

1. L'_____ des Antilles a longtemps dépendu de la canne à sucre.

2. Un des _____ de la canne à sucre, c'est le rhum.

3. La canne à sucre se cultive depuis au moins trois _____.

4. Pourtant, aujourd'hui la _____ est le premier produit d'exportation.

5. Ces produits semblent exotiques pour les gens qui habitent sous des

   _____ moins ensoleillés (*less sunny*).

B. **Enquête culturelle.** Utilisez des ressources imprimées ou les liens sur **www.mhhe.com/visavis3** pour trouver les réponses aux questions suivantes.

1. On cultive beaucoup la canne à sucre aux Antilles francophones (la Martinique, la Guadeloupe, Haïti). Nommez trois autres produits agricoles qui jouent un rôle moins important dans l'économie de chaque île.

Martinique			
Guadeloupe			
Haïti			

2. Trouvez quelques informations sur la géographie, la population, le climat et l'histoire de la Martinique et de la Guadeloupe.

Martinique

_____

_____

_____

_____

_____

Guadeloupe

_____

_____

_____

_____

_____

Leçon 3: Structures

Les pronoms relatifs
Linking Ideas

A. Un nouvel appartement. Joëlle et Nathan pensent déménager (changer de résidence). Reliez (*Connect*) les deux phrases avec le pronom relatif **qui.**

MODÈLE: NATHAN: J'ai envie d'aller voir l'appartement. Il est près de chez nous. →
J'ai envie d'aller voir l'appartement qui est près de chez nous.

JOËLLE: D'accord. J'en ai noté l'adresse. Elle était dans le journal ce matin.

_____

NATHAN: L'immeuble a une piscine. Elle est ouverte toute l'année.

_____

JOËLLE: J'aime ce quartier. Il me rappelle l'Espagne.

_____

Reliez les phrases suivantes avec le pronom relatif **que**.

> MODÈLE: JOËLLE: C'est ce quartier. Je l'aime le plus (*the most*). →
> C'est ce quartier que j'aime le plus.

NATHAN: Eh! Nos voisins sont des Allemands. Je les ai rencontrés à la plage.

_____

JOËLLE: Habitent-ils dans un des studios? Ton amie Christine les a admirés.

_____

NATHAN: Non, je crois qu'ils ont un trois-pièces. Je ne l'ai jamais vu.

_____

B. Votre vie à vous. Avez vous besoin des choses indiquées? Faites des phrases en utilisant le pronom **dont**.

> MODÈLES: un nouveau livre de français? → Voilà quelque chose dont j'ai besoin.
>
> un ami méchant? → Voilà quelque chose dont je n'ai pas besoin.

1. un ballon de football? _____

2. un(e) fiancé(e)? _____

3. une femme ou un homme de ménage? _____

4. trois millions de dollars? _____

C. Promenade dans le Val de Loire. Utilisez le pronom **que, qu', qui** ou **dont**.

JULIE: Le voyage _____[1] nous faisons est vraiment formidable. On peut voir, sans sortir de l'autobus, tous les châteaux _____[2] sont décrits dans le guide.

RAOUL: Mais il faut marcher pendant les vacances. C'est le genre d'exercice _____[3] on a besoin si l'on ne veut pas grossir (*to gain weight*).

JULIE: Je ne peux pas refuser toutes ces pâtisseries _____[4] l'on me propose, surtout les éclairs, _____[5] sont si bons.

RAOUL: Tu vois ce monsieur devant nous _____[6] prend des photos?

JULIE: Lequel? (*Which one?*)

RAOUL: Ce monsieur-là _____[7] le manteau est tombé par terre. Je pense _____[8] c'est un espion (*spy*). Tu vois l'immeuble _____[9] il a pris une photo? Ce n'est pas un château. Et les choses _____[10] il parle sont un peu bizarres.

JULIE: D'accord, mais je te trouve aussi un peu bizarre quelquefois et je sais que tu n'es pas un espion.

Pourquoi Raoul est-il soupçonneux (*suspicious*)? _____

_____

D. Votre vie à vous. Finissez les phrases suivantes en vous basant sur votre expérience personnelle.

MODÈLES: Le samedi soir est un soir où ___*je travaille très peu*___.

Le samedi soir est un soir qui ___*n'est pas assez long*___.

Le samedi soir est un soir que ___*j'aime beaucoup*___.

1. J'achète souvent des livres dont _____

2. Midi est le moment où _____

3. J'habite une résidence (une maison, un appartement) qui _____

4. L'argent est une chose que (qu') _____

5. Le printemps est une saison où _____

6. Mes professeurs sont en général des gens que (qu') _____

7. J'ai un ami (une amie) dont _____

8. Je suis une personne qui _____

E. Interview d'un chef d'entreprise. Écoutons une interview de la bijoutière (*jewelry designer*) Geneviève Blanchard. Les bijoux qu'elle crée se vendent partout dans le monde, et surtout au Japon.

À comprendre: inutiles (*useless*), je dessine (*I design*), les trois quarts (*three quarters*), on peut réaliser (*one can make*)

Indiquez si les déclarations sont vraies (**V**) ou fausses (**F**) en vous basant sur la conversation.

1. V F Geneviève est une personne qui a beaucoup aimé ses études.

2. V F Pendant sa jeunesse, c'était surtout la création de bijoux qui intéressait Geneviève.

3. V F Les bijoux que Geneviève fabrique sont en pierres (*stones*) précieuses.

4. V F Cette entreprise fait des milliers de bijoux dont les trois-quarts partent en Amérique du Nord.

5. V F Les bijoux que Geneviève dessine pour les magazines sont trop difficiles à faire soi-même (*oneself*).

6. V F Geneviève est très fière de son entreprise.

F. **Au poste de police.** Des gens arrivent pour retrouver leurs affaires (*belongings*) ou pour poser des questions. Écoutez les conversations suivantes en regardant les dessins. Répondez en suivant le modèle.

À comprendre: le portefeuille (*wallet*), reçu (*receipt*)

Vous entendez:	—Je cherche mon carnet de chèques. Il est de la Banque nationale de Paris.
	—Est-ce que c'est le carnet que vous cherchez?
Vous dites:	Non, ce n'est pas le carnet que je cherche.

1.

2.

3.

4.

G. **Personnes et choses importantes.** Écoutez les propos de Daniel. Ensuite, complétez chaque phrase par écrit avec un détail qu'il vous a raconté.

1. Arthur, c'est une personne que _____

   _____

2. Caroline, c'est une amie qui _____

   _____

3. «Les Temps modernes», c'est un film dont _____

   _____

4. La Lune bleue, c'est un café où _____

   _____

Des réponses possibles se trouvent en appendice.

La comparaison de l'adjectif qualificatif
Making Comparisons

A. Les gens que vous connaissez. Faites des comparaisons en choisissant un adjectif de la liste.

MODÈLE: Mes grands-parents sont _aussi conservateurs que mes parents_.

+ bavard	+ intelligent
= conservateur	− occupé (*busy*)
− ennuyeux	− riche
+ heureux	= vieux

1. Mon professeur de français est _____.

2. Mes grands-parents sont _____.

3. Les étudiants dans ce cours sont _____.

4. Les femmes sont _____.

5. Les politiciens sont _____.

6. Les enfants sont _____.

7. Je suis _____.

B. Le bon vieux temps. M. Martin est très négatif; il critique tout ce qui est moderne. Donnez son opinion sur les sujets suivants en complétant les phrases, selon le modèle.

MODÈLE: les jeunes d'aujourd'hui / travailleur / en 1955 →
Les jeunes d'aujourd'hui sont moins travailleurs qu'en 1955.

1. les jeunes d'aujourd'hui / paresseux / pendant ma jeunesse

_____

2. les gens maintenant / égoïste / autrefois

_____

3. les écoles modernes / bon / autrefois

_____

4. les gens d'aujourd'hui / malheureux / autrefois

_____

5. le gouvernement actuel / mauvais / pendant les années cinquante

_____

6. en général, la vie moderne / ne... pas / bon / autrefois

_____

C. Votre vie à vous. Faites des comparaisons en vous basant sur vos opinions personnelles.

MODÈLE: mes parents / mes grands-parents / conservateur →
Mes parents sont aussi conservateurs que mes grands-parents. (Mes parents sont plus conservateurs… , Mes parents sont moins conservateurs…)

1. les films de Steven Spielberg / les films de Woody Allen / amusant

_____

2. le Whopper / le Big Mac / délicieux

_____

3. le Pepsi-Cola / le Coca-Cola / bon

_____

4. les émissions de télé-réalité / les documentaires / intéressant

_____

5. une formation (*education*) à Princeton / une formation à Stanford / prestigieux

_____

6. les femmes / les hommes / intelligent

_____

D. Votre vie à vous. Faites des phrases complètes en vous basant sur vos opinions personnelles. Mentionnez des personnes réelles ou imaginaires. Attention à la forme de l'adjectif.

MODÈLE: personne / important / université →
Le professeur de français est la personne la plus importante de l'université.
(Je suis la personne la moins importante de l'université.)

1. femme / talentueux / cinéma américain _____

_____

2. politicien / honnête / administration actuelle _____

_____

3. chanteuse / bon / États-Unis _____

_____

4. professeur / bon / faculté des lettres _____

_____

5. personnes / respecté / États-Unis _____

_____

6. femme / dynamique / ma famille _____

_____

7. acteur / mauvais / cinéma américain _____

_____

E. François fait toujours des comparaisons. Écoutez ses propos et donnez la conclusion logique, selon le modèle.

> Vous entendez: Hélène est plus sportive que moi.
> Vous dites: Eh oui, tu es moins sportif qu'elle.

1. ... 2. ... 3. ... 4. ... 5. ...

F. Personnages extraordinaires. Écoutez les descriptions et dites si vous êtes d'accord. Utilisez un superlatif en suivant le modèle.

> Vous entendez: Pinocchio a un long nez.
> Vous voyez: monde
> Vous dites: C'est vrai, il a le plus long nez du monde.

1. monde

2. littérature

3. Hollywood

4. univers

5. France

Leçon 4: Perspectives

Faire le bilan

A. **À la banque.** Complétez les phrases suivantes en mettant les verbes au futur.

> MODÈLE: Moi, j'ouvrirai un compte d'épargne le treize septembre. →
> Marie, elle, en ouvrira un le quatorze.
> Les Martin, eux, en ouvriront un le quinze.

1. Nous, nous recevrons notre carte bancaire le dix-huit.

   Vous, vous _____ votre carte le vingt-deux.

   Toi, tu _____ ta carte demain.

2. M. Heinz, lui, viendra toucher son chèque le dix-huit.

   Les Feydeaux, eux, _____ toucher leur chèque vendredi.

   Toi, tu _____ toucher ton chèque le vingt.

3. Je me présenterai au bureau de change la semaine prochaine.

   Georges _____ là-bas le dix-neuf.

   Nous _____ au bureau de change le vingt-neuf.

4. Vous aurez bientôt une interview pour demander un prêt (*loan*).

   Nous _____ notre interview le vingt et un.

   Mlle Pruneau _____ son interview le vingt-deux.

5. Nous déposerons notre chèque le dix-neuf.

   Je _____ mon chèque le quatorze.

   Mon ami _____ son chèque le dix-huit.

B. **Votre vie à vous.** Que ferez-vous dans les situations suivantes? (Utilisez des pronoms si possible dans vos réponses.)

> MODÈLE: Un ami (Une amie) vous invite à voyager en Europe. →
> Je n'irai pas avec lui (elle) parce que je n'ai pas assez d'argent.

1. Demain, c'est samedi. Vous avez des projets, mais la météo dit qu'il pleuvra.

   _____

2. Vous savez que vous aurez besoin dans un mois de 500 dollars pour réparer votre voiture.

   _____

3. Un collègue au travail est assez paresseux. Le résultat? C'est vous qui devez travailler plus dur.

   _____

4. Vous n'arriverez pas à joindre les deux bouts (*make ends meet*) à la fin du mois. Considérez vos dépenses et vos revenus, et dites comment vous pourrez économiser 10 % de vos revenus le mois prochain.

   _____

5. Un ami vous invite à une réunion à laquelle vous avez très envie d'aller, mais vous avez déjà accepté une autre invitation.

   _____

C. **Annonces.** Regardez bien les annonces publicitaires suivantes, puis choisissez trois objets que vous voulez acheter. Expliquez vos choix en employant les pronoms relatifs **qui**, **que** et **dont.**

à vendre

Appareil photo Canon EF avec objectif 35-70/1: 2,8. 3,5 zoom 20 mm 1.. 2,8. Fisch Eye 7,5 mm 1.. 5,6 SSC. le tout en parfait état pour 350€. Tél. 04 24 20 21 22.

Appareil de musculation avec disques 85€. Tél. 04 18 47 16 33, int. 257, prof/51 11 94, privé.

Aquarium avec meuble et poissons. 150 litres, 125 cm long, 45 large, 108 hauteur. Tél. 04 80 82 45 20 heures repas.

Avion radioguidé prêt à voler avec télécommande, très peu utilisé, 130€. Tél. 04 75 57 31 78, soir.

Bicyclette pliable bleue «Everton» 25€. **Lit** 1 personne d'appoint pliant, 15€. Tél. 04 02 43 91 20, bureau.

Blouson cuir noir + **jupe noire et violette cuir,** taille 38 + **anorak ski.** Tél. 04 61 33 87 93.

Canapé 3 places et 2 **fauteuils** en velours rouge, état de neuf; 65€. Tél. 04 52 94 55 97.

CB très bonne + ant. trans., match, coax, 50€. Tél. 04 22 89 04 00, soir.

Chaîne stéréo Kenwood, 1 ampli KA-900 High-Speed, 1 tuner KT 1000, 1 deck KX 1000 D, 3 têtes. 1 CD Funaï CD 5503, 2 H.-P. Marantz HD 500. Tout en très bon état pour 230€. Tél. 04 18 29 24 72, soir après 20 h.

Encyclopédie Britannica, magnifiques volumes, méthode avec microphone et lexicart sept. 88, jamais utilisée, prix à discuter. Tél. 04 01 83 09 34, dès 19 h.

Vends **montre chrono Aerowatch,** mouvement mécanique automatique, date, lune, 3 mini cadrans. Tél. 04 45 27 92 97, bureau. Vends aussi **sac de couchage** Richner Nordic. État neuf.

Orgue Hammond, modèle L 222, avec Leslie. 300€. Tél. 04 15 57 18 70.

Photocopieuse bon état Ubix 200 R (Graphax) très performante avec trieuse (15 cases). Contrat d'entretien encore valable. prix 475€. Tél. 04 33 21 45 28.

MODÈLE: L'avion radioguidé est le cadeau d'anniversaire dont mon frère aura envie. Il adore les jouets électroniques.

1. _____

2. _____

3. _____

À l'écoute!

Quels sont les éléments motivants (*motivating*) dans le travail? Le magazine hebdomadaire (*weekly*) français *Le Point* a effectué une enquête auprès d'environ (*conducted a survey of about*) 500 cadres français. Regardez un moment la liste des avantages professionnels relevés (*raised*) par cette enquête, classés par ordre d'importance.

		ÉVELYNE	CHRISTINE	BENOÎT
1.	autonomie, indépendance	É	C	B
2.	utilisation des capacités personnelles	É	C	B
3.	intérêt pour le travail	É	C	B
4.	bonnes relations interpersonnelles	É	C	B
5.	possibilité de s'affirmer	É	C	B
6.	sécurité de l'emploi	É	C	B
7.	contacts avec l'extérieur	É	C	B
8.	salaire	É	C	B
9.	bénéfices et avantages sociaux	É	C	B

Maintenant, écoutez l'interview de trois étudiants à l'École des Hautes Études Commerciales. Indiquez qui mentionne chacun de ces éléments en mettant un cercle autour de **É** (Évelyne), **C** (Christine) ou **B** (Benoît).

À comprendre: compte (*counts*), connaissances (*knowledge*), de façon autonome (*with autonomy*)

> Certain items may be mentioned by more than one person.

Prononciation

Les semi-voyelles. Répétez les exemples suivants.

1. huit / fruit / duel / tuer / nuage / cuisine
2. moi / moins / oui / quoi / revoir / Louis
3. bien / Marseille / science / voyage / famille

Écoutez et répétez les phrases suivantes. Faites attention aux syllabes soulignées.

1. Il découvre les r<u>ui</u>nes à min<u>ui</u>t le h<u>ui</u>t j<u>ui</u>llet.
2. Qu<u>oi</u>? M<u>oi</u>, je leur dis au rev<u>oi</u>r au m<u>oi</u>ns tr<u>oi</u>s f<u>oi</u>s.
3. <u>Oui</u>, tr<u>oi</u>s c<u>ui</u>llerées (*spoonfuls*) d'h<u>ui</u>le et un n<u>ua</u>ge de lait.
4. L'or<u>ei</u>ller (*The pillow*), c'est un appar<u>ei</u>l-somm<u>ei</u>l.

Les consonnes [p], [t] et [k]. Note that the consonant sounds [p], [t], and [k] are not plosives in French: That is, there should be no puff of air when these sounds are pronounced. Listen carefully for the difference between French and English pronunciation: **thé** versus *tea*; **parents** versus *parents*; **canadien** versus *Canadian*.

Écoutez et répétez les phrases suivantes.

1. Les parents de Catherine préparent une surprise-partie.
2. Le touriste italien préfère écouter le concert.
3. Une personne polie ne téléphone pas trop tard.

Par écrit

Function:	Narrating (a personal experience) in the past
Audience:	Classmates and professors
Goal:	Answering the question **Quel genre d'enfance avez-vous eu?** Use as your model the following brief passage from the autobiography of Françoise Giroud, *Si je mens.*[1]

—*Quel genre d'enfance avez-vous eu?*

—*Le genre bizarre.*

—*Bizarre? Pourquoi?*

—*Ce n'est pas facile à expliquer... Mon père a été essentiellement une absence, une légende. Une absence d'abord à cause de la guerre, puis d'une mission aux États-Unis dont il a été chargé pour le gouvernement français, ensuite d'une maladie que l'on ne savait pas soigner à l'époque et dont il est mort. Cette maladie a duré des années pendant lesquelles je ne l'ai jamais vu. J'ai eu pour lui un amour fou. On parlait de lui, à la maison, comme d'un héros qui avait tout sacrifié à la France...*

---

[1]Françoise Giroud (1916–2003) was the editor of the magazine *Elle* (1945–1953), then helped to found the prestigious weekly *L'Express,* where she became editor and then publisher. From 1974 to 1976, she served as French Secretary of State for the Status of Women and was later Secretary of State for Culture.

Steps

1. Read the preceding passage, paying careful attention to the joining of clauses within sentences. Note the following techniques:

    -   The use of adverbs (**d'abord, puis, ensuite**) to connect clauses and provide a sense of chronological progression.
    -   The use of relative pronouns (**que, dont**) to make the style more varied and sophisticated by connecting simple clauses into a more complex whole.

2. Jot down a brief list of memories or feelings that characterize your childhood. Add a few details to each item on the list. Choose a short phrase that vividly describes the whole.
3. Write a rough draft, making use of the techniques in item 1.
4. Have a classmate critique your work. Make any necessary changes. Finally, read the composition again and carefully check your spelling, grammar, and punctuation. Focus especially on your use of relative pronouns.

Journal intime

Racontez en détails votre vie dans cinq ans.

-   Où serez-vous?
-   Quelle sera votre profession?
-   Avec qui habiterez-vous?
-   Comment passerez-vous vos journées?
-   Quels seront vos loisirs (*leisure activities*)?
-   Serez-vous plus heureux/heureuse qu'aujourd'hui? Pourquoi (pas)?

MODÈLE: Dans cinq ans, je serai en Europe: en France ou en Italie. Je serai spécialiste de droit international, et j'habiterai seul(e) à Paris ou à Milan, dans un quartier très tranquille et élégant...

Les loisirs _____

Leçon 1: Paroles

Quelques loisirs

A. Loisirs. Complétez chaque phrase en utilisant le vocabulaire du chapitre.

MODÈLE: Le dimanche soir, en hiver, il n'y a pas beaucoup de distractions,

on va donc souvent au _____*cinéma*_____.

1. Si on est obligé de passer l'après-midi à la maison avec trois enfants de dix ans, un

_____ peut les amuser.

2. Lorsque le printemps arrive, il est agréable de faire du _____ pour avoir des

légumes et des fleurs pendant tout l'été.

3. On va au bord d'une rivière ou d'un lac quand on va à la _____. Si on attrape

quelques poissons, on les prépare pour le dîner.

4. Le sport où on ne touche pas le ballon avec les mains s'appelle le _____.

5. Lorsqu'on s'ennuie, la _____ est un passe-temps idéal, surtout si on habite

près d'une bibliothèque.

6. Les gens qui aiment le _____ construisent des meubles ou font des

réparations. Leur travail est très utile quand ils sont propriétaires d'une maison.

B. Les loisirs. Créez une carte sémantique pour les catégories d'activités sur la liste à la page suivante. Sur une autre feuille de papier, écrivez une expression de la liste au centre et les trois catégories (actions, activités et lieux) autour du centre. Puis ajoutez toutes les idées que vous associez avec les trois catégories. (Il n'est pas nécessaire de vous limiter au vocabulaire de ce chapitre.)

MODÈLE: activités en plein air →

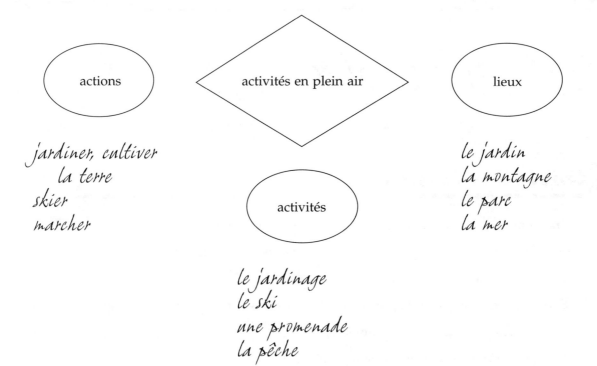

La liste

- spectacles
- passe-temps
- manifestations sportives

C. La vie sportive. Que font ces personnes? Écoutez chaque échange, et écrivez le nom du sport qu'on pratique.

À comprendre: aucune (*no*), boules (*balls*), canne (*fishing pole*), Tu cours (*Are you running*), mètre (*measuring tape*), plates (*flat*)

Sports possibles: de l'alpinisme, du cyclisme, du jogging, à la pêche, à la pétanque

1. Elle va faire _____

2. Il fait _____

3. Ils joueront _____

4. Ils ont fait _____

5. Ils vont _____

D. Le week-end d'Albert. Écoutez les descriptions suivantes, et identifiez les activités en mettant un cercle autour de **a** ou **b.**

> Vous entendez: Albert achète un billet qui porte un numéro très long.
>
> Vous écrivez: a. C'est une collection de timbres.
>
> ⓑ C'est un billet de la loterie.

1. a. Il fait de la bicyclette.
    b. Il fait de la marche à pied.

2. a. Il fait du jardinage.
    b. Il fait du bricolage.

3. a. C'est un jeu de hasard.
    b. C'est une activité de plein air.

4. a. C'est pour voir un film.
    b. C'est pour faire de la peinture.

5. a. Il va faire du ski.
    b. Il va jouer à la roulette.

6. a. Il aime la lecture.
    b. Il va au spectacle.

E. Votre vie à vous. Quels loisirs aimez-vous? Répondez aux questions en phrases complètes.

1. Quel loisir aimez-vous le mieux?

    _____

2. Quel loisir n'aimez-vous pas du tout?

    _____

3. Aimez-vous bricoler? Pourquoi (pas)?

    _____

4. Assistez-vous plus souvent à des concerts classiques ou à des concerts de rock?

    _____

5. Quand faites-vous du ski (nautique, de fond, alpin)?

    _____

Les verbes *courir* et *rire*

A. Ah! Les verbes! Complétez le tableau avec les formes correctes.

	COURIR	RIRE
nous		
les athlètes		
tu		
mon amie		

B. Le matin, le cinéma. Utilisez les verbes **courir** et **rire**. Attention au temps du verbe.

En retard. Nous avons été obligés de _____¹ ce matin parce que le réveil n'a pas sonné. Nous n'avons jamais _____² si vite pour aller en cours. Quand nous sommes arrivés en cours avec dix minutes de retard, nous étions crevés (*exhausted*) et tout le monde _____.³ Demain nous ne _____⁴ pas, même si nous sommes en retard.

Votre vie à vous. Quelle est votre réaction si vous savez que vous allez être en retard? _____ _____

Un film amusant. J'_____⁵ pendant tout le dernier film de Jackie Chan et Chris Tucker. J'en ai parlé à tous mes amis, et maintenant ils vont aussi aller le voir. J'espère qu'ils _____⁶ aussi.

Votre vie à vous. Que pensez-vous de Jackie Chan? _____

_____

C. **Loisirs du dimanche.** Qu'est-ce que Léa a vu dimanche passé? Écoutez l'histoire et complétez les phrases par écrit.

Dimanche matin, vers huit heures, Léa _____¹ sa porte. Dans la rue, elle _____² quelque chose de surprenant (*surprising*): il y avait une vingtaine de personnes qui _____.³ C'était un marathon. Comme il _____⁴ assez chaud, ces gens _____⁵ très soif. En fait, certains d'entre eux _____⁶ vraiment l'air de souffrir. Léa leur _____⁷ à boire; trois ou quatre personnes _____⁸ un verre d'eau; elles lui _____⁹ rapidement avant de reprendre la course. Léa _____¹⁰ ces gens sérieux et enthousiastes; puis elle _____¹¹ calmement son journal.

Les réponses se trouvent en appendice.

Leçon 2: Structures

Les pronoms interrogatifs
Getting Information

A. Une personne curieuse. Le père de Loïc veut toujours tout savoir. Complétez les questions suivantes avec **qui, qu'est-ce qui** ou **quoi.**

MODÈLE: ___*Qui*___ est-ce qu'on a embauché (*hired*) dans la faculté des sciences cette année?

1. _____ enseigne le nouveau cours de biologie?

2. _____ t'intéresse le plus, la biologie ou la chimie?

3. De _____ as-tu besoin pour faire des progrès?

4. À _____ as-tu prêté ton livre de biologie?

5. _____ t'a aidé à préparer ton dernier examen?

6. _____ va se passer si les professeurs font grève (*go on strike*)?

B. Cadeaux d'anniversaire. Annick et Jean-Pierre parlent de l'anniversaire de leur amie Anne. Complétez les questions avec **À qui, De quoi, Qu'est-ce que, Qu'est-ce qui, Qui est-ce que, Qui est-ce qui.** Suivez le modèle.

MODÈLE: ___*De quoi*___ a-t-elle envie?

Je crois qu'elle a envie *d'un CD de Norah Jones.*

1. _____ est-ce qu'elle a besoin?

Elle a besoin *d'un pull chaud et d'un manuel sur le HTML.*

2. _____ tu me conseilles de lui offrir?

Je te conseille de lui offrir *un CD ou un livre.*

3. _____ elle aime faire le jour de son anniversaire?

Elle aime beaucoup *dîner au restaurant.*

4. _____ va lui plaire (*please her*) le plus?

Un dîner vietnamien, je crois.

5. _____ va l'inviter à dîner?

C'est toi qui vas l'inviter, d'accord?

6. _____ elle veut inviter aussi?

Elle veut probablement inviter *Luc et Marie-Claire.*

7. _____ téléphones-tu maintenant?

Je téléphone *au maître d'hôtel du restaurant* pour réserver une table et pour commander en avance un dessert d'anniversaire.

C. Lequel? Utilisez la forme correcte de **lequel** pour compléter la conversation suivante.

HABIB: J'ai vu un film formidable hier soir.

DANIELA: _____[1]?

HABIB: *Diabolique.*

DANIELA: Justement. Certains de mes amis l'ont aussi aimé.

HABIB: Ah, oui? _____[2]?

DANIELA: Les Péron et les Bazin. Qu'est-ce que tu en as pensé?

HABIB: Bon, d'abord il y avait ma vedette favorite.

DANIELA: _____[3]?

HABIB: Simone Signoret. Dans le film, elle veut commettre le crime.

DANIELA: _____[4]?

HABIB: L'assassinat. Et elle veut assassiner une personne surprenante.

DANIELA: _____[5]?

HABIB: Son mari, figure-toi.

D. Interrogation. Écoutez chaque question en regardant les réponses possibles. Mettez un cercle autour de **a** ou **b** pour indiquer la réponse logique.

À comprendre: amener (*to bring* [*a person*])

Vous entendez: Qu'est-ce qui est arrivé?
Vous écrivez: a. Mon oncle Gérard.
                 (b.) Une tempête de neige (*snowstorm*).

1. a. Des provisions.
   b. Mon mari.

2. a. Mon père.
   b. Mes devoirs.

3. a. Mon voisin.
   b. Ma bicyclette.

4. a. Du professeur.
   b. De la politique.

5. a. Mes idées.
   b. Ses meilleurs amis.

6. a. Mon cousin.
   b. Un taxi.

7. a. Avec des colis.
   b. Avec sa femme.

8. a. Nos camarades.
   b. Le début du film.

E. Et vous? Écoutez ces questions, et donnez votre réponse. Vous n'entendrez pas de réponses suggérées.

    Vous entendez: Qui avez-vous vu ce matin?
    Vous dites: J'ai vu mes copains et le chat.

1. ...   2. ...   3. ...   4. ...

Le présent du conditionnel
Being Polite, Speculating

A. En vacances. Que ferait-on, si on était en vacances en ce moment?

    MODÈLE: Marc / partir / ... →
                   Marc partirait chez sa petite amie.

1. nous / être / ...

_____

2. les étudiants / rentrer / ...

_____

3. mon copain (ma copine) / aller / ...

_____

4. je / avoir le temps de / ...

_____

5. tu / écrire / …

_____

6. mes amis aventuriers / faire / …

_____

B. Votre vie à vous. Avez-vous une imagination créative? Pour chaque cas, imaginez trois conséquences.

MODÈLE: Si je ne faisais pas cet exercice en ce moment,… →
   a. le monde continuerait à tourner sur son axe.
   b. j'aurais le temps de téléphoner à mon ami.
   c. ma vie ne serait pas plus intéressante.

1. S'il n'y avait pas de papier…

   a. _____

   b. _____

   c. _____

2. Si tous les Américains parlaient français…

   a. _____

   b. _____

   c. _____

3. Si je voyais l'homme / la femme de mes rêves…

   a. _____

   b. _____

   c. _____

4. Si je n'étais pas en cours aujourd'hui…

   a. _____

   b. _____

   c. _____

5. Si j'habitais Paris…

   a. _____

   b. _____

   c. _____

C. **Votre vie à vous.** Avez-vous du caractère? Que feriez-vous…

1. si vous voyiez qu'un camarade de classe trichait (*was cheating*) à un examen?

    _____

    _____

2. si vous trouviez un portefeuille avec \$300 dans la rue?

    _____

    _____

3. si vous appreniez que les parents d'un bon ami allaient divorcer?

    _____

    _____

4. si on vous invitait et que vous n'aviez pas envie d'y aller?

    _____

    _____

5. si vous appreniez qu'un ami se droguait?

    _____

    _____

6. si votre meilleur ami tombait malade et devait quitter l'université?

    _____

    _____

D. **Si j'avais le temps.** Écoutez chaque question et répondez en suivant le modèle.

> Vous entendez: Tu regardes la télé?
> Vous dites: Eh bien… je regarderais la télé si j'avais le temps.

1. … 2. … 3. … 4. … 5. …

E. **Fatima.** Que ferait Fatima si elle était libre ce soir? Suivez le modèle.

> Vous entendez: Est-ce qu'elle viendrait chez nous?
> Vous dites: Oui, si elle était libre, elle viendrait chez nous.

1. … 2. … 3. … 4. …

Le courrier

Complétez la carte postale avec les expressions suivantes: **apporterais, en train de, équipe, meilleur, pétanque, plein air, plusieurs, pourrais, rirais.**

CARTE POSTALE

Chère Bénédicte,

Un chapeau? Je te remercie d'avance![a] Comment savais-tu que j'en faisais collection?

Quand on organise des spectacles ici, les membres de l'_____[1] espèrent

toujours trouver chez moi le chapeau qui complétera leur costume! Tu _____[2]

si tu nous voyais? Si tu étais déjà là, tu _____[3] assister au spectacle qu'on

va présenter ce soir. Il devrait être encore[b] _____[4] que le dernier. Tu dois

commencer à préparer ton voyage, toi. Si j'étais à ta place, j'_____[5]

des vêtements et des chaussures vraiment confortables. On fait beaucoup d'activités

de _____[6] ici: cyclisme, golf, marche à pied, sports nautiques,

tennis, _____[7] et je sais que les autres photographes sont

toujours _____[8] courir d'un endroit à l'autre. Il y a toujours

quelqu'un à prendre en photo!

　　Bon, je te laisse, _____[9] de mes élèves[c] viennent d'arriver.

À bientôt!

Jérôme, G.O. et fier de l'être!

---

[a]Je... Thanks in advance!　[b]even　[c]pupils

Info-culture

Relisez **En image** et **Reportage** dans votre livre, et puis choisissez la bonne réponse.

1. Paul Gauguin était un _____.
   a. artiste tahitien
   b. peintre français
   c. poète martiniquais

2. Gauguin a été inspiré par _____.
   a. les cultures primitives
   b. le climat européen
   c. Degas

3. Gauguin a utilisé des couleurs _____.
   a. sombres (*dark*)
   b. pastel
   c. vivantes

4. La musique antillaise a été influencée par les musiques de l'Amérique du Sud, de l'Afrique et _____.
   a. de La Nouvelle-Orléans
   b. du Québec
   c. de la France

5. Le Carnaval antillais dure _____ jours.
   a. trois
   b. quatre
   c. cinq

6. Le Carnaval est une fête surtout pour _____.
   a. tous les gens antillais
   b. les enfants antillais
   c. les touristes

Jérôme à l'appareil!

Que de talents, Jérôme! David, le «chef du village»—c'est-à-dire le responsable du Club Med où travaille Jérôme—a besoin de l'aide de Jérôme. Écoutez leur conversation téléphonique, puis choisissez la bonne réponse à chacune des questions suivantes.

À comprendre: gagnants (*winners*), me remplacerait (*would replace me*), noix de coco (*coconuts*)

1. David aimerait que Jérôme participe à un marathon. Lequel?
   a. le marathon du village
   b. le marathon de Fort-de-France

2. En général, combien de personnes participent à ce marathon?
   a. plus de 3 000
   b. plus de 30 000

3. Qui est-ce qui donnerait des cours de tennis le jour où Jérôme serait au marathon?
   a. Martine
   b. Marie

4. Quel genre de soirée est organisée pour le lendemain?
   a. une soirée de jeux
   b. une soirée sportive

5. Qu'est-ce que les gagnants vont recevoir?
   a. des noix de coco
   b. des peintures

6. Est-ce que David est impressionné par le talent artistique de Jérôme?
   a. oui
   b. non

Flash-culture

La polynésie française et l'île de Tahiti

Située dans l'océan Pacifique entre l'Australie et l'Amérique du Sud, la Polynésie française comprend[1] plus de cent îles au climat tropical. La plus grande de ces îles est Tahiti, que l'on appelle aussi «l'île de l'amour».

L'Anglais Samuel Wallis et le Français Bougainville découvrent Tahiti au 18e siècle, chacun de leur côté. En 1843, la reine[2] Pomare IV demande et reçoit le protectorat de la France. En 1880, toutes les îles de Polynésie deviennent une possession française.

La Polynésie française devient territoire d'outre-mer en 1946, c'est-à-dire qu'elle est liée au gouvernement de la France et que ses citoyens[3] ont certains droits et devoirs qu'ont aussi les citoyens de la métropole.[4] Elle garde malgré tout[5] une grande autonomie.

Tahiti, avec ses plages de sable fin,[6] ses montagnes, ses vallées profondes, ses fleurs tropicales et ses paysages hauts en couleurs a inspiré de nombreux artistes, dont[7] Gauguin, le célèbre peintre du 19e siècle, qui a célébré la beauté de l'île et de ses vahinés.[8]

[1]*is composed of* [2]*queen* [3]*citizens* [4]la... *continental France* [5]malgré... *however* [6]sable... *fine sand* [7]*including*
[8]vahiné = mot polynésien pour «femme»

A. Révisons! Relisez le **Flash-culture,** puis choisissez la bonne réponse.

1. _____ est un groupe d'îles.
   a. La Polynésie française   b. L'Amérique du Sud   c. Tahiti

2. La plus grande île de la Polynésie française s'appelle _____.
   a. Amour   b. Tahiti   c. Pomare

3. _____ découvrent Tahiti au 18e siècle.
   a. Un Française et un Anglais   b. Bougainville et Pomare IV   c. Des Polynésiens

4. La Polynésie française est _____ d'outre-mer de France.
   a. un territoire   b. un département   c. un état

5. Paul Gauguin a peint les paysages et les habitants de Tahiti au _____ siècle.
   a. dix-huitième   b. dix-neuvième   c. vingtième

B. Enquête culturelle. Utilisez des ressources imprimées ou des liens sur **www.mhhe.com/visavis3** pour trouver les réponses aux questions suivantes.

1. Combien d'archipels y a-t-il en Polynésie française? Comment s'appellent-ils?

   _____

   _____

2. Où se trouve Tahiti? Quelle est la capitale de la Polynésie française?

   _____

   _____

3. Quel est l'aspect physique du paysage de l'archipel des Marquises?

_____

_____

_____

_____

4. Combien de saisons distinctes y a-t-il en Polynésie française? Décrivez-les. Décrivez la température.

_____

_____

_____

_____

5. Quelle est la population de la Polynésie française? La population est composée de trois groupes ethniques. Quels sont ces groupes?

_____

6. Nommez trois événements importants dans l'histoire de la Polynésie française. Expliquez-les.

_____

_____

_____

_____

_____

_____

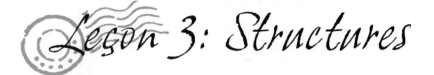

Leçon 3: Structures

La comparaison de l'adverbe et du nom
Making Comparisons

A. Votre vie à vous. Faites des comparaisons entre votre vie et celle de vos parents.

MODÈLES: *J'ai plus* d'amis que mes parents.

J'ai moins d'argent que mes parents.

1. _____ de problèmes que mes parents.

2. _____ de responsabilités que mes parents.

3. _____ de loisirs que mes parents.

4. _____ d'idéalisme que mes parents.

5. _____ de besoins que mes parents.

B. Votre vie à vous. Dans la classe de français… ,

1. qui parle français plus souvent que vous?

   _____

2. qui écrit le mieux au tableau?

   _____

3. qui donne les meilleures réponses orales?

   _____

4. qui essaie de répondre le plus souvent?

   _____

5. nommez deux personnes qui parlent français aussi couramment que vous.

   _____

6. qui fait le moins de devoirs?

   _____

C. Une perfectionniste. Zoé cherche la perfection. Donnez ses résolutions pour le Nouvel An.

MODÈLES: Je bavarde trop. → Je bavarderai moins.

Je chante assez bien. → Je chanterai mieux.

1. J'ai de bonnes notes (*grades*). _____

2. J'écris mal. _____

3. Je finis beaucoup de choses. _____

4. Je me trompe assez souvent. _____

5. Je lis de bons livres. _____

6. Je m'ennuie quelquefois. _____

7. Je me lève tôt le matin. _____

8. Je me prépare bien aux examens. _____

D. Trois amis. Voici trois personnages qui sont de caractère et de physique très différents. Regardez leurs portraits, écoutez les questions et répondez-y en choisissant le nom du personnage décrit.

M. Drôle   **M. Merlino**   **M. Legrand**

1. Drôle   Merlino   Legrand

2. Drôle   Merlino   Legrand

3. Drôle   Merlino   Legrand

4. Drôle   Merlino   Legrand

5. Drôle   Merlino   Legrand

6. Drôle   Merlino   Legrand

7. Drôle   Merlino   Legrand

8. Drôle   Merlino   Legrand

9. Drôle   Merlino   Legrand

10. Drôle   Merlino   Legrand

Les réponses se trouvent en appendice.

Les adjectifs et les pronoms indéfinis
Talking About Quantity

A. **Quand l'appétit va, tout va!** Une nouvelle mariée, Suzie, se plaint (*is complaining*) à son mari de l'appétit de son oncle Jules, qui est en visite chez eux. Complétez ses propos avec les différentes formes du mot **tout**.

Chéri, c'est incroyable ce qu'Oncle Jules peut dévorer! Pendant que tu étais au bureau, il a mangé

_____¹ la pizza et _____² les raisins secs. Il y avait quatre bouteilles de soda, et il les a

_____³ bues. Tu te rappelles qu'au dîner, il a fini _____⁴ les légumes et _____⁵ le

rôti. Il a mis _____⁶ la crème au chocolat sur son dessert et puis il a bu _____⁷ le café.

Penses-tu qu'il va absolument _____⁸ manger dans la maison? C'est vraiment dégoûtant

(*disgusting*)!

Devinez comment la visite va se terminer: _____

_____

_____

B. **Faites votre choix.** Indiquez le pronom ou l'adjectif qui convient pour chaque phrase.

1. *Certains / Tous* étudiants préfèrent parler; *chacun / d'autres* préfèrent écrire.

2. J'ai lu *quelques-uns / plusieurs* romans cet été.

3. Nous avons visité *tous / quelques* les monuments de Paris.

4. Ils ont choisi *chacun / le même* restaurant que la semaine dernière.

5. Vous avez *quelques-uns / quelques* cousins à New York.

6. Les Leroux partent dans les Alpes *tous / chaque* hiver.

7. En cours de français, *chaque / chacun* doit participer.

8. *Tous / Plusieurs* nos amis sont fantastiques.

9. J'ai rencontré *le même / quelqu'un* d'intéressant hier.

10. Tu as beaucoup d'amis à l'université. *Quelques-uns / Les autres* sont français.

C. **Tristes histoires universitaires.** Complétez les phrases suivantes en utilisant des pronoms ou des adjectifs indéfinis.

1. Robert se demande pourquoi il est toujours le dernier à rendre ses examens. Utilisez **plusieurs, quelques, quelqu'un, chaque, autres, tout.**

Quand nous passons un examen, le professeur distribue une copie à _____¹

étudiant de la classe. _____² le monde travaille bien, mais il y a toujours

_____ [3] étudiants, deux ou trois au maximum, qui finissent avant les

_____ .[4] Il y en a _____ ,[5] quinze ou seize, qui rendent leur

copie après quarante minutes. Peut-être qu'un jour _____ [6] s'endormira pen-

dant un examen. Ce jour-là, je ne serai pas le dernier à partir.

2. Une cuisine dangereuse? Utilisez **tout, mêmes, tous, quelques-uns, quelque chose, d'autres.**

Hier soir au restaurant universitaire, _____ [1] les étudiants qui ont pris du

gâteau comme dessert ont trouvé qu'il y avait _____ [2] de bizarre dedans (*in it*).

_____ ,[3] peut-être trois ou quatre, ont refusé d'en manger, mais

_____ [4] avaient si faim qu'ils ont _____ [5] mangé. Ce sont les

_____ [6] étudiants qui sont aujourd'hui à l'infirmerie.

3. Lucie a quelquefois des difficultés avec les livres de classe. Utilisez **même, d'autres, plusieurs (2), tous (2).**

Les livres du cours d'économie sont _____ [1] mauvais. _____ [2]

les étudiants et _____ [3] professeurs (une douzaine, peut-être) disent la

_____ [4] chose. M. Morin m'a dit qu'il cherchait _____ [5] livres

moins difficiles, et qu'heureusement, il en aurait _____ [6] le semestre prochain.

D. L'île de la Martinique. Estelle a passé de nombreuses années à la Martinique. Et elle y pense toujours avec nostalgie…

Écoutez une première fois les remarques d'Estelle en regardant la liste suivante. À la deuxième écoute, cochez (✓) les éléments de la liste qui figurent dans ses remarques.

À comprendre: barques (*fishing boats*), fameux (*notorious*), fer forgé (*wrought iron*)

✓ les résidences coloniales	_____ la découverte de l'île par Christophe Colomb
_____ les planteurs français	_____ le fer forgé à La Nouvelle-Orléans
_____ le port de Fort-de-France	_____ les arbres du paysage martiniquais
_____ les marchés en plein air	_____ les petits bateaux des pêcheurs
_____ l'économie rurale de l'île	_____ le taux d'émigration vers la France
_____ les pirates légendaires	_____ le peintre Van Gogh
_____ la place de la Savane	

Les réponses se trouvent en appendice.

E. Rénovations. Des étudiants passent l'été à refaire les bâtiments d'un village rural. Utilisez une forme de l'adjectif **tout,** selon le modèle

À comprendre: ferme (*f., farm*)

> N'oubliez pas l'accord
> du mot **refait.**

Vous entendez:	Tous les villages vont être refaits. Et les maisons?
Vous dites:	Oui, toutes les maisons vont être refaites.

1. …   2. …   3. …   4. …   5. …

F. Efforts progressistes. Un écologiste parle des ressources naturelles. Transformez les phrases en utilisant une forme de **chacun** ou **quelques-uns.**

Vous entendez:	Ce patrimoine existe pour *chaque habitant* (*m.*).
Vous dites:	Ce patrimoine existe pour chacun.

1. *Chaque citoyen* (*m.*) doit apprécier les ressources naturelles.

2. Malheureusement, seulement *quelques personnes* en profitent.

3. *Quelques personnalités* (*f.*) *politiques* comprennent nos efforts.

4. On s'adresse à *chaque fondation* (*f.*).

5. *Quelques organisations* (*f.*) *écologistes* font des progrès.

G. Un avenir meilleur? La conférencière (*lecturer*) décrit certains rêves pour l'avenir. Écoutez chaque phrase et transformez-la en utilisant le pronom **tout, tous** ou **toutes.**

Vous entendez:	Tous les gens auront assez à manger.
Vous dites:	C'est vrai. Tous auront assez à manger.

1. …   2. …   3. …   4. …   5. …

H. Des instants mémorables. Écoutez chaque question, et donnez une réponse personnelle. Suivez les modèles.

Vous entendez:	Est-ce que vous avez vu quelque chose de drôle hier?
Vous dites:	Oui. C'était le prof de français qui portait un chapeau bizarre.

Vous entendez:	Avez-vous rencontré quelqu'un de célèbre récemment?
Vous dites:	Non, je n'ai rencontré personne de célèbre.

Vous entendez:	Avez-vous acheté quelque chose de cher récemment?
Vous dites:	Non, je n'ai rien acheté de cher.

1. …   2. …   3. …   4. …   5. …

Nom _____ Date _____ Cours _____

Leçon 4: Perspectives

Faire le bilan

A. Projets du soir. Complétez le dialogue suivant avec **qu'est-ce que** (2), **que, qui** ou un verbe au conditionnel.

DÉO: Marie, _____¹ nous faisons ce soir?

MARIE: Nous avons invité des amis.

DÉO: _____² est-ce que nous avons invité?

MARIE: Fatima et Jean-Luc.

DÉO: Ah oui! Maintenant, je m'en souviens! Tu sais, nous _____³ (pouvoir) jouer aux cartes.

MARIE: Oui, oui. Bonne idée. Et _____⁴ tu _____⁵ (dire) si je servais une bonne bouteille de vin?

DÉO: C'est une excellente idée!

MARIE: Et _____⁶ _____⁷-tu (penser) si j'achetais un beau gâteau?

DÉO: Je _____⁸ (être) très content.

MARIE: Tant mieux, parce que j'en ai déjà acheté un!

B. Votre vie à vous. Complétez chaque phrase en exprimant vos propres opinions.

MODÈLES: Si j'avais le temps, _je lirais tous les romans de Jane Austen_.

J'irais en France si _on me donnait un billet d'avion_.

1. S'il n'y avait pas cours aujourd'hui, _____

2. Mon prof serait heureux si _____

3. Si j'étais le prof de ce cours, _____

4. J'inviterais le professeur au cinéma si _____

5. Je verrais un film ce week-end si _____

Leçon 4: Perspectives **327**

6. Si je ne pouvais pas venir en classe demain, _____

_____

7. Je parlerais à mon professeur si _____

_____

8. Si je ne comprenais pas la leçon, _____

_____

9. Si c'était samedi soir, _____

_____

10. J'enverrais une carte à mon ami(e) si _____

_____

Prononciation

Les sons de la lettre *e.* The letter **e** has several sounds in French. First, listen carefully to how the sound of **e** changes with different accents.

Écoutez et répétez les phrases suivantes:

1. un génie (*genius*) idéaliste
2. un numéro de téléphone
3. un père sincère
4. Je suis prêt à m'arrêter.
5. les vacances de Noël
6. un voyage en Israël

There is also a "mute" or silent **e** in French, called **e muet.**

- It is sometimes a very short sound, as in the one-syllable words **ce, de, le,** and **que.**
- It is sometimes silent, as in the final syllable of multisyllable words like **banane, exemple,** and **septembre.**
- It is often silent, as well, after a single consonant: **rapidement; je ne sais pas; chez le docteur.**
- However, it is usually pronounced after groups of two or more consonants: **mercredi, vendredi, simplement, pour le docteur.**

Rules concerning "mute" **e** are very complicated. It's best to pick them up by imitation.

Écoutez et répétez:

1. la séance de deux heures
2. Je cherche un peu de monnaie.
3. Il n'y a pas de queue.
4. J'aimerais bien grignoter (*nibble*) quelque chose.
5. avec cette drôle de voix

À l'écoute!

Au téléphone. Une jeune femme utilise son portable dans la rue pour parler à son mari. Écoutez ce qu'elle lui dit, puis indiquez si les phrases suivantes sont vraies (**V**) ou fausses (**F**).

À comprendre: inscrit (*enrolled, registered*)

1. V F La dame pense que le centre de loisirs est une bonne idée.

2. V F Au centre de loisirs, les enfants ne font aucune activité (*do no activities*) de plein air.

3. V F La dame aimerait avoir plus de temps pour ses loisirs.

4. V F Le mari de la dame aime le jardinage.

5. V F Plusieurs des enfants de leurs voisins vont au centre de loisirs.

Par écrit

Function: Writing a film review

Audience: Newspaper readers

Goal: To describe and evaluate a recent film so that readers will want to see (or skip) it.

Steps

1. Choose a film you have seen recently. Jot down the main points of the story, some important scenes you remember, and your overall reaction to the film.
2. Look over these terms, which may be useful to you:

le metteur en scène / le cinéaste	l'action se déroule (*the action takes place*)
tourner un film (*to make a film*)	l'intrigue (*f.*) (*plot*)
les personnages (*m.*)	vraisemblable (*believable, realistic*)
jouer le rôle principal	invraisemblable (*unbelievable, unrealistic*)
la séquence (*scene*)	

3. Write a brief summary of the story, without giving the ending away. Mention when and where the action takes place. Describe the main characters and the performances of the featured actors. End by persuading your readers to see (or not to see) the film.
4. Have a classmate evaluate the rough draft for clarity and interest.
5. Reread your rough draft, checking carefully the spelling, punctuation, and grammar. Focus especially on your use of comparisons and verbs and prepositions.

Journal intime

Décrivez vos loisirs. Commentez les questions suivantes:

- Qu'aimez-vous faire quand vous avez une ou deux heures de libre, quand vous avez plusieurs semaines de vacances?
- Si vous aviez davantage (*more*) de temps libre, que feriez-vous?
- Préféreriez-vous lire davantage ou regarder plus de films?
- Est-ce qu'il y a une nouvelle activité ou un nouveau sport que vous avez envie d'apprendre?

MODÈLE: Quand j'ai une ou deux heures de libre, j'aime écrire des lettres aux amis parce que je déteste les répondeurs téléphoniques et le courrier électronique. Quand j'ai plusieurs semaines de vacances, j'aime surtout aller en Europe...

Qu'en pensez-vous?

Leçon 1: Paroles

Les problèmes de l'environnement
Les problèmes de la société moderne

A. Problèmes et solutions. Voici sept problèmes du monde contemporain. Lisez les solutions sur le dessin et choisissez celle qui vous paraît être la plus adaptée à chaque problème.

1. _____ les dangers de l'énergie nucléaire

2. _____ la pollution de l'environnement

3. _____ la destruction des espaces verts urbains

4. _____ le gaspillage des ressources naturelles

5. _____ l'augmentation de la violence

6. _____ le stress de la vie moderne

7. _____ les embouteillages (*traffic jams*) et la pollution liée à l'automobile

°L'aménagement… *Urban planning*

B. **Votre vie à vous.** Que pensez-vous des problèmes graves de l'environnement? Donnez votre avis en utilisant les listes de mots suivants. Utilisez une négation si c'est nécessaire.

MODÈLE: Il est indispensable *d'encourager le recyclage*.

arrêter	les animaux
conserver	le chômage
développer	l'engagement politique
empêcher	les forêts
encourager	le gaspillage des sources d'énergie
protéger	le plastique
recycler	le recyclage

1. Il est indispensable _____.

2. Il est essentiel _____.

3. Il est urgent _____.

4. Il est important _____.

5. Il est possible _____.

6. Il est nécessaire _____.

7. Il est inutile _____.

C. **Règles de conduite.** (*Rules of conduct.*) Écoutez la plate-forme d'un parti politique écologiste. Ensuite, transformez l'infinitif en nom et complétez les phrases suivantes.

Vous entendez: Polluer l'environnement, c'est scandaleux.

Vous écrivez: _____*La pollution*_____ de l'environnement est scandaleuse.

1. _____ de la pollution est indispensable.

2. _____ des ressources naturelles est fondamentale.

3. _____ du recyclage est important.

4. Nous sommes responsables de _____ des animaux.

5. _____ de nos efforts est inévitable.

6. _____ de bons candidats est cruciale.

Les réponses se trouvent en appendice.

D. **Questions contemporaines.** Écoutez les explications suivantes. Mettez un cercle autour de la lettre de l'expression correspondante.

À comprendre: qui proviennent (*that come*), résidus (*wastes*), se déplacer (*to get around*)

Vous entendez: Si on réduisait la consommation d'énergie, on les économiserait.

Vous écrivez: (a.) les ressources naturelles   b. les voitures

1. a. l'utilisation d'énergie solaire   b. l'utilisation de pétrole

2. a. des déchets   b. des solutions

3. a. les conflits   b. les médias

4. a. le gaspillage   b. le recyclage

5. a. une toute petite voiture   b. un vélo

E. Contraires. Pierre exprime ses opinions. Écrivez une phrase qui exprime le contraire en utilisant les mots de la liste.

Vocabulaire: être au chômage, augmenter, élire, étrangers, exiger, exprimer son opinion, faire grève, impôt

MODÈLE: Il faut cacher son opinion. →
          Il faut exprimer son opinion.

1. Il faut diminuer le prix des cigarettes.

   _____

2. Continuer à aller au travail est la seule manière d'obtenir une augmentation de salaire.

   _____

3. Je pense qu'on va éliminer ce candidat.

   _____

4. Je pense qu'une déduction est nécessaire.

   _____

5. Je veux passer sous silence sur (*to ignore*) ce sujet.

   _____

6. Seul les citoyens jouent un rôle important dans notre société.

   _____

7. Beaucoup de gens travaillent cette année.

   _____

8. On ne demande pas impérativement l'égalité de salaire entre les femmes et les hommes.

   _____

Leçon 2: Structures

Le subjonctif (première partie)
Expressing Attitudes

A. Ah! Les verbes! Complétez ce tableau avec les formes correctes du subjonctif.

	... QUE NOUS	... QU'ELLE	... QUE VOUS	... QU'ILS
aller				
avoir				
être				
faire				
pouvoir				
savoir				
vouloir				

B. Votre vie à vous. Complétez les phrases suivantes avec vos propres opinions sur l'environnement ou sur les actualités (*current events*). Attention: Vous aurez besoin du subjonctif ou de l'indicatif, selon l'expression au début de chaque phrase.

1. Je veux que _____.

2. J'aimerais que _____.

3. Je pense que _____.

4. Je préfère que _____.

5. J'insiste pour que _____.

6. Je souhaite que _____.

7. Je trouve que _____.

8. Je désire que _____.

C. C'est nécessaire! Qu'est-ce qu'il faut faire? Mettez chacun de ces verbes réguliers au subjonctif. **Il faut...**

MODÈLE: (écrire) ... que j' ___*écrive*___ plus clairement.

1. (voir) ... que tu _____ cette exposition.

2. (diriger) ... que Mme Avoké _____ cette entreprise.

3. (se lever) ... que nous _____ plus tôt.

4. (rentrer) ... que les enfants _____ après les cours.

5. (conduire) ... que tu _____ prudemment (*carefully*).

6. (lire) ... que tout le monde _____ le journal chaque matin.

7. (arrêter) ... que vous _____ de fumer.

8. (sortir) ... que tu _____ avec tes amis.

9. (connaître) ... que ma mère _____ mes copains.

10. (dire) ... que vous _____ la vérité.

11. (acheter) ... que vous _____ deux billets.

12. (apprendre) ... que nous _____ le subjonctif.

13. (boire) ... que tu _____ un verre de vin.

14. (préférer) ... qu'ils _____ cette chanson.

D. Une grand-mère soucieuse. Que souhaite la grand-mère de Joël et de Sara? Faites des phrases negatives ou affirmatives en employant les verbes suivants au subjonctif: **aller, avoir, écrire, être, faire, finir, prendre, rentrer.**

MODÈLE: ___*Elle ne veut pas qu'ils soient*___ malheureux.

1. _____ faim.

2. _____ des vitamines.

3. _____ leurs études.

4. _____ souvent des lettres.

5. _____ à l'heure de l'école.

6. _____ chez le dentiste deux fois par an.

7. _____ des promenades quand il pleut.

E. La vie est dure. Parfois tout le monde semble attendre (*to expect*) quelque chose de vous. Complétez les phrases suivantes. Donnez libre cours à votre imagination!

MODÈLES: Le professeur de français *veut que je comprenne le subjonctif*.

Le professeur de français *veut que nous fassions tous nos devoirs*.

1. Les politiciens _____

   _____

2. Les journalistes _____

   _____

3. Mon ami(e) _____

   _____

4. Le médecin _____

   _____

5. Mes parents _____

   _____

6. Le président des États-Unis _____

   _____

F. Élections. Luc et Simon ont contacté Laure pour la persuader de poser sa candidature au Conseil de l'université. Écoutez certaines suggestions qu'ils lui ont faites, et complétez par écrit les suggestions des amis de Laure.

À comprendre: droits (*rights*), mener une campagne (*to run a campaign*)

Ils voudraient que Laure...

1. _____ sa candidature au Conseil.

2. _____ une campagne énergique.

3. _____ souvent avec l'électorat.

4. _____ toute la littérature de l'opposition.

5. _____ le Conseil en charge.

6. _____ pour les droits des étudiants.

7. _____ à persuader l'administration qu'ils ont raison.

Les réponses se trouvent en appendice.

G. Différences d'opinion. Voici deux individus dont les opinions politiques diffèrent. Écoutez chaque remarque et mettez un cercle autour du nom de la personne qui l'a probablement faite.

À **comprendre:** qu'on prenne conscience (*that one be aware*), vitesse (*speed*)

| Vous entendez: | Je veux qu'on construise plus de centrales nucléaires. |
| Vous écrivez: | Jérôme   (Brigitte) |

1. Jérôme   Brigitte   4. Jérôme   Brigitte

2. Jérôme   Brigitte   5. Jérôme   Brigitte

3. Jérôme   Brigitte

H. Vendredi soir. Que voulez-vous faire avec vos amis pendant le week-end? Écoutez les choix proposés par vos amis et répondez. Vous entendrez une réponse possible.

| Vous entendez: | Tu veux qu'on fasse une promenade ou qu'on travaille? |
| Vous dites: | Moi, je veux qu'on fasse une promenade. |

1. ...   2. ...   3. ...   4. ...   5. ...

Le subjonctif (deuxième partie)
Expressing Wishes, Necessity, and Possibility

A. Il faut changer! L'année dernière, les étudiants se sont organisés pour avoir quelques changements sur le campus. Qu'est-ce qu'on voulait changer?

MODÈLE: (servir des repas végétariens) Loïc voulait que le resto-U *serve des repas végétariens*.

1. (être plus longues) Tout le monde voulait que les vacances _____

_____

2. (avoir plus de pouvoir [*power*]) Une journaliste insistait pour que le Conseil d'étudiants _____

_____

3. (y avoir moins de sports) Certains étudiants voulaient qu'il _____

_____

4. (faire plus attention à eux) Beaucoup d'étudiants voulaient que les professeurs _____.

_____

5. (comprendre leur point de vue) Les femmes voulaient que les hommes _____

_____

6. (construire des centres de recyclage) Tous les étudiants voulaient que l'université _____

_____

B. **Votre vie à vous.** À votre avis, est-ce que ces prévisions (*predictions*) sont impossibles? possibles? probables? Utilisez les expressions suivantes: **il est impossible que, il est peu probable que, il est possible que, il est probable que, il se peut que.** Expliquez vos réponses.

MODÈLE: Vous passerez l'été à Paris. →
Il est peu probable que je *passe* l'été à Paris, parce que j'ai besoin de travailler cet été.
(Il est probable que je *passerai* l'été à Paris, parce que j'ai envie d'améliorer [*to improve*] mon français.)

1. Votre mari/femme sera français(e). _____

_____

2. Les étudiants de votre université manifesteront avant la fin de l'année. _____

_____

3. Vous regretterez un jour de ne pas parler russe. _____

_____

4. Vous vivrez dans un monde sans pollution. _____

_____

5. Les humains visiteront un jour la planète Mars. _____

_____

6. Le prochain président des États-Unis sera une personne de couleur. _____

_____

C. Conseils. M. Laborde est parfois d'accord, parfois pas d'accord avec ses enfants, Corinne et Martin. Écoutez les remarques de M. Laborde et indiquez s'il parle à Corinne ou à Martin.

Vous entendez: Moi, je trouve ça bien que tu protèges les animaux.

Vous écrivez: (à Corinne)   à Martin

1. à Corinne   à Martin   4. à Corinne   à Martin

2. à Corinne   à Martin   5. à Corinne   à Martin

3. à Corinne   à Martin   6. à Corinne   à Martin

D. Conseils aux jeunes. Mme Stein parle à des jeunes qui vont voter pour la première fois. Écoutez ses propos et répétez-les en mettant l'infinitif à la place du subjonctif.

Vous entendez: Il faut que vous compreniez les questions.
Vous dites: Il faut comprendre les questions.

1. …   2. …   3. …   4. …   5. …

E. Oui ou non? Voici quelques questions sur vos projets d'avenir. Écoutez chaque question et complétez les réponses par écrit.

1. Oui, il est possible / Non, il n'est pas possible que _____

   parce que _____

2. Oui, il est temps que / Non, il n'est pas temps que _____

   parce que _____

3. Oui, il est normal que / Non, il n'est pas normal que _____

   parce que _____

4. Oui, il est probable que / Non, il n'est pas probable que _____

   parce que _____

Correspondance

Le courrier

Complétez la carte postale avec les expressions suivantes: **ait, apprenne, attendes, en grève, exprimer, il faut, manifestent, politique, soient, sûr.**

CARTE POSTALE

Mon petit Jérôme unique et préféré,

J'ai un copain américain qui me rend visite en ce moment. Il me dit qu'il n'est jamais _____ ¹ ici, quand les gens se parlent, s'ils discutent ou s'ils se disputent. Bon, en général, il ne s'agit que d'une conversation animée, mais parfois, moi aussi, j'aimerais qu'on _____ ² à se parler calmement. Surtout pour des questions de _____.³ Je ne comprends pas que les gens _____ ⁴ étonnés[a] qu'il n'y _____ ⁵ pas la paix[b] dans le monde quand ils n'arrivent même pas à avoir une conversation civilisée chez eux. Pouvoir _____ ⁶ ses opinions, c'est bien, mais _____ ⁷ qu'on apprenne à contrôler ses réactions, non?

    Tiens, à propos de liberté d'expression, les pilotes d'avion sont _____ ⁸ encore une fois. Il se peut qu'ils _____ ⁹ bientôt pour une augmentation de salaire, alors tu vois, il vaut mieux que tu _____ ¹⁰ un peu avant de prendre l'avion!

    Bon, il faut que je me calme. Je vais penser à la Martinique, ça devrait m'aider!

Je t'embrasse!

Bénédicte

---

[a]surprised [b]peace

Info-culture

Relisez **En image** et **Reportage** dans votre livre, et puis formez des phrases complètes en utilisant des éléments des deux colonnes.

1. Christophe Colomb est arrivé à la Martinique en _____.

2. On a aboli l'esclavage (*abolished slavery*) aux Antilles françaises en _____.

3. La Martinique est devenue un département d'outre-mer en _____.

4. Un quart des pays représentés aux Nations Unies sont _____.

5. Pour fortifier la place de la francophonie dans le monde, il ne faut pas négliger le rôle de l'Alliance française et des festivals comme _____.

6. Les médias jouent un rôle important pour la francophonie, en particulier Radio France International et _____.

a. 1946
b. francophones
c. la chaîne câblée TV5
d. 1502
e. 1848
f. la semaine de la langue française et de la Francophonie

Jérôme à l'appareil!

Au revoir, Jérôme! C'est la dernière fois que nous entendons Jérôme, le joyeux G.O. Il est aujourd'hui au téléphone avec un ami qui habite La Rochelle, une jolie ville sur la côte Atlantique de l'Hexagone. Écoutez la conversation, puis complétez les phrases suivantes.

1. La Rochelle est une ville qui a la réputation d'être _____.
   a. une ville modèle en matière d'environnement
   b. une ville très polluée

2. L'ancien maire de La Rochelle était _____.
   a. ministre de la jeunesse et des sports
   b. ministre de l'environnement

3. À La Rochelle, la police utilise des voitures et des scooters avec des moteurs _____.
   a. électriques
   b. à essence

4. La ville organise chaque année une journée _____.
   a. de recyclage
   b. sans voiture

5. L'eau des plages de La Rochelle est _____.
   a. de bonne qualité
   b. de mauvaise qualité

6. Jérôme ne peut pas venir voir Bertrand parce qu'il a _____.
   a. rencontré quelqu'un
   b. beaucoup de travail

Flash-culture

La bataille de l'orthographe[1]

Un concours mondial[2] d'orthographe! Où a-t-on vu cela? En France, bien sûr! Chaque année, des milliers[3] de Français et de francophones font une dictée remplie de[4] difficultés et de pièges.[5] Cet événement est organisé par Bernard Pivot, l'animateur de «Double je» et de deux autres anciennes émissions culturelles de la télévision française: «Bouillon de Culture» et «Apostrophe».

Qui participe à cette manifestation[6]? Tous les amoureux de la langue française et tous ceux qui considèrent que les pièges, les difficultés, les incohérences de l'orthographe sont parmi les attraits[7] de la langue.

Face à ce clan des conservateurs, il y a les réformateurs qui se battent[8] pour simplifier et uniformiser l'orthographe. Entre les deux camps, depuis des années, c'est la guerre!

Mais pour le moment, le mot «orthographe» n'a pas encore changé d'orthographe!

---

[1]*spelling* [2]*concours... worldwide contest* [3]*thousands* [4]*remplie... filled with* [5]*traps* [6]*event* [7]*attractions* [8]*se... fight, struggle*

Bernard Pivot, l'organisateur des dictées télévisées

A. **Révisons!** Relisez le **Flash-culture**, et puis trouvez la fin de chaque phrase.

1. Des milliers de Français et de francophones font _____ .

2. Bernard Pivot est surtout connu _____ .

3. Les amoureux de la langue française considèrent _____ .

4. Il y a aussi des réformateurs qui voudraient _____ .

5. Pour le moment, l'orthographe du mot «orthographe» _____ .

a. que les difficultés d'orthographe font partie du charme de la langue

b. simplifier et uniformiser l'orthographe

c. reste inchangée

d. une dictée remplie de difficultés et de pièges

e. comme animateur d'émissions culturelles télévisées

B. Enquête culturelle. Utilisez des ressources imprimées ou des liens sur **www.mhhe.com/visavis3** pour trouver les réponses aux questions suivantes.

1. Trouvez une dictée utilisée dans un concours d'orthographe récent. Lisez-la, puis lisez-la à haute voix. La trouvez-vous difficile? Écrivez-en la première phrase. Comparez le texte que vous avez choisi avec celui qu'un(e) autre étudiant(e) a trouvé. Lequel est plus difficile? Pourquoi?

_____

_____

2. Quels autres pays ou régions organisent des concours d'orthographe française? Qui participe généralement à ces concours?

_____

_____

3. Lisez quelques opinions sur la réforme de l'orthographe française. Donnez des exemples des réformes proposées par les partisans. Qu'en pensez-vous?

_____

_____

_____

Leçon 3: Structures

Le subjonctif (troisième partie)
Expressing Emotion

A. Comment réagit-il? Laurent est écologiste. Créez des phrases en utilisant l'infinitif ou le subjonctif, selon le cas.

Réactions possibles: Il est / n'est pas content (désolé, étonné, furieux, heureux, soulagé, surpris, triste)

MODÈLES: Laurent reçoit le prix de la conservation. →
Il est content de recevoir le prix de la conservation.

Le gouvernement construit de nouvelles autoroutes. →
Il n'est pas heureux que le gouvernement construise de nouvelles autoroutes.

1. Les conservateurs sont au pouvoir.

_____

_____

2. La plupart des gens sont indifférents au problème de la pollution.

_____

_____

3. Laurent entre en communication avec des écologistes d'Amérique latine.

_____

_____

4. Il obtient la majorité des voix aux élections.

_____

_____

5. Les politiciens font un effort de coopération.

_____

_____

6. L'achat et l'entretien (*maintenance*) de deux ou trois voitures coûtent trop cher pour la majorité des familles.

_____

_____

B. **Votre vie à vous.** Quelles mesures devons-nous prendre pour limiter les problèmes suivants, selon vous? Utilisez **il (ne) faut (pas) que** et un verbe au subjonctif pour exprimer vos idées.

MODÈLE: la pollution de l'atmosphère →
Il faut que nous conduisions moins et que nous prenions plus souvent l'autobus.

1. la pollution de l'eau _____

_____

2. la disparition (*disappearance*) des forêts _____

_____

3. la multiplication des produits chimiques _____

_____

4. l'augmentation du bruit _____

_____

5. la surpopulation _____

_____

6. les inégalités sociales _____

_____

C. Stéphane est désolé. Il a une bonne amie, Chantal, qui ne veut plus le voir. Écoutez la description de sa situation, puis arrêtez l'enregistrement et complétez par écrit les phrases suivantes en vous inspirant de l'histoire.

Verbes utiles: se connaître, être, pouvoir, venir, voir, vouloir

1. Stéphane regrette que Chantal ne _____ plus le voir.

2. Il est désolé que certains amis la _____ encore.

3. Il est furieux que Chantal ne _____ plus chez lui.

4. Il regrette qu'ils _____ si bien.

5. Il doute qu'ils _____ se réconcilier maintenant.

6. Il est content qu'Aïché _____ toujours une bonne amie.

Les réponses se trouvent en appendice.

Le subjonctif (quatrième partie)
Expressing Doubt and Uncertainty

A. Votre vie à vous. Que pensez-vous de la politique dans votre pays? Exprimez votre opinion en utilisant **j'espère que, il est clair que** ou **je doute que**.

MODÈLE: On choisit toujours les meilleurs candidats. →
Je doute qu'on choisisse toujours les meilleurs candidats.

1. Les candidats sont honnêtes et raisonnables.

   _____

2. Il y a des candidats de toutes les classes sociales.

   _____

3. Les citoyens peuvent exprimer leurs opinions librement (*freely*).

   _____

4. L'argent joue un rôle important dans les élections.

   _____

5. L'économie est en croissance (*is growing*).

   _____

6. Le pays doit aider les pays en voie de développement (*developing nations*).

   _____

B. Noam Chomsky. Dans *Le Figaro* en 1991, un reporter a interviewé Noam Chomsky, le célèbre professeur de MIT. Ce linguiste est aussi connu pour sa politique engagée. Lisez l'extrait, puis, en vous basant sur les idées du texte, indiquez l'opinion de Chomsky sur les concepts qui suivent. Commencez vos phrases avec une des expressions de la liste et utilisez un verbe au subjonctif ou à l'indicatif, selon le cas.

Les vrais penseurs du XXᵉ siècle

Mais pourquoi Chomsky est-il lui-même un intellectuel de gauche?

—*Je ne suis pas*, me répond-il, *un intellectuel, mais un savant¹ et un homme; c'est en tant qu'²homme et non en tant que linguiste que je prends des positions personnelles sur le Nicaragua ou la Palestine. Rien ne me choque plus*, ajoute Chomsky, *que ces intellectuels français qui jouent de³ leur compétence dans un domaine scientifique pour prendre position sur des sujets qu'ils ignorent. Mes travaux sur la linguistique en eux-mêmes n'ont pas de conséquences idéologiques; leur caractère est purement scientifique. Le seul but⁴ de la linguistique est la connaissance de la nature humaine au même titre que l'archéologie, la biologie ou l'ethnologie. Au mieux, les linguistes se préoccupent de sauver des langues perdues ou en voie de disparition⁵ et de préserver la variété de nos civilisations. Mais la linguistique ne permet pas de changer le monde.*

Là-dessus, Chomsky me met à la porte, dévale⁶ les escaliers et court rejoindre ses étudiants à une manifestation contre l'impérialisme américain en Amérique latine.

J'en reste tout ébloui⁷: Chomsky, quel spectacle! ∎

¹scientifique
²en... *as a*
³jouent... *utilize*
⁴*goal*
⁵en... *disappearing*
⁶*hurtles down*
⁷*dazzled*

GUY SORMAN

Expressions: Il est choqué que, Il est convaincu que, Il ne croit pas que, Il doute que, Il n'est pas heureux que, Il n'est pas sûr que

1. On le prend pour un intellectuel. _____

_____

2. Les intellectuels français ont tendance à confondre (*to confuse*) la science et la politique.

_____

3. Le rôle de la science est d'influencer la politique. _____

_____

4. Les linguistes peuvent préserver des langues. _____

_____

5. Les États-Unis ont le droit d'intervenir en Amérique latine. _____

_____

6. La linguistique peut sauver le monde. _____

_____

C. Exprimez vos doutes. Réagissez aux déclarations suivantes. Utilisez **je doute que, je ne suis pas sûr(e) que** ou **je ne suis pas certain(e) que.** Vous entendrez des réponses possibles.

> Vous entendez: Le Mardi gras a lieu en décembre.
> Vous dites: Je doute que le Mardi gras ait lieu en décembre.

1. ...   2. ...   3. ...   4. ...   5. ...

D. Exprimez votre certitude! Écoutez les questions, et répondez avec certitude. Vous entendrez des réponses possibles.

> Vous entendez: Penses-tu que Port-au-Prince soit à Haïti?
> Vous dites: Oui, je suis sûr(e) que Port-au-Prince est à Haïti.

1. ...   2. ...   3. ...   4. ...   5. ...

Leçon 4: Perspectives

Faire le bilan

A. Le subjonctif. Cochez (✓) les expressions qui exigent l'emploi du subjonctif.

1.	_____ Je suis sûr(e) que...		13.	_____ Tu sais que...
2.	_____ Ils voulaient que...		14.	_____ Il est bon que...
3.	_____ Il n'est pas certain que...		15.	_____ Nous exigeons que...
4.	_____ Ils ont peur que...		16.	_____ Pendant que...
5.	_____ Nous devons...		17.	_____ Vous souhaitez que...
6.	_____ Il semble que...		18.	_____ Ils trouveront que...
7.	_____ Avant de...		19.	_____ Je doute que...
8.	_____ Nous croyons que...		20.	_____ Il sera préférable que...
9.	_____ Il se peut que...		21.	_____ Parce que...
10.	_____ Il est dommage que...		22.	_____ Nous sommes heureuses que...
11.	_____ On dit que...		23.	_____ Je regrette que...
12.	_____ Il vaut mieux que...		24.	_____ Il n'est pas sûr que...

B. La nouvelle Europe. Voici quelques commentaires sur l'Union européenne. Écoutez chaque phrase et indiquez si la proposition (*clause*) subordonnée comporte (*contains*) un verbe au subjonctif. Mettez un cercle autour de **I** (**indicatif**) ou **S** (**subjonctif**).

Vous entendez: Je souhaite qu'on vive en paix.

Vous écrivez: I   Ⓢ

1. I   S   4. I   S   7. I   S

2. I   S   5. I   S   8. I   S

3. I   S   6. I   S   9. I   S

C. Votre vie à vous. Êtes-vous une personne engagée ou apathique (*apathetic*)? Faites précéder chaque phrase par une des expressions suivantes: **je doute que, j'ai peur que, je suis sûr(e) que.** Puis expliquez vos réponses. Attention au mode du deuxième verbe.

MODÈLE: Le racisme est le problème le plus grave aux États-Unis en ce moment. →
Je suis sûr(e) que le racisme est le problème le plus grave aux États-Unis en ce moment parce que… (Je doute que le racisme soit le problème le plus grave aux États-Unis en ce moment parce que…)

1. Nous avons besoin de changer complètement notre système politique. _____

   _____

2. En général, la démocratie est la meilleure forme de gouvernement. _____

   _____

3. Le gouvernement américain est trop centralisé et a trop de pouvoir. _____

   _____

4. Le gouvernement américain perd de son influence politique dans le monde. _____

   _____

D. Votre vie à vous. Votre famille, vos professeurs et vos amis vous donnent souvent des conseils. Faites une liste des conseils que vous entendez le plus souvent.

MODÈLES: Mes parents: «Nous voulons que tu économises ton argent.»

            Le prof: «Il faut que vous terminiez votre travail avant la fin de la semaine.»

            Mon ami(e): «Il vaut mieux que tu ne boives pas de vin si tu veux rentrer chez toi en voiture.»

1. _____

   _____

2. _____

   _____

3. _____

   _____

4. _____

_____

5. _____

_____

6. _____

_____

Maintenant, dites quels conseils vous appréciez et ceux que vous n'appréciez pas du tout. Commentez.

_____

_____

_____

_____

E. **Comment devenir pilote.** Monique a lu cet article dans *Femme Actuelle* et aimerait apprendre à piloter un avion. Aidez-la à compléter la liste des conditions requises (*requirements*). (Vous n'avez pas besoin de tout comprendre pour compléter les phrases suivantes.)

L'EXPERT RÉPOND

Apprendre à piloter un avion dès[1] quinze ans

S'initier au vol est possible dès l'âge de quinze ans. A condition de s'inscrire dans un aéroclub, de suivre une formation[2] appropriée et de ne pas avoir le mal de l'air!

Comment procéder pour passer son brevet[3] de base?

Pour se présenter au brevet de pilote, il faut être âgé de quinze ans, satisfaire à un examen médical auprès d'un médecin agréé[4] et suivre une formation dans un aéroclub affilié à la Fédération nationale aéronautique. Le candidat doit cumuler au moins six heures de formation en vol en double commande (en général dix à quinze heures sont nécessaires), ainsi qu'[5]une instruction théorique au sol. En effet, il est indispensable de bien connaître la réglementation, la navigation, la mécanique de vol, et posséder des notions de technique radio.

DES BOURSES

Des bourses peuvent être accordées par l'État aux apprentis-pilotes. Il suffit[6] d'être âgé de moins de vingt cinq ans, être titulaire[7] d'une licence fédérale et avoir cinq heures de vol minimum au moment de la demande. Celle-ci[8] doit être déposée[9] auprès de l'aéroclub qui transmet ensuite à la fédération.

[1]*from (the age of)*
[2]*course of training*
[3]*certificate*
[4]*qualified*
[5]ainsi… *as well as*
[6]*is enough*
[7]*holder*
[8]*The latter*
[9]*filed*

1. Pour te présenter au brevet de pilote, il faut…

    que tu _____

    que tu _____

    que tu _____

2. Tu auras besoin de voler en double commande pour un minimum de _____ heures.

3. Pour obtenir une bourse, il est aussi indispensable…

    que tu _____

    que tu _____

    que tu _____

Prononciation

Liaison. Here are some final tips on when and when not to use **liaison.**

Use **liaison:**

*   with a modifier and a noun
*   between a subject and a verb
*   to link a preposition and its object
*   to link an adverb with the word it modifies

Do *not* use **liaison:**

*   with **h aspiré**
*   after **et**
*   to link a singular noun and its modifying adjective
*   before **oui** and the numbers **huit** and **onze**

A. **Liaison.** Écoutez et répétez les expressions suivantes:

    1. ses amis / cinq heures / de beaux yeux
    2. vous aimez / ils écoutent
    3. chez elle / sous un arbre / sans attendre / sans entendre
    4. très intéressant / pas encore / bien entendu

B. **Sans liaison.** Écoutez et répétez les expressions suivantes:

    1. en haut (*on top*) / C'est une honte! / des hors-d'œuvre
    2. Paul et Anne
    3. le syndicat américain
    4. mais oui / les onze enfants / Il est huit heures.

À l'écoute!

La responsabilité civique. C'est la période des élections en France. À cette occasion, plusieurs étudiants parlent des problèmes auxquels fait face la société actuelle. Voici l'opinion d'un de ces étudiants. Écoutez ses remarques, puis répondez aux questions suivantes.

À comprendre: défavorisés (*disadvantaged*), disparaissent (*disappear*), jusqu'à ce que (*until*), se bat (*fights*), toit (*roof*)

1. L'étudiant mentionne quatre problèmes de société. Lesquels?

   _____

2. À quel problème en particulier s'adresse la Fondation de l'abbé Pierre?

   _____

3. Depuis quand est-ce que l'abbé Pierre aide les défavorisés?

   _____

4. Selon l'étudiant, est-ce que les problèmes de société sont uniquement les problèmes des politiciens ou est-ce qu'ils sont aussi les problèmes du citoyen?

   _____

Par écrit

Function: Writing to persuade

Audience: Readers of an editorial page

Goal: Write your own opinion, in the form of an op-ed piece, on one of the topics discussed in this chapter or on a recent, controversial event. Persuade your readers to accept your point of view.

Steps

1. Choose a topic that interests you, and take five minutes to jot down the most important points that come to mind.
2. Prepare your rough draft following this outline:

   - Describe the issue briefly.
   - Justify your views.
   - Present your arguments against two or three opposing opinions.
   - If appropriate, present several possible solutions to the problem.
   - Write a general conclusion.

3. Refine the rough draft. You may want to use some of these expressions: **Il faut se rappeler que, Il ne faut pas oublier que, À mon avis, de plus, d'abord (ensuite, enfin), d'autre part** (*on the other hand*), **Il en résulte que** (*As a result*).

4. Have a classmate read your rough draft for clarity and interest.
5. Write a second draft, taking into account your classmate's most germane suggestions.
6. Check the second draft for spelling, punctuation, and grammar, particularly your use of the subjunctive mood.

Journal intime

Regardez les premières pages de votre journal intime. Qu'est-ce que vous avez appris pendant ce cours de français? Avez-vous l'intention de continuer vos études de la langue française? Pourquoi ou pourquoi pas?

MODÈLE: J'ai appris beaucoup de choses! Avant tout, l'importance de la langue française dans la communauté mondiale. Maintenant j'aimerais voyager non seulement en France, mais aussi en Afrique, au Canada...

Nom _____ Date _____ Cours _____

Révisez! Chapitres 13–16

A. Un week-end chargé. Utilisez les éléments suivants pour décrire ce que Sophie et Marie ont fait le week-end dernier. Mettez les verbes au passé composé ou à l'imparfait selon le cas.

MODÈLE: dimanche / Sophie et Marie / se lever (passé composé) / 10 h

Dimanche, Sophie et Marie se sont levées à 10 h.

1. Sophie / se laver / cheveux / et / Marie / s'habiller

   _____

2. elles / se dépêcher / parce que / elles / être / en retard

   _____

3. elles / rendre visite / leur / grands-parents

   _____

4. grand-mère / ne pas pouvoir / faire / courses / parce que / elle / avoir / mal / jambes

   _____

5. ils / décider / aller / restaurant

   _____

6. Sophie et Marie / rentrer / tard / et / elles / se disputer

   _____

7. lundi matin / elles / ne pas se parler

   _____

8. lundi soir / elles / se mettre / rire / et / elles / ne plus être / fâché

   _____

B. Impératif et verbes pronominaux. Utilisez les indications suivantes pour donner des ordres.

1. Dites à vos enfants de se coucher.

   _____

2. Dites à votre frère/sœur de s'en aller.

   _____

3. Dites à vos amis de se détendre.

   _____

4. Dites à votre mari/femme de ne pas se dépêcher.

_____

5. Dites à votre professeur de ne pas se fâcher.

_____

 C. Un dimanche à la campagne. Regardez le dessin, écoutez les questions posées à Marc et donnez des réponses logiques.

Expressions utiles: s'arrêter au bord de la rivière, se baigner, s'en aller vers 9 h, s'endormir, s'ennuyer, se promener à pied

The answers given on the recording are suggestions only.

Vous entendez: À quelle heure est-ce que vous êtes partis?
Vous dites: Nous nous en sommes allés vers neuf heures.

1. … 2. … 3. … 4. … 5. …

D. Un changement bienvenu (*welcome*). Complétez le passage suivant avec le pronom relatif qui correspond (**qui, que** ou **où**).

Je travaille dans une grande société _____¹ je suis cadre supérieur (*executive*). J'ai récemment

pris des vacances. Une amie _____² s'appelle Éliane est partie avec moi. C'est une personne

_____³ aime beaucoup les activités de plein air. Nous sommes allés à Neufchâtel _____⁴

les parents d'Éliane ont une villa. Le père d'Éliane, à _____⁵ elle a téléphoné avant notre

départ, nous a invités chez eux. Éliane avait évidemment envie de voir certains copains à

_____⁶ elle pense souvent.

J'ai acheté une nouvelle valise _____⁷ j'ai mis des shorts, des tee-shirts et des chaussures

confortables. Ça a été des vacances _____⁸ je ne vais pas oublier. On a fait des randonnées

dans les collines, et près du lac _____⁹ on pouvait aussi faire du bateau. On a fait beaucoup de

pique-niques avec les copains d'Éliane _____¹⁰ habitaient près de la ville. Nous avons énormé-

ment ri au ciné-club _____¹¹ on passait de vieux films comiques. Nous sommes allés à

plusieurs concerts _____¹² on nous avait vivement recommandés.

Après trois semaines, nous avons dû rentrer, prêts à reprendre notre travail _____,¹³ comme

vous pouvez l'imaginer, s'était accumulé (*had piled up*) pendant notre absence!

E. Sylvie. Formez des phrases complètes à partir des éléments suivants. N'oubliez pas d'ajouter des prépositions, des pronoms relatifs, et cetera, s'ils sont nécessaires.

1. Sylvie / être (présent) / instituteur

   _____

2. elle / trouver (passé composé) / travail / école Jeanne d'Arc

   _____

3. elle / commencer (futur) / semaine / prochain

   _____

4. avec / argent / elle / gagner (futur) / elle / pouvoir (futur) / faire / économies

   _____

5. elle / avoir (futur) / huit / semaine / vacances

   _____

6. elle / faire (futur) / voyage / États-Unis

   _____

7. elle / aller (futur) / New York / et / Seattle

   _____

8. quand / elle / revenir (futur) / France / son / compte d'épargne / être (futur) / vide (*empty*)!

   _____

9. mais / elle / être (futur) / plus / content / avant

_____

F. Dictée. Écoutez Mme Goncourt décrire un poste dans sa firme qu'elle cherche à pourvoir (*fill*). Ensuite, écoutez une deuxième fois et complétez le passage par écrit.

Un poste idéal

On cherche programmeurs et _____.[1] Le candidat ou

la candidate idéal(e) _____[2] une formation récente

_____[3] et _____[4] la technologie

_____.[5] Il ou elle _____[6] de projets

indépendants; il ou elle _____[7] également

_____.[8] Notre candidat ou candidate

_____[9] un tempérament agréable et compréhensif; il ou elle

_____,[10] consciencieux / consciencieuse et méticuleux / méticuleuse.

Le candidat ou la candidate _____[11] de nombreux avantages:

congés (*vacations*) payés, assurances médicales, frais de formation (*education allowance*) pour ceux ou

celles qui _____[12] approfondir leurs connaissances (*extend their*

knowledge). Le _____[13] initial _____[14] de

_____[15] avec possibilités d'augmentation régulières.

Les réponses se trouvent en appendice.

G. Votre vie à vous. Qu'est-ce qui vous est important? Comparez les éléments de chaque paire, selon vos opinions personnelles.

MODÈLE: Les enfants _____ les animaux domestiques. (amusant) →

Les enfants sont plus amusants que les animaux domestiques.

1. Le travail _____

   les loisirs. (essentiel)

2. La politique _____

   la religion. (intéressant)

3. L'amour _____

   l'argent. (important)

4. Le célibat _____

   le mariage. (difficile)

5. La conservation _____

   le développement des ressources naturelles. (nécessaire)

6. L'eau potable _____

   l'eau polluée. (bon pour la santé)

H. Un peu de pratique. Complétez les phrases à l'aide des pronoms et des adjectifs suivants.

certains	chaque	le même	quelques
chacun	d'autres	plusieurs	tous

1. Je pratique mon français _____ jour.

2. Thomas fait du tennis _____ les dimanches.

3. Tiens! (*Hey!*) J'ai _____ manteau que toi!

4. À l'université, _____ étudiants étudient les sciences,

   _____ préfèrent la musique et l'art.

5. Je n'ai pas beaucoup d'argent, mais voilà _____ euros pour toi.

6. —Avez-vous de la famille en France?

   —Oui, j'ai _____ cousins à Paris.

7. _____ doit choisir ce qu'il veut étudier.

I. Phrases à compléter. Formez des phrases complètes à partir des éléments suivants. Attention: Vous aurez besoin du subjonctif, de l'indicatif ou de l'infinitif.

1. nous / espérer / tu / pouvoir / visiter / pays francophone / année / prochain

   _____

2. il / être / important / tu / étudier / français / sérieusement

   _____

3. je / souhaiter / vous / me / rendre visite / ce / semaine

   _____

4. il / être / probable / il / faire / beau / demain

   _____

5. nous / être / certain / aller / France / ce / été

   _____

6. est-ce que / tu / croire / ton / parents / être / heureux / tu / arrêter / études

   _____

7. il / être / nécessaire / elle / partir

   _____

J. Un candidat hésitant. Votre candidat préféré, Pierre Dutourd, s'est présenté aux élections municipales. Écoutez ses remarques et réagissez avec: **Mais nous aimerions que vous...**

Vous entendez:	Je suis assez travailleur...
Vous dites:	Mais nous aimerions que vous soyez travailleur!

1. ...　2. ...　3. ...　4. ...

> Au revoir et bonne chance!

Appendice: réponses aux exercices

Chapitre 1

LEÇON 1: PAROLES

Les bonnes manières A. 1. Madame **2.** Comment allez-vous? **3.** merci **4.** (*Answers may vary.*) pas mal, merci. **5.** À **6.** Au revoir **7.** mal **8.** Et vous **9.** Comme ci, comme ça **10.** mademoiselle **11.** Comment vas-tu **12.** Ça va mal **13.** Et toi
B. 1. Oh, pardon! Excusez-moi. **2.** J'ai une question./ Répétez, s'il vous plaît. **3.** Comment vous appelez-vous? **4.** Salut, ça va? **5.** Bonjour, monsieur. **6.** Je m'appelle… **7.** Bonsoir! À bientôt! **8.** De rien.

LEÇON 2: STRUCTURES

Les nombres de 0 à 60 A 1. 12 **2.** 47 **3.** 52 **4.** 6 **5.** 35 **6.** 13
C. 1. Vingt-neuf **2.** Quarante et un **3.** Douze **4.** Dix-sept **5.** Trente-sept **6.** Cinquante-trois **7.** Vingt-quatre **8.** Trente-huit **9.** Cinquante-six **10.** Quarante-huit
Quel jour sommes-nous? Quelle est la date d'aujourd'hui? A. 1. mardi, le treize août **2.** lundi, le 4 août **3.** vendredi, le premier août **4.** jeudi, le vingt-huit août **5.** samedi, le trente août **6.** samedi, le vingt-trois août **7.** lundi, le douze août **8.** dimanche, le dix-sept août
B. (*Answers will vary.*)

CORRESPONDANCE

Le courrier: 1. mercredi **2.** aujourd'hui **3.** va **4.** ça **5.** comment **6.** revoir
Info-culture 1. V **2.** F **3.** V **4.** F **5.** V **6.** V
Sophie à l'appareil! 1. C **2.** C **3.** S **4.** C **5.** S
Flash-culture A. 1. F **2.** V **3.** V

LEÇON 3: STRUCTURES

Dans la salle de classe. A. 1. neuf stylos **2.** quatre étudiantes **3.** deux chaises **4.** cinq professeurs **5.** un bureau **6.** dix fenêtres **7.** une table **8.** un tableau **9.** sept crayons
D. (*Answers will vary.*)
Les articles indéfinis Identifying People, Places, and Things A. 1. un **2.** une **3.** un **4.** un **5.** une **6.** un **7.** un **8.** une **9.** une **10.** une **11.** un **12.** un/une **13.** un **14.** un **15.** un **16.** une **17.** une **18.** un **19.** une **20.** un
B. 1. des amies **2.** des ordinateurs **3.** des écrans **4.** des professeurs **5.** des fenêtres **6.** des livres **7.** des tables **8.** des étudiantes

LEÇON 4: PERSPECTIVES

Faire le bilan A. (*Answers may vary*) **1.** jeudi **2.** lundi/mardi/mercredi/jeudi/vendredi **3.** vendredi/samedi **4.** lundi **5.** samedi/dimanche

Chapitre 2

LEÇON 1: PAROLES

Les lieux A. (*Answers may vary*). **1.** C'est une cité-U. **2.** C'est un gymnase **3.** C'est un resto-U. **4.** C'est une bibliothèque. **5.** C'est un labo(ratoire). (C'est une bibliothèque.) **6.** C'est une librairie. **7.** C'est une salle de classe. *ou* C'est un amphithéâtre.

Les matières A. **1.** les mathématiques **2.** la biologie **3.** l'histoire **4.** les langues étrangères **5.** la littérature **6.** le droit **7.** l'informatique **8.** la chimie

B.

		lundi	mardi	mercredi	jeudi	vendredi
UNIVERSITÉ DE CAEN Nom: *Jeannette Rivard*						
	8 h	*histoire chinoise*		*histoire chinoise*		*histoire chinoise*
	9 h		*maths*		*maths*	
	10 h	*économie politique*	→	→	→	→
	11 h	*japonais*	*japonais*	*labo*	*japonais*	*labo*
	12 h	*resto-U*	→	→	→	→
	13 h					

Les pays et les nationalités A. **1.** japonais **2.** russe **3.** allemand (*ou* québécois) **4.** marocain **5.** suisse **6.** québécois *Pays:* **1.** le Maroc, la Tunisie, le Japon, l'Algérie **2.** le Sénégal, la Côte-d'Ivoire, la Russie, le Liban **3.** l'Allemagne, la Belgique, la France, le Québec (le Canada) **4.** le Maroc, la Chine, le Japon, le Viêt-nam **5.** le Mexique, la Suisse, le Canada, les États-Unis **6.** l'Allemagne, le Québec (le Canada), l'Espagne, la Belgique

pays	*l'Allemagne*	*le Canada*	*l'Espagne*	*le Congo*	*la Russie*
adj. (m.)	*allemand*	*canadien*	*espagnol*	*congolais*	*russe*
adj. (f.)	*allemande*	*canadienne*	*espagnole*	*congolaise*	*russe*
homme	*un Allemand*	*un Canadien*	*un Espagnol*	*un Congolais*	*un Russe*
femme	*une Allemande*	*une Canadienne*	*une Espagnole*	*une Congolaise*	*une Russe*
la personne habite:	*à Berlin.*	*à Montréal.*	*à Madrid.*	*à Brazzaville.*	*à Moscou.*

D. (*Answers will vary.*)

Les distractions A. **1.** le basket-ball (le basket) **2.** le rock **3.** les films d'amour **4.** le tennis **5.** le ski **6.** le jogging **7.** le football (le foot) **8.** les films d'aventures **9.** la musique classique
C. (*Answers will vary.*)

LEÇON 2: STRUCTURES

Les articles définis   Identifying People, Places, and Things   C.   1. …le ski.   **2.** …la télévision
3. …le base-ball.   **4.** …le lundi.   **5.** …les films de science-fiction.   **6.** …l'histoire.   **7.** …le cinéma.
8. …l'université.
A.   1. l'   **2.** la   **3.** le   **4.** les   **5.** l'   **6.** la   **7.** les   **8.** le   **9.** le/les   **10.** les   **11.** la   **12.** le
D.   I.   1. une   **2.** une   **3.** le   **4.** la   **5.** la   **6.** un   **7.** la   **8.** un   **9.** un   **10.** le   **11.** un   **12.** l'
II.   1. la   **2.** l'   **3.** une   **4.** la   **5.** une   **6.** le
B.   1. les hôpitaux   **2.** des amphithéâtres   **3.** les cours   **4.** des examens   **5.** les radios   **6.** les choix
7. des tableaux   **8.** des visites   **9.** les télévisions   **10.** des pays   **11.** les hommes   **12.** des lieux   **13.** les
nez   **14.** les travaux   **15.** des étudiants et des étudiantes
Les verbes réguliers en -er Expressing Actions   A.   1. Il   **2.** Elle   **3.** elles   **4.** tu   **5.** nous   **6.** Vous
7. Ils   **8.** Vous   **9.** j'   **10.** je/il, elle, on
C.   1. parle   **2.** regardent   **3.** mangent   **4.** cherchent   **5.** écoute   **6.** rêve   **7.** téléphone à   **8.** travaille
D.   1. visitent   **2.** écoutent   **3.** parlent   **4.** skient   **5.** dansent   **6.** travaillons   **7.** aimons mieux
8. écoutons   **9.** dansons   **10.** rencontrons   **11.** écoute   **12.** rêve   **13.** regarde   **14.** déteste   **15.** aime
mieux   **16.** adorez   **17.** fumez   **18.** commençons   **19.** trouves   **20.** demande
E.   1. Je regarde   **2.** on parle   **3.** j'étudie   **4.** nous écoutons   **5.** donner
G.   (*Answers will vary.*)   **1.** Je déteste…   **2.** J'écoute souvent…   **3.** Je regarde de temps en temps…
4. Je mange toujours…   **5.** J'habite…   **6.** J'étudie quelquefois…

CORRESPONDANCE

Le courrier   1. américain   **2.** informatique   **3.** vie   **4.** regarde   **5.** musique   **6.** étudie   **7.** en   **8.** soirée
Info-culture   1. la Sorbonne   **2.** bibliothèque   **3.** cours (proposés)   **4.** Quartier latin   **5.** cinéma   **6.** le
Luxembourg
Flash-culture   A.   1. français, Québécois   **2.** Nouvelle-France   **3.** français

LEÇON 3: STRUCTURES

Le verbe *être*   Identifying People and Things   A.   1. sont   **2.** es   **3.** suis   **4.** sommes   **5.** êtes   **6.** est
B.   1. suis   **2.** est   **3.** suis   **4.** est   **5.** sont   **6.** sommes
C.   1. Il est   **2.** Il est   **3.** C'est   **4.** Il est   **5.** il est   **6.** Elle est   **7.** Elle est   **8.** elle est   **9.** c'est
10. Fatima   **11.** Moussa   **12.** Fatima   **13.** Fatima
La négation *ne… pas*   Expressing Disagreement   A.   1. Les éléphants ne parlent pas français.   **2.** On
ne danse pas à la bibliothèque.   **3.** On n'étudie pas à la librairie.   **5.** Les étudiants n'adorent pas les
examens.   **6.** Nous n'écoutons pas la radio en classe.
B.   (*Answers will vary.*)

LEÇON 4: PERSPECTIVES

Faire le bilan   A.   1. villes   **2.** lieux   **3.** hommes   **4.** femmes   **5.** sports   **6.** amis
B.   1. huit, salle   **2.** un, histoire   **3.** donne   **4.** trouve   **5.** rêvent   **6.** La, une   **7.** regardent (écoutent)
C.   1. la   **2.** des   **3.** un   **4.** Le   **5.** la   **6.** un   **7.** la   **8.** Les   **9.** un   **10.** Le   **11.** une   **12.** L'   **13.** des   **14.** Le
D.   (*Answers will vary.*)

Chapitre 3

LEÇON 1: PAROLES

Quatre personnalités différentes   A.   (*Answers may vary.*)   **1.** excentrique   **2.** dynamique   **3.** sérieux
4. calme   **5.** drôle   **6.** timide   **7.** idéaliste   **8.** enthousiaste   **9.** individualiste   **10.** hypocrite
11. sincère   **12.** sympathique

C. (*Answers may vary.*)   **1.** David Duchovny est un peu drôle et très sensible.   **2.** Julia Roberts est très réaliste et assez sincère.   **3.** Madonna est assez dynamique et très idéaliste.   **4.** Will Smith est très travailleur et peu égoïste.   **5.** Tiger Woods est peu paresseux et assez sympathique.

Les vêtements et les couleurs   A. (*Answers will vary.*)

B. (*Answers may vary.*)   **1.** Une femme d'affaires porte un tailleur avec une jupe et un chemisier.
2. Un homme qui cherche du travail porte un costume et une chemise blanche avec une cravate.   **3.** Les adolescents portent aujourd'hui un jean, un tee-shirt ou un pull-over et des tennis.   **4.** Pour skier, on porte un blouson, un pantalon ou un jean, un chapeau, des chaussures de ski et des skis.   **5.** Pour jouer au tennis, on porte un tee-shirt, un short ou une jupe, peut-être un pull-over, et des tennis et une raquette.

C.   Suzanne is wearing a windbreaker, jeans, boots, and a nice hat; she is carrying a backpack. Jean-Paul is wearing shorts, a T-shirt, sneakers, and white socks. He is carrying a tennis racket.

D.   **1.** vert   **2.** gris   **3.** orange   **4.** violet   **5.** brun   **6.** rouge

E.   **1.** rouge, blanc et bleu   **2.** jaune   **3.** noir   **4.** verte

Les amis d'Anne et de Céline   A.   **1.** c   **2.** a   **3.** d   **4.** f   **5.** b   **6.** e

LEÇON 2: STRUCTURES

Le verbe *avoir*   Expressing Possession and Sensations   A.   **1.** est   **2.** a   **3.** a   **4.** est   **5.** a   **6.** est
7. est   **8.** a   **9.** a   **10.** a   **11.** a   **12.** est

B.   **1.** h   **2.** c   **3.** a   **4.** d   **5.** g   **6.** f   **7.** i   **8.** b   **9.** e

C.   **1.** ai tort   **2.** avons de la chance   **3.** a trois ans   **4.** a peur   **5.** a rendez-vous   **6.** ont l'air

E. (*Answers may vary.*)   **1.** Vous avez des ordinateurs dans le cours d'informatique? (Avez-vous des ordinateurs dans le cours d'informatique?)   **2.** Tu as (Vous avez) un dictionnaire français-anglais?
3. Vous avez un professeur dynamique? (Vous avez un professeur dynamique, n'est-ce pas?)   **4.** Tu as (Vous avez) un examen vendredi?   **5.** Tu as (Vous avez) envie de manger au resto-U? (As-tu [Avez-vous] envie de manger au resto-U?)

Les adjectifs qualificatifs Describing People, Places, and Things   A.   **1.** française   **2.** américaine
3. anglais   **4.** marocaines   **5.** français   **6.** sénégalaise   **7.** canadienne (québécoise)

B.   **1.** Évelyne aussi, elle est gentille.   **2.** Paul et Guillaume aussi, ils sont très fiers.   **3.** Abena aussi, elle est belle.   **4.** Charles aussi, il est assez naïf.   **5.** Ma chatte Béatrice aussi, elle est paresseuse.
6. Catherine et Alma aussi, elles sont intellectuelles.   **7.** Thomas aussi, c'est un cher ami.   **8.** Anne aussi, c'est la nouvelle journaliste.

C.   Simone n'hésite pas. C'est une étudiante courageuse et ambitieuse. Elle a une bourse généreuse, et elle quitte la France mardi pour etudier à New York. Simone est travailleuse et aventureuse. C'est une jeune femme sérieuse. Elle va profiter de cette expérience.

G.   **1.** un veston rouge   **2.** des bottes marron   **3.** des chaussettes blanches   **4.** des tee-shirts jaunes
5. des cravates orange   **6.** un manteau vert   **7.** un maillot de bain rose   **8.** une jupe violette   **9.** une chemise noire   **10.** un imperméable gris

CORRESPONDANCE

Le courrier   **1.** fière   **2.** gentille   **3.** porte   **4.** rose   **5.** à   **6.** demande   **7.** jeune fille   **8.** avons
Info-culture   **1.** f   **2.** d   **3.** a   **4.** b   **5.** c   **6.** e
Flash-culture   **1.** d   **2.** e   **3.** a   **4.** c   **5.** b

LEÇON 3: STRUCTURES

Les questions à réponse affirmative ou négative   Getting Information   A.   **1.** Est-ce que tu es français?   **2.** Est-ce que tu parles anglais?   **3.** Est-ce que tu aimes les États-Unis?   **4.** Aimes-tu le jazz?
5. Es-tu ordonné?   **6.** Étudies-tu aussi les maths?

B.   **1.** Est-elle française? (Marianne est-elle française?)   **2.** C'est une amie de Mlle Duval, n'est-ce pas?
3. Est-ce qu'elle travaille à l'université? (Est-ce que Marianne travaille à l'université?)   **4.** Aime-t-elle le football américain? (Marianne aime-t-elle le football américain?)   **5.** Il est français, n'est-ce pas? (Paul est français, n'est-ce pas?)   **6.** Est-ce qu'il parle français? (Est-ce que Paul parle français?)   **7.** Visitent-ils souvent la France? (Paul et Marianne [Les Chevalier] visitent-ils souvent la France?)

C. **1.** Est-ce que Salima est en boîte? (Salima est-elle en boîte? Salima est en boîte? Salima est en boîte, n'est-ce pas?) **2.** Est-ce que Claire et Simone sont à la librairie? (Claire et Simone sont-elles à la librairie? Claire et Simone sont à la librairie? Claire et Simone sont à la librairie, n'est-ce pas?) **3.** Est-ce que M. Martin est avec Mlle Dupont? (M. Martin est-il avec Mlle Dupont? M. Martin est avec Mlle Dupont? M. Martin est avec Mlle Dupont, n'est-ce pas?) **4.** Est-ce que Naima est au resto-U? (Naima est-elle au resto-U? Naima est au resto-U? Naima est au resto-U, n'est-ce pas?) **5.** Est-ce que Philippe et Madeleine sont à la cité-U? (Philippe et Madeleine sont-ils à la cité-U? Philippe et Madeleine sont à la cité-U? Philippe et Madeleine sont à la cité-U, n'est-ce pas?) **6.** Est-ce qu'Henri est au café? (Henri est-il au café? Henri est au café? Henri est au café, n'est-ce pas?)

Les prépositions _à_ et _de_ Mentioning a Specific Place or Person A. **1.** de **2.** du **3.** de la **4.** de l' **5.** des **6.** de l'
B. **1.** Les jeunes filles arrivent à la / arrivent de la bibliothèque. **2.** La femme parle du / parle au monsieur. **3.** Claire joue au basket-ball / du piano.
D. (_Answers will vary._)

LEÇON 4: PERSPECTIVES

Faire le bilan A. (_Answers will vary._)
B. **1.** Les amis de M. Baladur rêvent-ils de voyager? Est-ce que les amis de M. Baladur rêvent de voyager? **2.** M. Baladur travaille-t-il beaucoup? Est-ce que M. Baladur travaille beaucoup? **3.** Les employés de M. Baladur détestent-ils Paris? Est-ce que les employés de M. Baladur détestent Paris? **4.** Mme Baladur aime-t-elle danser? Est-ce que Mme Baladur aime danser? **5.** Les secrétaires de M. Baladur cherchent-elles/ils un autre travail? Est-ce que les secrétaires de M. Baladur cherchent un autre travail?
C. (_Answers may vary._) **1.** avons chaud **2.** ont peur **3.** a besoin d' **4.** a de la chance **5.** avez soif **6.** a froid **7.** a peur **8.** avons faim

Chapitre 4

LEÇON 1: PAROLES

Christine, Michel et la voiture A. **1.** dans **2.** à côté de **3.** sur **4.** sous **5.** par terre **6.** devant **7.** entre **8.** à côté de
Deux chambres d'étudiants A. **1.** dans **2.** à côté des **3.** sur **4.** le mur **5.** l'armoire **6.** la commode **7.** la fenêtre **8.** le mur **9.** du lecteur de CD **10.** le bureau
B. (_Answers will vary._)
C. (_Answers will vary._)
D. A bookshelf with books is near the sink. A lamp is on the dresser. A desk is under the window. There are flowers on the desk. A rug is on the floor. There are two posters on the wall.

LEÇON 2: STRUCTURES

Les articles indéfinis après _ne...pas_ Expressing the Absence of Something A. (_Answers may vary_) **1.** Joël n'a pas de pantalon. **2.** Luc n'a pas de chemise. **3.** Yves n'a pas de chaussures. **4.** Chantal n'a pas de robe. **5.** Fatima n'a pas de bureau.
D. (_Answers will vary._)
Les mots interrogatifs Getting Information A. **1.** D'où **2.** Avec qui **3.** Qu'est-ce que **4.** Pourquoi **5.** Combien de **6.** Comment

CORRESPONDANCE

Le courrier **1.** nouvel **2.** a **3.** charmant **4.** l'armoire **5.** chance **6.** chambre **7.** loin
Info-culture **1.** Québec **2.** français **3.** américain, Montréal **4.** langue officielle **5.** six millions **6.** La Presse **7.** Montréal
Flash-culture A. **1.** c-e-g **2.** d **3.** a-f **4.** b

LEÇON 3: STRUCTURES

Les verbes en *-ir* Expressing Actions

A.

	agir	**réussir**
les femmes	agissent	réussissent
je/j'	agis	réussis
Jean et moi	agissons	réussissons
tu	agis	réussis
vous	agissez	réussissez
une personne travailleuse	agit	réussit

B. **1.** réfléchissent **2.** agis **3.** choisis **4.** finis **5.** réfléchissons **6.** choisissons **7.** choisissons
8. finissons
C. **1.** cherchons **2.** réfléchissons **3.** agit **4.** aimons **5.** finir **6.** réussit **7.** choisissons
E. **1.** de **2.** par **3.** à **4.** aux **5.** à, à
La place de l'adjectif qualificatif   Describing People, Places, and Things   A. **1.** Marie porte une
longue jupe bleue. **2.** Robert achète une nouvelle voiture rouge. **3.** C'est une vieille étagère blanche.
4. Quelle belle maison ancienne! **5.** Voici de jolies fleurs jaunes. **6.** Ce sont d'autres accusations
fausses. **7.** C'est une grande dame gentille. **8.** Chaque grosse voiture est chère.
B. C'est un **bel** appartement **ancien** avec trois **petites** chambres **ensoleillées.** Dans le salon, il y a un
beau canapé **bleu** et de **vieilles** chaises en bois. Je partage la **grande** cuisine avec deux **jeunes** étudiants
étrangers. Dans le quartier, il est facile de rencontrer de **nouvelles** personnes **sympathiques.**
C. **1.** nouveaux, cher **2.** beaux **3.** vieux **4.** Donc **5.** si

LEÇON 4: PERSPECTIVES

Faire le bilan
A. (*Answers will vary.*)

B.

	louer	**choisir**
je	loue	choisis
mes amis	louent	choisissent
Laure	loue	choisit
tu	loues	choisis
vous	louez	choisissez
Khaled et moi	louons	choisissons

	être	avoir
tu	es	as
Jacqueline	est	a
les étudiants	sont	ont
je/j'	suis	ai
Michaël et moi	sommes	avons
vous	êtes	avez

C. (*Answers will vary.*)
D. (*Answers will vary.*)
E. **1.** Quand **2.** Comment **3.** Qui **4.** Combien d' **5.** Pourquoi **6.** Quand **7.** Où **8.** Qu'est-ce que

Révisez! Chapitres 1 à 4

A. (*Answers may vary.*) **1.** Merci! **2.** Salut! Ça va? **3.** Comment t'appelles-tu? / vous appelez-vous?
4. Salut [*name*]! **5.** Tu comprends? / Vous comprenez?
B. Aimée: 36, Bernard: 24, Jacqueline: 16, Marie: 39
C. Robert étudie la physique et la biologie à l'université. **2.** Il est étudiant et habite à Marseille.
3. Marie et Jacques aiment le rock, mais Patrice aime mieux la musique classique. **4.** Sophie et moi,
nous regardons la télévision et nous écoutons la radio. **5.** Nous mangeons bien et ne fumons pas.
D. Marie-Laure, française, 23 ans, le cinéma, travaille comme baby-sitter, étudie le cinéma, aime la
danse, la musique, les cultures différentes; Khaled, tunisien, 21 ans, étudie la littérature, l'informatique,
travaille dans une galerie d'art moderne, aime parler, jouer au volley-ball, danser dans les discos.
E. **1.** Monique n'est pas sportive, mais elle est dynamique. **2.** Elle a les cheveux blonds et les yeux
marron. **3.** Elle aime porter de beaux vêtements confortables. **4.** L'ami de Monique arrive d'Europe
aujourd'hui. **5.** Il a 30 ans et joue du piano.
F. **1.** n'est-ce pas? **2.** vêtements sont **3.** C'est **4.** blouson **5.** il n'est pas beau… **6.** il y a des pulls
7. intéressants **8.** n'aimes pas mieux **9.** je ne suis pas difficile
G. (*Answers may vary.*) **1.** Où sont-ils? / Où est-ce qu'ils sont? **2.** Pourquoi vont-ils au restaurant? /
Pourquoi est-ce qu'ils vont au restaurant? **3.** Qu'est-ce que Robert et Thomas aiment manger?
4. Comment est ce restaurant? **5.** Combien de clients est-ce qu'il y a au restaurant?
H. un petit studio, un canapé confortable, un micro-ordinateur, de bons amis, des cours intéressants,
des profs intelligents

Chapitre 5

LEÇON 1: PAROLES

Trois générations d'une famille **A.** **1.** le fils **2.** la femme **3.** la petite-fille **4.** la sœur **5.** la tante
6. le mari **7.** le neveu **8.** le père **9.** la nièce **10.** l'oncle **11.** la belle-mère **12.** célibataires
B. **1.** grand-père **2.** petit-fils **3.** mère **4.** cousin **5.** cousine **6.** frère **7.** fils **8.** tante
9. beau-frère **10.** arrière-grands-parents

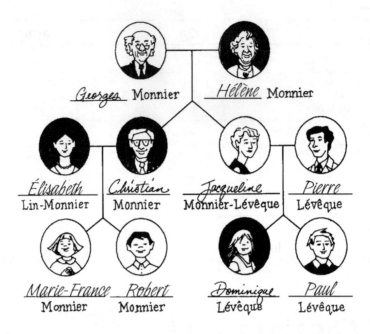

Georges Monnier — Hélène Monnier

Élisabeth Lin-Monnier   Christian Monnier   Jacqueline Monnier-Lévêque   Pierre Lévêque

Marie-France Monnier   Robert Monnier   Dominique Lévêque   Paul Lévêque

Chez les Chabrier   A.   1. la salle de bains   **2.** la cuisine   **3.** la chambre   **4.** la salle de séjour   **5.** le jardin, la terrasse   **6-10.** (*Answers will vary.*)

Quel temps fait-il?   Les saisons et le temps   (*Answers may vary.*)   **1.** Il pleut et il fait du vent. Nous sommes en automne.   **2.** Il neige. Il fait froid. Nous sommes en hiver.   **3.** Il fait du vent. Il fait beau. Nous sommes au printemps ou en été.   **4.** Il fait frais. Le temps est nuageux. Nous sommes au début du printemps.

D.   1. pièces   **2.** escalier   **3.** premier étage   **4.** cuisine   **5.** couloir   **6.** chambre   **7.** bureau   **8.** balcon   **9.** arbre   **10.** sous-sol   **11.** rez-de-chaussée

LEÇON 2: STRUCTURES

Les adjectifs possessifs   Expressing Possession   A.   1. a. ... nos grands-parents;   b. ... notre oncle   c. ... notre enfant   **2.** a. ... tes frères;   b. ... ton amie, Magalie;   c. ... ton mari   **3.** a. ... mes amis, Luc et Célin;   b. ... mon amie, Jeanne;   c. ... ma sœur   **4.** a. ... vos parents;   b. ... votre fils;   c. ... votre famille
B.   1. sa   **2.** sa   **3.** son   **4.** son   **5.** ses   **6.** ses   **7.** Leurs   **8.** leur   **9.** leur
Le verbe *aller* et le futur proche   Talking About Your Plans and Destinations   A. (*Answers may vary.*)   **1.** Quand les jeunes ont envie de danser, ils vont en boîte.   **2.** Quand les étudiants ont envie d'étudier, ils vont à la bibliothèque.   **3.** Quand nous avons besoin de stylos, nous allons à la librairie.   **4.** Quand on a soif, on va au café.   **5.** Quand tu as envie de regarder la télé, tu vas à la cité-U (maison).   **6.** Quand tes amis et toi, vous avez envie d'exercice, vous allez au gymnase.   **7.** Quand j'ai envie de m'amuser, je vais an cinéma.
E. (*Answers will vary.*)

CORRESPONDANCE

Le courrier   1. Quel   **2.** il   **3.** ma   **4.** ce   **5.** arrière-grand-mère   **6.** mariée
Info-culture   1. V   **2.** V   **3.** F   **4.** V   **5.** V   **6.** V   **7.** F
Flash-culture   1. b   **2.** c   **3.** a   **4.** b

LEÇON 3: STRUCTURES

Le verbe *faire*   Expressing What You Are Doing or Making   A.   1. fais   **2.** font   **3.** fait   **4.** faisons   **5.** faisons   **6.** faire   **7.** faire   **8.** fait   **9.** fait   **10.** font   **11.** Oui, elle est contente de ses vacances.   **12.** Paul et Anne sont sociables.   **13.** (*Answers will vary.*)
B.   1. faites attention à   **2.** fais la (ta) lessive   **3.** faites la queue   **4.** faites le tour   **5.** fais de la voile (du bateau)   **6.** faites du ski   **7.** fais de l'exercice (de la gymnastique)

Les verbes en -re Expressing Actions

A.

	perdre	**rendre**	**attendre**	**vendre**
tu	perds	rends	attends	vends
vous	perdez	rendez	attendez	vendez
je/j'	perds	rends	attends	vends
nous	perdons	rendons	attendons	vendons

B. (*Answers will vary.*)
C. **1.** visiter **2.** attendent **3.** rend **4.** entendent **5.** descendent **6.** attendre (perdre) **7.** répond **8.** rendent
E. **1.** Il entend **2.** il répond **3.** Elle vend **4.** Il descend **5.** Il rend visite **6.** ils ne perdent pas

LEÇON 4: PERSPECTIVES

B. **1.** Quand nous faisons les devoirs, nous sommes... **2.** Quand je fais des courses, je suis...
3. Quand je fais la connaissance d'un professeur, je suis... **4.** Quand mon père /ma mère fait la cuisine, il/elle est... **5.** Quand mes amis font une promenade, ils sont...
C. (*Answers will vary.*)
D. (*Answers may vary.*) **1.** Son nom de famille est Francis. **2.** Sa famille habite en Guyane. **3.** Il y a six personnes dans sa famille. **4.** Elle est en France pour finir ses études. **5.** être mannequin.

Chapitre 6

LEÇON 1: PAROLES

Les repas de la journée **A.** **1.** une pomme, une banane, une poire, une fraise, une orange **2.** des haricots verts, une laitue, des pommes de terre, une salade verte **3.** un hamburger, du poulet, un bifteck, du jambon, du porc **4.** du sel, du sucre **5.** du lait, de la bière, du vin, du thé et du café, de l'eau **6.** une mousse, un gâteau, une tarte
B. **1.** baguette (flûte) **2.** tomate **3.** lait (café, thé, jus d'orange) **4.** bœuf **5.** boisson gazeuse (limonade) **6.** poisson **7.** plats
Exprimer ses préférences: le verbe *préférer*

A.

Éric	préfère	espère	répète
tu	préfères	espères	répètes
Éric et toi, vous	préférez	espérez	répétez
nous	préférons	espérons	répétons
les professeurs	préfèrent	espèrent	répètent

B. **1.** espérons **2.** préfèrent **3.** considère **4.** célébrons **5.** espère
À table **A.** **1.** je n'ai pas de fourchette. **2.** je n'ai pas de serviette. **3.** je n'ai pas de verre. **4.** je n'ai pas de cuillère.
D. (*Answers will vary.*)

LEÇON 2: STRUCTURES

Les verbes *prendre* **et** *boire*   **Talking About Food and Drink**

A.

	prendre	boire
tu	prends	bois
je	prends	bois
vous	prenez	buvez
Jean et moi	prenons	buvons
mon père	prend	boit

B.   **1.** prenons un verre.   **2.** prennent le petit déjeuner.   **3.** prennent l'avion.   **4.** prends l'autobus.
5. prend ma valise!
C.   **1.** apprend   **2.** apprendre   **3.** prend   **4.** prend   **5.** apprend   **6.** boivent   **7.** comprend
8. comprennent   **9.** boit   **10.** buvons
D.   **1.** En été, je bois...   **2.** Au petit déjeuner, nous buvons...   **3.** Le premier janvier, il y a des personnes
qui boivent...   **4.** En hiver, les enfants boivent...   **5.** À l'Action de grâce ma famille boit...
G.   **1.** à   **2.** —   **3.** —   **4.** —, à   **5.** à   **6.** à, à
Les articles partitifs   **Expressing Quantity**   **A.**   **1.** a. Du   b. le   c. le   d. le   **2.** a. Du   b. du   c. du
d. le   e. du   **3.** a. du   b. Le   c. des   d. du   e. du
B.   **1.** beaucoup de   **2.** peu de   **3.** beaucoup d'   **4.** trop de (beaucoup de)   **5.** trop de
C.   (*Answers may vary.*)   **1.** des pommes de terre, un poivron et des haricots verts. On n'utilise pas
normalement d'œufs.   **2.** du pain, du jambon et du fromage. On n'utilise pas normalement de poires.
3. des œufs, du fromage et des oignons. On n'utilise pas normalement de fraises.   **4.** du beurre, du
sucre et des œufs. On n'utilise pas normalement de légumes.

CORRESPONDANCE

Le courrier   **1.** préfère   **2.** carottes   **3.** repas   **4.** de l'   **5.** gazeuse   **6.** déjeune   **7.** prends   **8.** espère
Info-culture   **1.** F   **2.** V   **3.** V   **4.** V
Flash-culture   **1.** le Maghreb   **2.** la France   **3.** la France   **4.** le Maghreb   **5.** le Maghreb   **6.** la France

LEÇON 3: STRUCTURES

L'impératif   **Giving Commands**   **A.**   (*Answers may vary.*)   **1.** Jouons au tennis!   **2.** Faisons une
promenade!   **3.** Prenons un verre!   **4.** Allons au cinéma!
B.   (*Answers may vary.*)   **1.** Ne dînons pas à la cafétéria! Choisissons un restaurant français! N'allons
pas chez McDonald's!   **2.** Choisis une Volkswagen décapotable! Ne prends pas le bus! Demande de
l'argent à tes parents!   **3.** Ne changez pas de logement! Ne choisissez pas de tapis rouge! Utilisez
beaucoup de blanc! Soyez flexibles!
C.   **1.** Soyons   **2.** Ayez   **3.** Sois   **4.** aie   **5.** Ayons
L'heure   **Telling Time**   **A.** (*Answers may vary.*)   **1.** Il est huit heures moins dix. Geneviève écoute la
radio.   **2.** Il est une heure et quart de l'après-midi. Pierre joue du violon.   **3.** Il est midi moins cinq
(Il est onze heures cinquante-cinq du matin). M. Falot et M. Termin bavardent.   **4.** Il est huit heures et
demie du soir. Les Dubin regardent la télé.   **5.** Il est onze heures moins (le) quart du matin. Les copains
jouent au foot.
B.   The clocks should show the following times: **1.** 7:25   **2.** 12:50   **3.** 3:25   **4.** 4:00   **5.** 8:15   **6.** 9:05
D.   **1.** 9 h   **2.** 12 h 30   **3.** 14 h 15   **4.** 16 h 45   **5.** 16 h 25   **6.** 18 h 35
F.   **1.** en retard   **2.** tôt   **3.** tard   **4.** quelle heure est-il   **5.** midi   **6.** de bonne heure   **7.** minuit
8. bientôt

LEÇON 4: PERSPECTIVES

Faire le bilan   Fatima: Qu'est-ce que vous prenez pour le dîner? Joël: On prend du jambon et de la salade. Fatima: Mangez-vous assez de fruits? Joël: Oui, nous mangeons souvent des poires et des pommes. Prenez-vous beaucoup de vin? Joël: Non, nous ne buvons pas de vin. Fatima: Nous, nous buvons de l'eau minérale. Joël: Qui fait la cuisine chez vous? Fatima: Hélas, c'est souvent moi.
B.   (*Answers may vary.*)   **1.** À dix heures moins le quart du matin...   **2.** À midi et demi...   **3.** À deux heures et demie de l'après-midi...   **4.** À cinq heures de l'après-midi...   **5.** À huit heures et quart du soir...
C.   du pain, des œufs, du lait, du sucre, du sucre vanillé, du beurre, de la confiture

Chapitre 7

LEÇON 1: PAROLES

Les magasins d'alimentation   **A.**   **1.** à l'épicerie   **2.** à la boulangerie   **3.** à la boucherie   **4.** à l'épicerie   **5.** à la poissonnerie   **6.** à la charcuterie   **7.** à la boulangerie (à la pâtisserie, à la boulangerie-pâtisserie)   **8.** à la poissonnerie   **9.** à l'épicerie   **10.** à la charcuterie
B.   **1.** la boulangerie   **2.** la pâtisserie   **3.** le fromage   **4.** les légumes   **5.** la boisson   **6.** la boisson   **7.** la soif   **8.** la fourchette (le couteau)
D.   (*Answers will vary.*)
Au restaurant   **A.**

Entrées	*Plats garnis*	*Fromages*
• pâté de campagne	• poulet à la crème	• camembert
• sardines à l'huile	• rôti de porc	• brie
• cocktail de crevettes	• sole meunière	• roquefort
	• steak-frites	
	• côte de porc	
Desserts	• pot-au-feu	*Boissons*
• mousse au chocolat		• vin rouge/blanc/rosé
• tarte aux fraises		• eau minérale
• crème caramel		
• glace maison		

Les nombres supérieurs à 60   **A.**   (*Some answers may vary.*)   **1.** trois cent soixante-cinq   **2.** (soixante-dix)   **3.** (seize)   **4.** (trente-cinq)   **5.** soixante-dix-neuf   **6.** cent quatre-vingts   **7.** quatre-vingt-cinq   **8.** quatre-vingt-onze
B.   **1.** 04-39-44-91-17   **2.** 04-56-68-99-94   **3.** 04-78-11-81-72   **4.** 04-70-88-77-66

LEÇON 2: STRUCTURES

L'adjectif interrogatif *quel*   **Asking About Choices**   **A.**   **1.** Quelle   **2.** Quel   **3.** Quels   **4.** Quelles   **5.** Quelle   **6.** Quel
B.   (*Answers may vary.*)   **1.** Quelle est ton actrice favorite?   **2.** Quelles sont tes boissons préférées?

3. Quelles sont tes chansons préférées?   **4.** Quel est ton cours favori?   **5.** Quels sont tes films favoris?   **6.** Quel est ton livre favori?   **7.** Quel est ton repas préféré?   **8.** Quelle est ta saison favorite?
C.   **1.** quel   **2.** quelle   **3.** quels   **4.** quels   **5.** quelles   **6.** quelle
Les adjectifs démonstratifs Pointing Out People and Things   A.   **1.** ces   **2.** ce (ces)   **3.** cette   **4.** cet   **5.** ce   **6.** ces   **7.** ce   **8.** ces   **9.** ce   **10.** cette
C.   **1.** ce quartier   **2.** cette rue-ci   **3.** cet immeuble-là   **4.** cette vue magnifique   **5.** ce joli petit   **6.** Ces pièces   **7.** Cette petite cuisine   **8.** ces fenêtres   **9.** cet appartement

CORRESPONDANCE

Le courrier   1. puis   **2.** morceau   **3.** plat   **4.** cette   **5.** pâté de campagne   **6.** rôti   **7.** Quelle
Info-culture   1. b   **2.** a   **3.** b   **4.** a   **5.** b   **6.** b
Flash-culture   1. a   **2.** c   **3.** b

LEÇON 3: STRUCTURES

Les verbes *vouloir, pouvoir* **et** *devoir*   **Expressing Desire, Ability, and Obligation**

SUJETS	DEVOIR	VOULOIR	POUVOIR
je	dois	veux	peux
nous	*devons*	voulons	pouvons
il	doit	*veut*	peut
vous	devez	voulez	*pouvez*

B.   **1.** doit, veut   **2.** devons, voulons   **3.** veulent, doivent   **4.** dois, veux   **5.** veut, doit   **6.** devons, voulons   **7.** doivent, veulent   **8.** doit, veut
C.   **1.** ne peut pas manger de pain.   **2.** ne pouvons pas faire de jogging.   **3.** ne peut pas faire de ski.   **4.** ne peux pas inviter d'ami/amie au restaurant.   **5.** ne peuvent pas boire de café.   **6.** ne pouvez pas prendre de dessert.
F.   **1.** Je vous en prie, madame.   **2.** Merci. C'est très gentil.   **3.** Je veux dire   **4.** Tu dois   **5.** Est-ce que je pourrais / s'il vous plaît   **6.** Je voudrais   **7.** Il n'y a pas de quoi, monsieur.   **8.** De rien.
L'expression impersonnelle *il faut* **Expressing Obligation and Necessity.   A.**   (*Answers will vary.*)
1. Il faut des œufs (frais), des épinards, du beurre, du sel et du poivre, et peut-être un peu de lait et de fromage.   **2.** Il ne faut pas mettre de sucre (de jus d'orange, de noix de coco, de bananes, etc.) dans une omelette aux épinards.   **3.** Pour préparer une pizza, il faut de la farine, de l'eau, de l'huile d'olive et de la levure, puis, il faut mettre du fromage (plusieurs sortes), des tomates, de l'ail et des oignons, du poivron, des champignons, des olives, d'autres légumes (au choix) et peut-être de la viande (du saucisson, du jambon, du poulet, du bœuf).   **4.** Pour préparer une pizza, il ne faut pas de chocolat (de sucre, de citron, de lait, de crème caramel...).

LEÇON 4: PERSPECTIVES

Faire le bilan   A.   **1.** Ces tableaux-ci, ces tableaux-là   **2.** Cet hôtel-ci, cet hôtel-là
B.   **1.** 1789   **2.** 20 421   **3.** 121 340   **4.** 6 606 463   **5.** 4 743 282   **6.** 58 520 688
C.   **1.** pouvez pouvons   **2.** peux, peux   **3.** peux, peut   **4.** voulez, veux   **5.** veux, veut   **6.** voulons, veulent   **7.** dois, dois, doit   **8.** doivent   **9.** devez, devons
D.   (*Answers will vary.*)

Chapitre 8

LEÇON 1: PAROLES

Les vacances en France **A.** (*Answers will vary.*) **1.** faire une randonnée, le jogging, nager **2.** l'alpinisme, faire une randonnée, la pêche, le ski alpin, le ski de fond, le vélo **3.** faire du bateau, nager, la pêche, la planche à voile, la plongée (sous-marine), le ski nautique **4.** le base-ball, le basket-ball, le football, le football américain, le tennis **5.** l'alpinisme, faire du bateau, faire du cheval, faire une randonnée, le base-ball, le football, le jogging, nager, la pêche, la planche à voile, la plongée sous-marine, le ski nautique, le tennis, le vélo... **6.** le basket-ball, le football américain, patiner, le ski alpin, le ski de fond...
B. (*Answers may vary.*) **1.** faire du camping **2.** prendre des vacances **3.** faire de l'alpinisme, de la bicyclette ou une randonnée **4.** faire de la plongée sous-marine ou de la natation **5.** faire du ski **6.** faire une randonnée
D. (*Answers will vary.*)
Le verbe *acheter* **1.** achetez **2.** achète, achetons **3.** achète **4.** achètent **5.** achètes
Au magasin de sports

A.

```
L A I S K S D E P L A I N B R E A
I K S E D S E T T E N U L F R E S
S E R V I E T T E D E P L A G E O
O U P R I T E N T E D O N N E R L
S E R A N O R A B L E P A I N S E
O M A I L L O T D E B A I N S I I
I M P R A N O R A K M A I L O T L
O O L M A R I O E V E L M O N I E
L E U S L K A T H A L B O G R E S
L E I L I E E M P R U N T E R E T
D R E G A H C U O C E D C A S F U
C H A U S S U R E S D E S K I R E
```

Des années importantes **A.** **1.** dix-neuf cent dix-huit **2.** dix-sept cent quatre-vingt-neuf **3.** douze cent cinquante-sept **4.** dix-huit cent trois **5.** dix-huit cent soixante et un **6.** quatorze cent trente-six
B. **1.** 1120 **2.** 1096 **3.** 1431 **4.** 1756 **5.** 1793 **6.** 1814

LEÇON 2: STRUCTURES

Quelques verbes irréguliers en *-ir*   Expressing Actions

A.

	MES COPAINS	TU	NOUS	MOROWA
sortir	sortent	sors	sortons	sort
venir	viennent	viens	venons	vient
sentir	sentent	sens	sentons	sent
dormir	dorment	dors	dormons	dort
servir	servent	sers	servons	sert

B.   **1.** dort   **2.** sortir   **3.** sert   **4.** sent / Line préfère manger.   **5.** dormons   **6.** sert   **7.** sentons
8. part / Elles doivent quitter leur chambre à sept heures et demie.
C.   (*Answers may vary.*)   **1.** Elle vient de boire une bouteille d'eau.   **2.** Nous venons de faire de
l'aérobic.   **3.** Elles viennent de passer un an au Mexique.   **4.** Vous venez de vendre votre entreprise à
une multinationale. (Nous venons de vendre notre entreprise à une multinationale.)   **5.** Tu viens de
dormir douze heures. (Je viens de dormir douze heures.)
F.   **1.** sortent   **2.** quittent   **3.** partent   **4.** sort   **5.** quitte   **6.** partir

Le passé composé avec l'auxiliaire *avoir*   Talking About the Past

A.

	travailler	réussir	vendre
j'	ai travaillé	ai réussi	ai vendu
on	a travaillé	a réussi	a vendu
les copains	ont travaillé	ont réussi	ont vendu
vous	avez travaillé	avez réussi	avez vendu
nous	avons travaillé	avons réussi	avons vendu
tu	as travaillé	as réussi	as vendu

B.   **1.** appris   **2.** été   **3.** répondu   **4.** voulu   **5.** reçu   **6.** fait   **7.** eu   **8.** dû   **9.** bu   **10.** plu   **11.** pu
12. fini
C.   **1.** avons passé   **2.** a choisi   **3.** ont trouvé   **4.** ont loué   **5.** ai décidé   **6.** a préféré   **7.** a appris
8. avons rendu   **9.** ont été
D.   (*Answers may vary.*)   **1.** J'ai accepté une invitation.   **2.** Je n'ai pas bu de champagne.   **3.** Je n'ai pas
pris d'aspirine.   **4.** J'ai eu peur.   **5.** J'ai porté un maillot de bain.   **6.** J'ai fait du ski nautique   **7.** J'ai
regardé la télévision.
E.   (*Answers may vary.*)   **1.** ... as-tu voyagé?   **2.** ... as-tu mangé? (... as-tu dîné?)   **3.** ... avez-vous fini de
bronzer sur la plage?   **4.** ... avez-vous bu plusieurs verres d'eau (un litre de Coca-cola)?
F.   **1.** J'ai trouvé   **2.** on a fait   **3.** nous avons commencé   **4.** il a invité   **5.** on n'a pas eu   **6.** nous
avons réussi   **7.** ont fait
I.   **1.** Avant-hier   **2.** Hier soir   **3.** toute la matinée   **4.** la semaine dernière   **5.** Hier   **6.** toute la journée
7. la soirée

CORRESPONDANCE

Le courrier 1. trouvé 2. plage 3. dormi 4. avons 5. lac 6. pris 7. matinée 8. nagé 9. fait
10. campagne
Info-culture 1. a 2. b 3. a 4. b 5. a 6. a
Flash-culture 1. d 2. e 3. a 4. c 5. b

LEÇON 3: STRUCTURES

Le passé composé avec l'auxiliaire *être* **Talking About the Past**

A.

	arriver	partir	rentrer
vous, madame	êtes arrivée	êtes partie	êtes rentrée
Déo et moi	sommes arrivés	sommes partis	sommes rentrés
les visiteurs	sont arrivés	sont partis	sont rentrés
Marie-Anne, tu	es arrivée	es partie	es rentrée

B. 1. Mes amies ne sont pas allées à la piscine. Elles sont restées à la maison. Elles ne sont pas sorties dans le jardin. 2. Elle est passée par Dakar. Elle est restée une semaine à Marrakech. Elle n'est pas allée à Rome. 3. Il est né en 1757. Il est mort en 1834. Il n'est pas devenu président des États-Unis.
C. 1. est née 2. est partie 3. est rentrée 4. est devenu 5. est venue
D. 1. est né 2. a eu 3. est parti 4. est allé 5. a appris 6. est revenu 7. a continué 8. a habité
9. a obtenu 10. est parti 11. a choisi 12. est arrivé 13. ont commencé 14. a passé 15. a désiré
16. n'a pas pu 17. a réussi 18. sont venus 19. a quitté
E. 1. ai pris 2. suis montée 3. suis descendue 4. ai rencontré 5. suis allée
Les prépositions devant les noms de lieu **Expressing Location** **A.** 1. en Amérique du Nord 2. en Allemagne 3. du Japon 4. en Chine ou au Japon 5. à Moscou 6. à Madrid 7. d'Amérique du Sud
8. dans la Virginie 9. en Afrique 10. de Californie
B. 1. au Maroc 2. en Chine 3. en Chine, au Tibet et au Népal 4. à Porticcio 5. (*Answers may vary.*)
C. 1. à Marseille 2. en Italie 3. d'Italie / en Allemagne 4. à Paris (en France) 5. au Japon 6. du Japon 7. Paris (la France) / en Angleterre

LEÇON 4: PERSPECTIVES

Faire le bilan **A.** (*Answers will vary.*)
B. 1. 1789 / a commencé 2. 1793 / a été 3. 1804 / est devenu 4. 1815 / est monté 5. 1830 / est allé 6. 1848 / a proclamé 7. 1851 / a préparé 8. 1870 / a proclamé 9. 1940 / est tombée
10. 1958 / a commencé
C. (*Answers will vary.*)

Révisez! Chapitres 5 à 8

A. 1. habitons 2. travaille 3. vend 4. a 5. allons 6. réussissons 7. voyageons 8. prenons
9. veut 10. préfère 11. sont 12. peut 13. fait 14. est 15. fait 16. faisons
B. 1. 75 (soixante-quinze) 2. 165 (cent soixante-cinq) 3. 190 (cent quatre-vingt-dix) 4. 380 (trois cent quatre-vingts) 5. 492 (quatre cent quatre-vingt-douze)
C. (*Answers may vary.*) 1. Elles doivent faire la vaisselle. 2. Je peux faire une promenade. 3. Ils veulent faire sa connaissance. 4. Je dois faire mes devoirs, mais je veux dormir. 5. Je peux aller à la police. Je vais attendre.

D. **1.** Faisons du ski! **2.** Joue au tennis! **3.** Ne faites pas de pique-nique! **4.** Buvez du café! **5.** Prenons l'autobus!

E. **1.** Vous désirez **2.** Un sandwich au fromage **3.** salade **4.** s'il vous plaît **5.** C'est tout **6.** je voudrais **7.** pour manger ici **8.** Ça fait combien **9.** sept euros **10.** Merci, monsieur

F. **1.** Cette **2.** Ce **3.** ces **4.** ces **5.** cet **6.** ces **7.** ces **8.** cette **9.** Cette **10.** Ces **11.** cet **12.** ce **13.** ces **14.** ce **15.** ces

G. **1.** avons quitté **2.** sommes allés (partis) **3.** avons trouvé **4.** sommes partis (allés) **5.** est parti **6.** a passé **7.** ai fait **8.** ont bronzé **9.** a vu **10.** ai décidé **11.** sont restés **12.** sommes rentrés **13.** sommes descendus

Chapitre 9

LEÇON 1: PAROLES

À l'aéroport/À la gare/En route! **A.** **1.** un vol **2.** une gare **3.** une passagère **4.** un avion **5.** un pilote **6.** une voiture **7.** la route

B. **1.** guichet **2.** billets **3.** valises **4.** ski **5.** gare **6.** quai **7.** passagers **8.** wagon **9.** compartiment **10.** plein

C.

Nº DU VOL	ARRIVE DE/DU/DES	HEURE D'ARRIVÉE
61	Japon	9 h 40
74	États-Unis	13 h 30
79	Canada	20 h
81	Russie	8 h 15
88	Chine	12 h
93	Maroc	17 h 15
99	Mexique	15 h 10

F. *(Answers will vary.)*

Les points cardinaux *(Answers may vary.)* **1.** au sud-ouest **2.** au nord-ouest **3.** à l'ouest **4.** au nord-est **5.** à l'est (au nord-est) **6.** à l'ouest (au nord-ouest) **7.** au sud-ouest **8.** au sud-est

LEÇON 2: STRUCTURES

Le verbe *conduire* **Expressing Actions**

A.

	conduire	**traduire**	**construire**
je	conduis	traduis	construis
nous, les étudiants	conduisons	traduisons	construisons
les professeurs	conduisent	traduisent	construisent
vous, Madame Gian	conduisez	traduisez	construisez
tu	conduis	traduis	construis

Depuis et *pendant*   **Expressing How Long, How Long Ago and Since When**   **A.**   **1.** Depuis
2. depuis   **3.** pendant   **4.** depuis   **5.** il y a   **6.** Depuis   **7.** depuis   **8.** pendant   **9.** il y a
B.   (*Answers will vary.*)
C.   **1.** conduit   **2.** construisent   **3.** traduit   **4.** conduisons   **5.** détruisent   **6.** réduit   **7.** vais en voiture

CORRESPONDANCE

Le courrier   **1.** ennui   **2.** pendant   **3.** encore   **4.** station-service   **5.** train   **6.** auberge   **7.** moto
Info-culture   **1.** un vélo   **2.** Paris   **3.** TGV   **4.** SNCF   **5.** étudiants   **6.** Europe
Flash-culture   **A.**   **1.** cyclistes   **2.** jeunes   **3.** non-polluant   **4.** manifestent   **5.** sans danger
B.   (*Answers will vary.*)

LEÇON 3: STRUCTURES

Les adverbes affirmatifs et négatifs   **Expressing Negation**   **A.**   **1.** Mais non, il n'est jamais à l'heure.
2. Mais non, il n'est pas encore/jamais allé en Italie.   **3.** Mais non, il ne part jamais en vacances.
4. Mais si, elle part toujours avec lui.   **5.** Mais non, il ne travaille plus chez Renault.   **6.** Mais non, elle
n'est pas encore mariée.   **7.** Mais si, il est encore à l'université
B.   (*Answers may vary.*)   **1.** Je n'ai que cinq semaines de vacances cette année.   **2.** Il n'y a qu'un endroit que je voudrais visiter.   **3.** Je ne peux choisir qu'entre trois grands hôtels dans plusieurs villes
européennes.   **4.** Je ne vais partir que pour deux semaines au soleil.
Les pronoms affirmatifs et négatifs   **Expressing Negation**   **A.**   **1.** Personne n'   **2.** Rien n'   **3.** Rien
ne   **4.** Personne n'   **5.** Personne n'   **6.** Rien ne
B.   **1.** Non, il n'y a rien de bon au cinéma.   **2.** Non, je ne suis allé(e) au cinéma avec personne d'intéressant.   **3.** Non, je n'ai rien mangé de délicieux au restaurant.   **4.** Non, personne ne comprend mes
problèmes.

LEÇON 4: PERSPECTIVES

Faire le bilan   **A.**   (*Answers may vary.*)   **1.** l'aéroport, le pilote, les passagers   **2.** la route, la voiture,
la moto   **3.** le train, la gare, le quai   **4.** les valises, le train, le billet
C.   (*Answers may vary.*)   **1.** quelqu'un d'intellectuel.   **2.** quelque chose de frais.   **3.** quelque chose
d'amusant.   **4.** quelqu'un de passionnant.   **5.** quelqu'un de charmant.   **6.** quelque chose de nouveau.
7. quelque chose d'intéressant
D.   (*Answers will vary.*)

Chapitre 10

LEÇON 1: PAROLES

Les nouvelles technologies   **A.**   **1.** un cellulaire / un portable   **2.** un répondeur, une boîte vocale
3. un ordinateur   **4.** un Minitel
Les médias et la communication   **A.**   **1.** g   **2.** e   **3.** b   **4.** c   **5.** f   **6.** d   **7.** a
C.   (*Answers will vary.*)

Quelques verbes de communication

A.

	dire	lire	écrire	mettre	décrire
nous	disons	lisons	écrivons	mettons	décrivons
tu	dis	lis	écris	mets	décris
on	dit	lit	écrit	met	décrit
vous	dites	lisez	écrivez	mettez	décrivez
mes copains	disent	lisent	écrivent	mettent	décrivent
je/j'	dis	lis	écris	mets	décris

B. **1.** écrire **2.** décrit **3.** écrivent **4.** mettent **5.** écrivons **6.** mettent / (*Answers may vary.*)
D. (*Answers will vary.*)

LEÇON 2: STRUCTURES

L'imparfait   Describing the Past

A.

	être	étudier	lire	mettre
je/j'	étais	étudiais	lisais	mettais
vous	étiez	étudiiez	lisiez	mettiez
tu	étais	étudiais	lisais	mettais
ils	étaient	étudiaient	lisaient	mettaient

B. **1.** finissait son travail **2.** dormait **3.** écrivaient au tableau **4.** lisaient le journal **5.** sortait
6. pensions partir **7.** prenait sa place **8.** mettait ses affaires sous sa chaise
C. **1.** travaillait **2.** commençait **3.** n'avions pas **4.** étions **5.** allait
D. **1.** etait **2.** voyais **3.** étaient **4.** allaient **5.** attendait **6.** descendait **7.** lisait **8.** mettait
9. servaient **10.** faisait **11.** étais
H. (*Answers will vary.*)
Les pronoms d'objet direct   Speaking Succinctly   A. (*Answers may vary.*) **1.** ses amis, ses parents
2. cet exercice, le ménage **3.** ton short, ton pyjama **4.** Guy, Laurent (la nouvelle étudiante, ce nouveau film) **5.** la nouvelle étudiante, la pièce de théâtre
B. (*Answers may vary.*) **1.** Je les donne à la dame. **2.** Je le donne à l'étudiant. **3.** Je les donne au monsieur. **4.** Je la donne au monsieur. **5.** Je les donne aux enfants. **6.** Je le donne à la dame. **7.** Je les donne à l'étudiant. **8.** Je la donne à Wolfgang.
C. **1.** le **2.** m' **3.** me **4.** le **5.** le **6.** me **7.** le **8.** te **9.** nous **10.** vous **11.** l' **12.** la
F. (*Answers will vary.*)

CORRESPONDANCE

Le courrier 1. Écoute **2.** l' **3.** portable **4.** boîte **5.** courrier **6.** étais **7.** écris **8.** Web **9.** roman
Info-culture 1. d **2.** a **3.** f **4.** e **5.** c **6.** b
Flash-culture   A. 1. F **2.** F **3.** V **4.** V **5.** F
B. (*Answers will vary.*)

LEÇON 3: STRUCTURES

L'accord du participe passé Talking About the Past A. (*Answers may vary.*) **1.** Il les a bus. **2.** Il les a lues. **3.** Il l'a louée. **4.** Il les a portées. **5.** Il les a écoutés. **6.** Il les a regardées.
B. **1.** j'ai cherché **2.** les ai retrouvées **3.** étaient **4.** les ai laissées **5.** a téléphoné **6.** conduisait **7.** ne les ai pas apportées **8.** ont dû **9.** sont entrés
D. (*Answers will vary.*)
Les verbes *voir* et *croire* Expressing Observations and Beliefs

A.

	voir PRÉSENT	croire PRÉSENT	voir PASSÉ COMPOSÉ	croire PASSÉ COMPOSÉ
tu	vois	crois	as vu	as cru
mes amis	voient	croient	ont vu	ont cru
tout le monde	voit	croit	a vu	a cru
Paul et moi	voyons	croyons	avons vu	avons cru
ton frère et toi	voyez	croyez	avez vu	avez cru
je/j'	vois	crois	ai vu	ai cru

B. **1.** crois **2.** Vois **3.** crois **4.** vois **5.** crois **6.** voit

D.

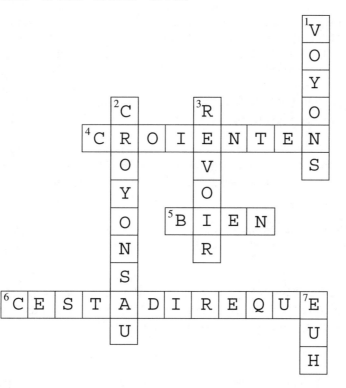

LEÇON 4: PERSPECTIVES

Faire le bilan A. **1.** étais **2.** avais **3.** habitait **4.** était **5.** écrivait **6.** attendais **7.** était **8.** avait **9.** achetions **10.** commençaient **11.** mangions **12.** travaillaient **13.** fabriquaient **14.** avaient **15.** gagnaient **16.** pouvions **17.** faisions **18.** jouions

B. **1.** ... Tu l'as lu ce matin? —Non je ne l'ai pas lu aujourd'hui. ... —Non, je ne les regarde jamais.
2. ... —Oui, je l'écoutais souvent. ... —Oui, je le comprenais assez bien.   **3.** ... —Je les ai rencontrés en France. —Tu l'as déjà visitée? —Oui, je l'ai visitée il y a deux ans.
C. (*Answers will vary.*)
Prononciation   **1.** de mon enfance   **2.** mes vacances à la mer   **3.** chaque mois d'août   **4.** j'habitais Paris pendant   **5.** je passais un mois par an   **6.** une grande plage   **7.** C'était   **8.** Je passais   **9.** jouer avec des petits copains   **10.** étaient   **11.** différentes   **12.** jamais   **13.** les oublier

Chapitre 11

LEÇON 1: PAROLES

Une petite ville   **A.**   **1.** coin   **2.** à gauche   **3.** traverse   **4.** En face du   **5.** à droite   **6.** jusqu'à
B.   **1.** banque   **2.** piscine   **3.** mairie   **4.** pharmacie   **5.** syndicat d'initiative   **6.** commissariat (poste de police)   **7.** hôpital   **8.** tabac   **9.** librairie
Les arrondissements de Paris   **A.**   **1.** habite au premier étage.   **2.** habite au quatrième étage.
3. habitent au deuxième étage.   **4.** habite au rez-de-chaussée.   **5.** habite au neuvième étage.   **6.** habite au dixième étage.

LEÇON 2: STRUCTURES

Le passé composé et l'imparfait   **Describing Past Events**   **A.**   (*Answers will vary.*)
B.   **1.** habitaient   **2.** a préparé   **3.** était   **4.** ont décidé   **5.** appelait   **6.** faisait   **7.** a vu   **8.** est entrée
9. était   **10.** a essayé   **11.** avait   **12.** a goûté   **13.** était   **14.** a dévoré   **15.** avait   **16.** est montée
17. a essayé   **18.** était   **19.** a fermé   **20.** dormait   **21.** sont rentrés   **22.** a vu   **23.** a dit   **24.** sont montés
25. dormait   **26.** ont vu   **27.** ont crié
E.   **1.** C'était mon amie Céline.   **2.** Elle m'a demandé de l'aider avec nos devoirs.   **3.** Je lui ai répondu que nous n'avions pas de devoirs.   **4.** Toute contente elle m'a invité(e) à aller avec elle au cinéma.
Les pronoms d'objet indirect   **Speaking Succinctly**   **A.**   **1.** a   **2.** d   **3.** e   **4.** f   **5.** g   **6.** c   **7.** j   **8.** h
9. i   **10.** b
B.   (*Answers may vary.*)   **1.** Je leur donne des skis.   **2.** Je lui donne mon numéro de téléphone.   **3.** Je lui donne un gros poste de télé.   **4.** Je lui donne des disques français.   **5.** Je lui donne 50 millions de dollars.   **6.** Je leur donne une semaine de vacances.   **7.** Je lui donne des skis.   **8.** Je leur donne un livre de cuisine diététique.
C.   (*Answers will vary.*)
D.   **1.** L'année dernière, Marguerite ne lui a pas donné de vin blanc.   **2.** Michel ne lui a pas acheté de CD de musique folk.   **3.** Cette année, je ne vais pas lui donner de chemise en polyester.   **4.** Maman ne va pas lui faire de rôti de porc pour le dîner.
G.   (*Answers may vary.*) **1.** Oui, je les aime. (Non, je ne les aime pas.)   **2.** Oui, je leur téléphone (assez) souvent. (Non, je ne leur téléphone pas souvent.)   **3.** Oui, je lui ai déjà écrit. (Non, je ne lui ai pas encore écrit.)   **4.** Oui, je veux le voir hors de la classe. (Non, je ne veux pas le voir hors de la classe.)
5. Je lui ai prêté un livre (ma voiture, vingt dollars, etc.).

CORRESPONDANCE

Le courrier   **1.** sortions   **2.** plan   **3.** syndicat   **4.** bâtiments   **5.** place   **6.** jusqu'   **7.** anciens   **8.** m'
9. commandé   **10.** morceau
Info-culture   **1.** a   **2.** b   **3.** b   **4.** b   **5.** a   **6.** b
Flash-culture   **A.**   **1.** b   **2.** c   **3.** a   **4.** a   **5.** b
B.   **1.** (*Answers may vary.*) It is named for two wooden statues. 170 boulevard St-Germain.   **2.** *The Sun Also Rises, A Moveable Feast.* 171 boulevard du Montparnasse.

LEÇON 3: STRUCTURES

Savoir et *connaître* **Saying What and Whom You Know** **A.** **1.** sait **2.** connaissons **3.** connaît
4. Savez **5.** connais **6.** connaissez **7.** savons **8.** connaissons **9.** Sais
B. (*Answers may vary.*) **1.** Oui, je le sais. **2.** Oui, je le sais. **3.** Non, je ne la connais pas. **4.** Oui, je
les connais. **5.** Oui, je la sais. **6.** Non, je ne sais pas. **7.** Non, je ne la connais pas. **8.** Oui, je la
connais. **9.** Oui, je le sais. **10.** Oui, je les connais.
Les pronoms *y* et *en* Speaking Succinctly **A.** *en* apparaît 6 fois (Note: le premier *en* n'est pas un pronom.) **1.** Il lui en reste 133. **2.** Il lui en reste 107. **3.** Il lui reste 37 euros.
B. (*Answers may vary.*) **1.** Oui, j'y ai dîné hier soir. **2.** Non, je n'y suis pas encore allé(e). **3.** J'y fais
mes devoirs. **4.** Non, je n'y réponds pas immédiatement. **5.** Oui, j'y pense. **6.** J'y mets mes livres.
7. J'y passe une heure chaque semaine.
C. **1.** y **2.** en **3.** en **4.** y **5.** en **6.** y **7.** en **8.** en **9.** en **10.** y

LEÇON 4: PERSPECTIVES

Faire le bilan **A.** **1.** j'ai visité **2.** j'avais **3.** j'étais **4.** je voulais **5.** j'ai fait **6.** Il m'a invitée
7. nous sommes allés **8.** a suggéré **9.** il a dit **10.** nous devions **11.** J'ai hésité **12.** je ne le connaissais pas **13.** j'ai accepté **14.** Nous avons fait **15.** parlait **16.** chantait **17.** C'était **18.** Il m'a raccom-
pagnée **19.** m'a dit **20.** il est parti **21.** je ne l'ai jamais revu
B. (*Answers may vary.*) **1.** sont sortis. **2.** pleuvait. Ils ont fait une promenade sous la pluie. **3.** ont
décidé de prendre quelque chose dans un café. Ils sont entrés Chez Louise. **4.** Ils ont choisi une table
devant une fenêtre. Quand le serveur est arrivé, ils ont commandé deux cafés. **5.** Ils ont regardé des
gens dans la rue. **6.** parlaient, regardaient la télé et jouaient aux cartes.
C. (*Answers will vary.*)

Chapitre 12

LEÇON 1: PAROLES

Le patrimoine historique **A.** **1.** La Madeleine, Premier Empire, dix-neuvième **2.** Vaux-le-Vicomte,
classique, dix-septième **3.** Chambord, Renaissance, seizième **4.** L'église de Beauvais, médiévale,
treizième

B.

• l'époque moderne	*la tour Eiffel*	*Charles de Gaulle*
• l'époque classique	*Versailles*	*Louis XIV*
• la Renaissance	*Jacques Cartier*	*Chambord*
• le Moyen Âge	*Notre-Dame*	*Charlemagne*
• l'époque romaine	*les arènes de Lutèce*	

Les œuvres d'art et de littérature

ARTISTES	ŒUVRES (*works*)
actrice	film
cinéaste	œuvre musicale
compositeur	pièce de théâtre
écrivain	poème
peintre	roman
poète	sculpture
sculpteur	tableau

Les verbes *suivre* et *vivre*

A.

	poursuivre	vivre	suivre (passé composé)
je/j'	poursuis	vis	ai suivi
on	poursuit	vit	a suivi
nous	poursuivons	vivons	avons suivi
les gens	poursuivent	vivent	ont suivi
tu	poursuis	vis	as suivi
vous	poursuivez	vivez	avez suivi

B. (*Answers will vary.*)

LEÇON 2: STRUCTURES

Les pronoms accentués Emphasizing and Clarifying A. 1. lui **2.** elle **3.** eux **4.** eux **5.** moi
6. vous **7.** toi **8.** nous
B. (*Answers will vary.*)
La place des pronoms personnels Speaking Succinctly B. (*Answers may vary.*) **1.** Justin: Ne l'y
emmène pas. (Ne l'y emmenez pas.) Julie: Emmène-l'y. (Emmenez-l'y.) **2.** Justin: N'y en faites pas.
Julie: Faites-y-en. **3.** Justin: Ne lui en apportez pas. Julie: Apportez-lui-en. **4.** Justin: Ne la leur
montre pas. (Ne la leur montrez pas.) Julie: Montre-la-leur. (Montrez-la-leur.) **5.** Justin: Ne le lui
enseigne pas. (Ne le lui enseignez pas.) Julie: Enseigne-le-lui. (Enseignez-le-lui.) **6.** Justin: Ne lui en
écrivez pas. Julie: Écrivez-lui-en.
C. (*Answers may vary.*) **1.** Ne la lui prête pas. / Prête-la-lui. **2.** Envoie-le-lui. / Ne le lui envoie pas.
3. Ne nous les montre pas. / Montre-les-nous. **4.** N'en fume pas. / Fumes-en. **5.** Ne me les donnez
pas. / Donnez-les-moi.

CORRESPONDANCE

Le courrier 1. trop **2.** sculptures **3.** moi **4.** peintres **5.** siècle **6.** vécu **7.** rêver **8.** chefs-d'œuvre
9. poèmes **10.** pièce
Info-culture 1. d **2.** c **3.** f **4.** b **5.** a **6.** e
Flash-culture A. 1. c **2.** d **3.** a **4.** e **5.** f **6.** b
B. (*Answers will vary.*)

LEÇON 3: STRUCTURES

Les verbes suivis de l'infinitif   Expressing Actions

A.

		+ infinitif	+ **à** + infinitif	+ **de** + infinitif
1.	accepter			✓
2.	aider		✓	
3.	aller	✓		
4.	arrêter			✓
5.	chercher		✓	
6.	choisir			✓
7.	conseiller			✓
8.	demander			✓
9.	désirer	✓		
10.	devoir	✓		
11.	enseigner		✓	
12.	oublier			✓
13.	permettre			✓
14.	rêver			✓
15.	savoir	✓		
16.	vouloir	✓		

B. 1. — **2.** — **3.** de **4.** de **5.** de **6.** de **7.** de **8.** — **9.** à **10.** — **11.** par **12.** à **13.** à **14.** de **15.** à **16.** d'

C. (*Answers will vary.*)

Les adverbes   Talking about How Things Are Done

A. 1. vainement **2.** finalement **3.** rapidement **4.** immédiatement **5.** lentement **6.** poliment **7.** doucement **8.** calmement

B. 1. rapidement **2.** patiemment **3.** sérieusement **4.** lentement **5.** poliment **6.** activement **7.** honnêtement **8.** franchement

C. (*Answers will vary.*)

LEÇON 4: PERSPECTIVES

Faire le bilan   A. 1. Oui, je te le prête. / Alors, prête-le-moi. **2.** Oui, je te la donne. / Alors, donne-la-moi. **3.** Oui, je les lui prête. / Alors, prête-les-lui. **4.** Oui, je te les montre. / Alors, montre-les-moi. **5.** Oui, je la leur donne. / Alors, donne-la-leur.

B. (*Answers will vary.*)

Révisez! Chapitres 9 à 12

A. **1.** Depuis **2.** il y a **3.** depuis **4.** depuis **5.** depuis **6.** pendant **7.** Depuis trois ans

B. **1.** Seth ne parle jamais en cours de français. **2.** Paul ne pose plus de questions. **3.** Sylvie n'a pas encore fait les devoirs. **4.** Aimée ne répond jamais en anglais. **5.** Nous n'allons jamais dans des restaurants français. **6.** Je ne comprends pas du tout. / pas très bien. **7.** Le professeur n'a rien d'intéressant à dire. **8.** Personne n'aime le professeur.

C. **1.** D **2.** A **3.** A **4.** D **5.** A **6.** D

D. **1.** Oui, ils la regardent souvent. (Non, ils ne la regardent pas souvent.) **2.** Oui, ils l'aiment. (Non, ils ne l'aiment pas.) **3.** Oui, je la fais souvent. (Non, je ne la fais pas souvent.) **4.** Oui, je le comprends toujours. (Non, je ne le comprends pas toujours.) **5.** Oui, j'aime les faire. (Non, je n'aime pas les faire.) **6.** Oui, je vais le finir. (Non, je ne vais pas le finir.) **7.** Oui, je vais le porter. (Non, je ne vais pas le porter.) **8.** Oui, je l'ai lu (Non, je ne l'ai pas lu.)

E. **1.** étais **2.** ai décidé **3.** n'ai pas pu **4.** avais **5.** suis allé(e) **6.** était **7.** ai demandé **8.** a répondu **9.** avons préparé **10.** avons mangé

G. **1.** de / de **2.** — **3.** à **4.** de / — **5.** d' /— **6.** d' **7.** — **8.** de **9.** — **10.** — **11.** de **12.** à

H. (*Answers may vary.*) **1.** Oui, je leur téléphone souvent. / Non, je ne leur téléphone jamais. **3.** Oui, je les ai achetés. / Non, je ne les ai pas achetés. **4.** Oui, je leur en donne. / Non, je ne leur en donne pas. **2.** Oui, je pense y aller. / Non, je ne pense pas y aller. **5.** Oui, je lui en ai déjà offert. / Non, je ne lui en ai jamais offert. **I.** **1.** V **2.** F **3.** V **4.** F **5.** F **6.** V **7.** V

Chapitre 13

LEÇON 1: PAROLES

L'amour et le mariage

A.

AU DÉBUT	AU MILIEU	VERS LA FIN
Ils tombent amoureux.	*Ils sortent (souvent).*	*Ils se disputent.*
Ils se fiancent.	*Ils se marient.*	*Ils divorcent.*
Ils se rencontrent.	*Ils partent en voyage de noces.*	*Les choses changent.*
C'est le coup de foudre.	*Ils prennent un appartement.*	

B. **1.** à l'église **2.** ne se marient pas **3.** se disputent **4.** les fiançailles **5.** de meubles

Le corps humain **A.** **1.** aux oreilles / à la tête **2.** aux dents **3.** au dos / aux bras **4.** aux pieds **5.** aux doigts **6.** aux yeux **7.** aux oreilles **8.** aux pieds/aux jambes/partout

Les activités de la vie quotidienne **A.** a. 8 b. 1 c. 5 d. 3 e. 7 f. 4 g. 2 h. 6

B. (*Answers will vary.*)

LEÇON 2: STRUCTURES

Les verbes pronominaux (première partie) **Expressing Actions** **A.** **1.** s'installent **2.** me demande **3.** nous dépêcher **4.** nous arrêtons **5.** nous reposons **6.** me demande **7.** m'entends **8.** me souviens **9.** me rappelle **10.** nous amuser

B. **1.** s'appelle **2.** se trompe **3.** s'excuse **4.** s'entend **5.** nous trompons **6.** s'amuser **7.** se rappelle (se souvient de) **8.** nous détendre **9.** nous dépêchons **10.** nous amusons

C. **1.** me demande **2.** s'amuser **3.** se reposer **4.** s'arrêter **5.** se retrouvent **6.** s'installent **7.** se dépêcher **8.** se détendent

Les verbes pronominaux (deuxième partie) **Expressing Actions** **A.** **1.** Les Legault s'endorment. **2.** Les Legault s'installent… **3.** Les Legault s'ennuient. **4.** Les Legault se disputent… . **5.** Les Legault se mettent à… . **6.** Les Legault se perdent. **7.** Les Legault s'en vont. **8.** Les Legault se trompent.

B. **1.** Marcel se réveille tôt parce que… **2.** Tu te lèves à midi parce que… **3.** M. Dupont se couche à cinq heures parce que… **4.** Je m'habille bien cet après-midi parce que… **5.** Les enfants s'ennuient pendant le week-end parce que… **6.** Laure se regarde dans le miroir parce que…

C. **1.** vous réveillez **2.** nous réveillons **3.** se lève **4.** me lève **5.** vous baignez **6.** nous douchons **7.** nous levons **8.** vous brossez **9.** me brosse **10.** s'intéresse **11.** se brosse **12.** m'habille

CORRESPONDANCE

Le courrier **1.** te souviens **2.** s'est **3.** se promener **4.** te rappelles **5.** tombée **6.** mains **7.** foudre **8.** à **9.** demande

Info-culture **1.** F **2.** V **3.** V **4.** V **5.** V **6.** F **7.** V

Flash-culture **A.** **1.** V **2.** F **3.** F **4.** F

B. (*Answers will vary.*)

LEÇON 3: STRUCTURES

Les verbes pronominaux (troisième partie) **Expressing Reciprocal Actions** **A.** **1.** Denise et Pierre s'adorent. **2.** Béatrice déteste Yves. Yves déteste Béatrice. **3.** Gérard parle à Marthe. Marthe ne parle pas (à Gérard). **4.** Marcel et Eugénie se parlent. **5.** Véronique et Denis se disputent.

Les verbes pronominaux (quatrième partie) **Talking About the Past and Giving Commands.**
A. **1.** Couche-toi. Ne te couche pas. **2.** Marie-toi. Ne te marie pas. **3.** Brosse-toi les dents. Ne te brosse pas les dents. **4.** Amusez-vous bien. Ne vous amusez pas. **5.** Excusez-vous. Ne vous excusez pas.

B. Francine s'est levée la première et Julien s'est réveillé une demi-heure plus tard. Ils se sont habillés. Ils ont pris leur petit déjeuner dans la cuisine. Ensuite, Francine est partie en cours, pendant que Julien lisait le journal. À midi, Francine et Julien se sont retrouvés au café. Après le déjeuner, ils se sont promenés pendant un moment, puis ils sont retournés à leurs activités. Le soir, Julien s'est reposé après le dîner devant la télévision, mais sa femme a étudié. Quand Francine s'est endormie sur ses livres, Julien l'a réveillée. Ils se sont couchés vers onze heures. Ils se sont plaints tous les deux de ne pas avoir assez d'énergie. (*Answers will vary.*)

LEÇON 4: PERSPECTIVES

Faire le bilan **A.** **1.** vous brossez, me brosser, me brosser **2.** vous appelez, vous trompez, m'appelle, Installez **3.** T'endors, me couche, me couche, m'endors

B. Your new friend is tall and has a round head, a long neck, and a round body. He has three arms and eight legs, all of equal length. His hands and feet have only three fingers a piece. He has a little round mouth in the center of his face with one pointed tooth. His five eyes form a circle. He has a crescent-shaped hat under which no hair is visible.

C. **1.** se sont rencontrés **2.** se sont téléphoné **3.** se sont parlé **4.** se sont promenés **5.** se sont regardés **6.** se sont pris **7.** se sont dit **8.** se sont embrassés **9.** ne se sont plus quittés **10.** se sont mariés **11.** se sont entendus **12.** ne se sont jamais disputés

D. (*Sentence completions will vary.*)   **1.** Mes amis se détendent…   **2.** Mes amis et moi, nous nous amusons…   **3.** Mes parents et moi, nous nous entendons…   **4.** Je m'installe devant mes livres… **5.** Mon professeur de français s'excuse…
À l'écoute **1.** souvenez-vous du   **2.** vous êtes rencontrés   **3.** vous vous aimez   **4.** vous vous demandez   **5.** vous disputer avec   **6.** vous rendre au   **7.** se préparent à   **8.** Dépêchez-vous

Chapitre 14

LEÇON 1: PAROLES

Au travail **A.**   **1.** un ouvrier   **2.** une institutrice   **3.** un(e) comptable   **4.** un médecin   **5.** un boucher **6.** une coiffeuse   **7.** un facteur (un postier)   **8.** un avocat
B. (*Answers will vary.*)
À la banque **A.**   **1.** chèques   **2.** montant   **3.** d'épargne   **4.** carnet
Le budget de Marc Convert **A.**   (*Answers will vary.*)
C. (*Answers will vary.*)
Le verbe *ouvrir*

A.

	DÉCOUVRIR	SOUFFRIR
je	découvre	souffre
les scientifiques	découvrent	souffrent
vous	découvrez	souffrez
un malade	découvre	souffre

B. **1.**   **1.** Ouvrez   **2.** couvrez   **3.** souffrir   **2.**   **1.** avons offert   **2.** souffrait   **3.** ouvrir   **4.** ai offert **5.** ai fermé

LEÇON 2: STRUCTURES

Le futur simple   **Talking About the Future**

A.

	TU	LES GENS	JE / J'	NOUS
avoir	auras	auront	aurai	aurons
pouvoir	pourras	pourront	pourrai	pourrons
savoir	sauras	sauront	saurai	saurons
aller	iras	iront	irai	irons

B. **1.** Pas encore. J'en achèterai une demain matin.   **2.** Pas encore. Elle en fera un dimanche prochain. **3.** Pas encore. Il lui enverra un billet de train demain. (Il lui en enverra un demain.)   **4.** Pas encore. Nous la verrons quand grand-mère sera chez nous.   **5.** Pas encore. Ils les achèteront ce week-end. **6.** Pas encore. Je leur dirai ce soir qu'elle arrivera bientôt. (Je le leur dirai ce soir.)
C. **1.** croiras   **2.** dis   **3.** serai   **4.** montrerai   **5.** verrai   **6.** téléphones   **7.** viendrai   **8.** appellerai **9.** arriverai (1. and 2. *Answers will vary.*)
D. (*Answers will vary.*)

CORRESPONDANCE

Le courrier **1.** gagner **2.** offrir **3.** prochain **4.** sera **5.** compte-chèques **6.** faire **7.** retirer
8. distributeur **9.** argent liquide
Info-culture **1.** a **2.** b **3.** b **4.** b **5.** b **6.** a **7.** b **8.** b
Flash-culture **A.** **1.** économie **2.** dérivés **3.** siècles **4.** banane **5.** climats
B. (*Answers will vary.*)

LEÇON 3: STRUCTURES

Les pronoms relatifs **Linking Ideas** **A.** **1.** D'accord. J'en ai noté l'adresse qui était dans le journal
ce matin. **2.** L'immeuble a une piscine qui est ouverte toute l'année. **3.** J'aime ce quartier qui me
rappelle l'Espagne. **4.** Nos voisins sont des Allemands que j'ai rencontrés à la plage. **5.** Habitent-ils
dans un des studios que ton amie Christine a admirés? **6.** Non, je crois qu'ils ont un trois-pièces que je
n'ai jamais vu.
B. (*Answers will vary.*)
C. **1.** que **2.** qui **3.** dont **4.** que **5.** qui **6.** qui **7.** dont **8.** que **9.** dont **10.** dont
D. (*Answers will vary.*)
G. **1.** je connais depuis quinze ans. **2.** travaille dans une banque. **3.** nous parlons souvent mes amis
et moi. **4.** je vais chaque soir.
La comparaison de l'adjectif qualificatif **Making Comparisons** **A.** (*Answers will vary.*)
B. **1.** Les jeunes d'aujourd'hui sont plus paresseux que pendant ma jeunesse. **2.** Les gens maintenant
sont plus égoïstes qu'autrefois. **3.** Les écoles modernes sont moins bonnes qu'autrefois. **4.** Les gens
d'aujourd'hui sont plus malheureux qu'autrefois. **5.** Le gouvernement actuel est pire (plus mauvais)
que pendant les années cinquante. **6.** En général, la vie moderne n'est pas meilleure (aussi bonne)
qu'autrefois.
C. (*Answers will vary.*)
D. **1.** … est la femme la plus (moins) talentueuse du cinéma américain. **2.** … est le politicien le plus
(moins) honnête de l'administration actuelle. **3.** … est la meilleure (moins bonne) chanteuse des
États-Unis. **4.** … est le meilleur (moins bon) professeur de la faculté des lettres **5.** … sont les
personnes les plus respectées des États-Unis. **6.** … est la femme la plus (moins) dynamique de ma
famille. **7.** … est le plus mauvais (le pire) acteur du cinéma américain.

LEÇON 4: PERSPECTIVES

Faire le bilan **A.** **1.** recevrez, recevras **2.** viendront, viendras **3.** se présentera, nous présenterons
4. aurons, aura **5.** déposerai, déposera
B. (*Answers will vary.*)
C. (*Answers will vary.*)

Chapitre 15

LEÇON 1: PAROLES

Quelques loisirs **A.** **1.** jeu de société **2.** jardinage **3.** pêche **4.** football **5.** lecture **6.** bricolage
B. (*Answers will vary.*)
E. (*Answers will vary.*)

Les verbes *courir* **et** *rire*

A.

	courir	**rire**
nous	courons	rions
les athlètes	courent	rient
tu	cours	ris
mon amie	court	rit

B. **1.** courir **2.** couru **3.** a ri **4.** courrons **5.** ai ri **6.** riront (*"Votre vie à vous" answers will vary.*)
C. **1.** a ouvert **2.** a découvert **3.** couraient **4.** faisait **5.** avaient **6.** avaient **7.** a offert **8.** ont accepté **9.** ont souri **10.** a regardé **11.** a repris

LEÇON 2: STRUCTURES

Les pronoms interrogatifs   Getting Information   A.   1. Qui **2.** Qu'est-ce qui **3.** quoi **4.** qui
5. Qui **6.** Qu'est-ce qui
B.   1. De quoi **2.** Qu'est-ce que **3.** Qu'est-ce qu' **4.** Qu'est-ce qui **5.** Qui **6.** Qui est-ce qu' **7.** À qui
C.   1. Lequel **2.** Lesquels **3.** Laquelle **4.** Lequel **5.** Laquelle
Le présent du conditionnel   Being Polite, Speculating   A. (*Sentence endings will vary.*) **1.** Nous serions… **2.** Les étudiants rentreraient… **3.** Mon copain (Ma copine) irait… **4.** J'aurais le temps de… **5.** Tu écrirais… **6.** Mes amis aventuriers feraient…
B. (*Answers will vary.*)
C. (*Answers will vary.*)

CORRESPONDANCE

Le courrier 1. équipe **2.** rirais **3.** pourrais **4.** Meilleur **5.** apporterais **6.** plein air **7.** pétanque
8. en train de **9.** plusieurs
Info-culture 1. b **2.** a **3.** c **4.** a **5.** c **6.** a
Flash-culture A. 1. a **2.** b **3.** a **4.** a **5.** b
B. (*Answers will vary.*)

LEÇON 3: STRUCTURES

La comparaison de l'adverbe et du nom   Making Comparisons   A. (*Answers will vary.*)
B. (*Answers will vary.*)
C. (*Answers may vary.*) **1.** J'aurai de meilleures notes. **2.** J'écrirai mieux. **3.** Je finirai plus de choses.
4. Je me tromperai moins souvent. **5.** Je lirai de meilleurs livres. **6.** Je m'ennuierai moins souvent.
7. Je me lèverai plus tôt le matin. **8.** Je me préparerai mieux aux examens
Les adjectifs et les pronoms indéfinis   Talking About Quantity   A.   1. toute **2.** tous **3.** toutes
4. tous **5.** tout **6.** toute **7.** tout **8.** tous (*Answers will vary.*) L'oncle Jules va tout manger et Suzie va mourir de faim.
B.   1. Certains / d'autres **2.** plusieurs **3.** tous **4.** le même **5.** quelques **6.** chaque **7.** chacun
8. Tous **9.** quelqu'un **10.** Quelques-uns
C.   1. a. chaque b. Tout c. quelques d. autres e. plusieurs f. quelqu'un **2.** a. tous
b. quelque chose c. Quelques-uns d. d'autres e. tout f. mêmes **3.** a. tous b. Tous c. plusieurs
d. même e. d'autres f. plusieurs
D.   Ne sont pas cochés: l'économie rurale de l'île, la découverte de l'île…, le taux d'émigration…, le peintre Van Gogh.

LEÇON 4: PERSPECTIVES

Faire le bilan   A.   1. qu'est-ce que   **2.** Qui   **3.** pourrions   **4.** qu'est-ce que   **5.** dirais   **6.** que
7. penserais   **8.** serais
B.   (*Answers will vary.*)

Chapitre 16

LEÇON 1: PAROLES

Les problèmes de l'environnement / Les problèmes de la société moderne   A.   1. e   **2.** d   **3.** f   **4.** a
5. b   **6.** g   **7.** c
C.   1. La réduction   **2.** La conservation   **3.** Le développement   **4.** la protection   **5.** La réussite
6. L'élection
E.   (*Answers may vary.*)   **1.** Il faut augmenter le prix des cigarettes.   **2.** Faire grève est la seule manière
d'obtenir une augmentation de salaire.   **3.** Je pense qu'on va élire ce candidat.   **4.** Je pense qu'un
impôt est nécessaire.   **5.** Je veux exprimer mon opinion sur ce sujet.   **6.** Les étrangers jouent un rôle
important dans notre société capitaliste.   **7.** Beaucoup de gens sont au chômage cette année.   **8.** On
exige l'égalité de salaire entre les femmes et les hommes.

LEÇON 2: STRUCTURES

Le subjonctif (première partie)   Expressing Attitudes

	… QUE NOUS	… QU'ELLE	… QUE VOUS	… QU'ILS
aller	allions	aille	alliez	aillent
avoir	ayons	ait	ayez	aient
être	soyons	soit	soyez	soient
faire	fassions	fasse	fassiez	fassent
pouvoir	puissions	puisse	puissiez	puissent
savoir	sachions	sache	sachiez	sachent
vouloir	voulions	veuille	vouliez	veuillent

C.   1. voies   **2.** dirige   **3.** nous levions   **4.** rentrent   **5.** conduises   **6.** lise   **7.** arrêtiez   **8.** sortes
9. connaisse   **10.** disiez   **11.** achetiez   **12.** apprenions   **13.** boives   **14.** préfèrent
D.   (*Answers may vary.*)   **1.** Elle ne veut pas qu'ils aient…   **2.** Elle veut qu'ils prennent…   **3.** Elle veut
qu'ils fassent…   **4.** Elle veut qu'ils lui écrivent…   **5.** Elle veut qu'ils rentrent…   **6.** Elle veut qu'ils
aillent…   **7.** Elle ne veut pas qu'ils fassent…
E.   (*Answers will vary.*)
F.   1. pose   **2.** mène   **3.** parle   **4.** lise   **5.** prenne   **6.** manifeste   **7.** réussisse
Le subjonctif (deuxième partie)   Expressing Wishes, Necessity, and Possibility   A.   1. soient plus
longues   **2.** ait plus de pouvoir   **3.** y ait moins de sports   **4.** fassent plus attention à eux   **5.** comprennent leur point de vue   **6.** construise des centres de recyclage
B.   (*Answers will vary.*)
E.   (*Answers will vary.*)

CORRESPONDANCE

Le courrier 1. sûr 2. apprenne 3. politique 4. soient 5. ait 6. exprimer 7. il faut 8. en grève
9. manifestent 10. attendes
Info-culture 1. d 2. e 3. a 4. b 5. f 6. c
Flash-culture A. 1. d 2. e 3. a 4. b 5. c
B. (*Answers will vary.*)

LEÇON 3: STRUCTURES

Le subjonctif (troisième partie) **Expressing Emotion** **A.** (*Answers may vary.*) 1. Il n'est pas
heureux que les conservateurs soient... 2. Il est furieux que la plupart des gens soient... 3. Il est
content d'entrer en communication... 4. Il est surpris d'obtenir... 5. Il est étonné que les politiciens
fassent un effort... 6. Il est heureux que l'achat et l'entretien de deux ou trois voitures coûtent...
B. (*Answers will vary.*)
C. 1. veuille 2. voient 3. vienne 4. se connaissent 5. puissent 6. soit
Le subjonctif (quatrième partie) **Expressing Doubt and Uncertainty** **A.** (*Answers will vary.*)
B. (*Answers may vary.*) 1. Il n'est pas heureux qu'on le prenne pour un intellectuel. 2. Il est choqué
que les intellectuels français aient tendance à confondre la science et la politique. 3. Il ne croit pas que
le rôle de la science soit d'influencer la politique. 4. Il est convaincu que les linguistes peuvent préserver des langues. 5. Il ne croit pas que les États-Unis aient le droit d'intervenir en Amérique latine.
6. Il doute que la linguistique puisse sauver le monde.

LEÇON 4: PERSPECTIVES

Faire le bilan **A.** 1. — 2. ✓ 3. ✓ 4. ✓ 5. — 6. ✓ 7. — 8. — 9. ✓ 10. ✓ 11. — 12. ✓
13. — 14. ✓ 15. ✓ 16. — 17. ✓ 18. — 19. ✓ 20. ✓ 21. — 22. ✓ 23. ✓ 24. ✓
C. (*Answers will vary.*)
D. (*Answers will vary.*)
E. 1. sois âgée de quinze ans, satisfasses à un examen médicale, suives une formation dans un
aéroclub. 2. six 3. sois âgée de moins de vingt-cinq ans, sois titulaire d'une licence fédérale, aies cinq
heures de vol minimum au moment de la demande

Révisez! Chapitres 13 à 16

A. 1. Sophie s'est lavé les cheveux et Marie s'est habillée. 2. Elles se sont dépêchées parce qu'elles
étaient en retard. 3. Elles ont rendu visite à leurs grands-parents. 4. Leur grand-mère ne pouvait pas
faire les courses parce qu'elle avait mal aux jambes. 5. Ils ont décidé d'aller au restaurant. 6. Sophie
et Marie sont rentrées tard et elles se sont disputées. 7. Lundi matin, elles ne se sont pas parlé.
8. Lundi soir, elles se sont mises à rire et elles n'étaient plus fâchées.
B. 1. Couchez-vous! 2. Va-t' en! 3. Détendez-vous! 4. Ne te dépêche pas! 5. Ne vous fâchez pas!
D. 1. où 2. qui 3. qui 4. où 5. qui 6. qui 7. où 8. que 9. où 10. qui 11. où 12. qu'
13. qui
E. 1. Sylvie est institutrice. 2. Elle a trouvé un travail à l'école Jeanne d'Arc. 3. Elle commencera la
semaine prochaine. 4. Avec l'argent qu'elle gagnera, elle pourra faire des économies. 5. Elle aura huit
semaines de vacances. 6. Elle fera un voyage aux États-Unis. 7. Elle ira à New York et à Seattle.
8. Quand elle reviendra en France, son compte d'épargne sera vide! 9. Mais elle sera plus contente
qu'avant.
F. 1. programmeuses 2. aura 3. en informatique 4. connaîtra 5. des ordinateurs 6. saura se
charger 7. aimera 8. le travail d'équipe 9. aura 10. sera responsable 11. que nous choisirons aura
12. voudront 13. salaire 14. sera 15. 1 250 euros par mois
G. (*Answers will vary.*)

H.   **1.** chaque   **2.** tous   **3.** le même   **4.** certains / d'autres   **5.** quelques   **6.** plusieurs   **7.** Chacun

I.   **1.** Nous espérons que tu pourras visiter un pays francophone l'année prochaine.   **2.** Il est important que tu étudies le français sérieusement.   **3.** Je souhaite que vous me rendiez visite cette semaine.   **4.** Il est probable qu'il fera beau demain.   **5.** Nous sommes certains d'aller en France cet été.   **6.** Est-ce que tu crois que tes parents soient heureux que tu arrêtes tes études?   **7.** Il est nécessaire qu'elle parte.